Max Czollek, Erik Riedel, Mirjam Wenzel:
Rache. Geschichte und Fantasie

 JÜDISCHES
MUSEUM
FRANKFURT

HANSER

Diese Publikation wurde
ermöglicht durch die

ART FOUNDATION
MENTOR LUCERNE

Die gleichnamige Ausstellung
im Jüdischen Museum Frankfurt
wurde gefördert von der

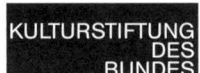

MAX CZOLLEK
ERIK RIEDEL
MIRJAM WENZEL

RACHE

GESCHICHTE

UND

FANTASIE

S. 4

Judith und Holofernes, Jacopo Ligozzi
(1547–1627), 1602, Öl auf Leinwand,
97 x 79 cm, Gallerie degli Uffizi, Florenz

S. 5

Captain America Comics #1, 1946, Jack
Kirby, Joe Simon, Marvel Comics

S. 6/7   Viele populärkulturelle Geschichten handeln von der Fantasie einer übermächtigen Figur, die sich auf die Seite der Entrechteten stellt und in ihrem Namen Rache an den Peinigern übt. Häufig sind entweder diese Figur oder die Entrechteten in den Comics, Filmen, Büchern, Internetserien und Lyrics von populären Songs jüdisch markiert. Viele dieser Darstellungen, wie etwa X-Men, der Film »Inglourious Basterds« oder die Amazon-Serie »Hunters«, sind zu popkulturellen Chiffren geworden. In einer 3-Kanal-Videoinstallation greift der Künstler Daniel Laufer diese Chiffren auf und überträgt sie in Form eines Reenactments in das heutige Berlin. Dabei erscheinen nicht alle Figuren so, wie wir sie aus dem Original kennen.

Revenge, 2021, Daniel Laufer, Filmstill der
3-Kanal-Videoinstallation, © Daniel Laufer

»Der jüdischen Tradition nach bestraft
Gott einen für böse Taten auf zehn
Generationen, während er einen für gute
Taten auf 100 Generationen belohnt. [...]
Nun denn, wir sind gerade erst in der
dritten Generation.«

(Max Czollek, *Desintegriert euch!*, München 2018, S. 179 f.)

12 Hortensia Völckers
und Kirsten Haß

Grußwort

14 Erik Riedel
und Mirjam Wenzel

**Interventionen in den
Lauf der Dinge**
**Einführung in die Ausstellung
»Rache. Geschichte und Fantasie«**

22 Max Czollek

Inglourious Jews
**Rache als Topos jüdischer
Selbstermächtigung**

39 Admiel Kosman

**Rache in Tanach,
Mischna und Talmud**
Eine kurze Einführung

47 Julian-Chaim Soussan

**»In der Tat, wo Rache
notwendig ist, ist sie
eine großartige Sache«**
Rabbinische Perspektiven

56 Christina von Braun

**Rache und Gabe im
Verhältnis von Judentum
und Christentum**

65 Rebekka Voß

Rote Juden
**Eine bildhafte Geschichte
der Rache auf Jiddisch**

76 Daniel Laufer

**Der Golem zwischen jüdi-
scher Selbstermächtigung
und Zuschreibung**

88 Christoph Ostermann

Loser und Kriminelle
Ein Blick auf die anderen Juden

94 Michael Studemund-Halévy

**Auf der Suche nach
koscheren Piraten**

100 ⊢——— Robert Rockaway

Jüdische Gangster und jüdische Rache in Amerika

115 ⊣(—— Laura Jockusch

Zu viel oder zu wenig?
Jüdische Rache nach dem Holocaust

125 ◁—— Alexander Osang

Kalte Rache
Porträt Yehuda Maimon

131 ⊐|—— Michel Bergmann

Die Zeit heilt keine Wunden!
Über Rache, die nie verjährt

139 ⊐|—— Caspar Battegay

»Jerusalem, New York, Berlin«
Geografie der Nostalgie und der Rache

143 ⊢——— Markus Streb

Jüdische Rache in Comics über die Schoa

149 ⊣(—— Lea Wohl von Haselberg

»... the face of Jewish vengeance«
Filmische Rache und widerständiges Kino

155 ⊣—— Eugen Pfister

»Shooting, stabbing, strangling Nazis. Ready to set things straight«
Das Motiv jüdischer Rache im digitalen Spiel

160 ⊐|—— Sebastian Schirrmeister

Wo, wenn nicht hier?
Rachefantasien und literarische »Vergangenheitsbewältigung«

166 **Autor*innenbiografien**

170 **Impressum**

176 **Danksagung**

Grußwort

Eigentlich nichts Besonderes, sollte man meinen: Eine Ausstellung zum Thema Rache. Was wäre die Kunst- und Kulturgeschichte ohne dieses Sujet? Die antiken Mythen und Epen sind voll davon, Shakespeares Dramen ohne dieses Motiv undenkbar, Dürrenmatts »Besuch der alten Dame« fehlte im Schulkanon und auf den Bühnen ... um nur ganz wenige kunstvolle Eckpfeiler zu nennen. Wenn aber in einem jüdischen Museum eine Ausstellung mit dem Titel »Rache« angekündigt wird, zuckt man unwillkürlich zusammen. Die Irritation ist groß: Hat sich unsere Erinnerungskultur nicht seit etwa 40 Jahren auf die Darstellung von Juden als Opfer von Faschismus und Antisemitismus verständigt? Und widerspricht es nicht unserer Staatsräson, Bilder von Juden als Rächer zu verbreiten, deren »Ikone« die Brunnenvergifter wurden? Immerhin sind Imaginationen des bösen und bedrohlichen Juden(tums) nicht nur ein unleugbarer Topos der Kulturgeschichte, sondern nach wie vor Treiber in gegenwärtigen Verschwörungsideologien. Wer diese Ausstellung für geeignet hielte, antisemitische Klischees zu bedienen und zu prolongieren, verfehlte Geist und Impetus allerdings ums Ganze.

Die Kulturstiftung des Bundes fördert diese Ausstellung, weil hier erstmals einzigartige Dokumente und künstlerische Arbeiten zusammengestellt wurden, die die jahrhundertealten Erzählungen von einer rächenden Intervention in die Gewaltgeschichte und die fast unlesbar gewordenen Spuren von Widerstand und Selbstermächtigung von jenen Juden nachzeichnen, die sich nicht in ihr Opfer-»Schicksal« fügen wollten.

Das oben diagnostizierte Zusammenzucken ergibt sich womöglich aus dem verdrängten und subkutan nagenden Wissen, dass Racheakte von Juden an ihren Peinigern und Mördern nur allzu nachvollziehbar und im Sinne einer ausgleichenden Gerechtigkeit auch über die Zeitläufte berechtigt wären. Die Angst vor rächenden Juden darf spätestens seit der Shoa als gesellschaftliche Urangst gelten, deren Einhegung uneingestanden gesamtgesellschaftlichen Vorrang vor dem Bekenntnis unentschuldbarer Täterschaft hat.

Die Ausstellung leistet nichts weniger, als ein in allen Gesellschaften geltendes, und zumal in christlich-westlichen, moralisch immunisiertes Gerechtigkeitsprinzip einer Kritik zu unterziehen. Wem in dieser Ausstellung Bedenkliches begegnet, der sei daran erinnert, dass es buchstäblich Anlass zu denken gibt.

Mit großem Respekt vor der Klugheit des Ausstellungskonzepts, das Geschichte(n) und Fantasien jüdischer Rache überzeugend zu verbinden weiß und auf Ideen des Lyrikers und Publizisten Dr. Max Czollek zurückgeht, danken wir der Direktorin Prof. Dr. Mirjam Wenzel und nicht zuletzt dem Kurator Erik Riedel für Mut und Weitsicht, die sie mit diesem Ausstellungsprojekt beweisen.

Hortensia Völckers und Kirsten Haß
Vorstand Kulturstiftung des Bundes

-⊏— **Erik Riedel und Mirjam Wenzel**

Interventionen in den Lauf der Dinge

Einführung in die Ausstellung »Rache. Geschichte und Fantasie«

Rache ist ein schillernder Begriff, der prägend für antisemitische Vorstellungen von jüdischer Kultur, zugleich aber auch in jüdischen Schriftzeugnissen und Erzählungen jüdischer Autorinnen und Autoren zu finden ist. Die ihm innewohnende Ambivalenz ist Gegenstand der Ausstellung »Rache. Geschichte und Fantasie« und dieses begleitenden Buchs, die zum ersten Mal einen kulturgeschichtlichen Bogen zwischen jüdischen Rachefantasien, judenfeindlichen Verschwörungsmythen und historischen Racheakten von Jüdinnen und Juden spannen. Ausgehend von den filmischen, literarischen, grafischen und gemeinhin populärkulturellen Erzählungen über jüdische Racheakte und -fantasien, die Mitte des 20. Jahrhunderts entstehen, auf der einen und biblischen wie rabbinischen Texten aus Antike und Mittelalter auf der anderen Seite, stellen Ausstellung und Buch die erste Genealogie des Themas überhaupt vor. Sie nehmen dabei auch Legenden oder Erzählungen über delinquente jüdische Gruppen in den Blick, die sich jenseits des Gesetzes bewegen und Gerechtigkeit herzustellen suchen. In ihrem Fokus aber steht »das Reale« des Themas schlechthin: die wenigen Akte der Vergeltung, die Jüdinnen und Juden an Nationalsozialisten verübten.

In jüngster Zeit mehren sich die Veröffentlichungen über Rachehandlungen während und unmittelbar nach Ende der nationalsozialistischen Herrschaft in Europa. Besondere Aufmerksamkeit gilt dabei dem Partisanen, Holocaust-Überlebenden und Schriftsteller Abba Kovner und den Racheplänen, die die von ihm geleitete Gruppe von etwa 50 Jüdinnen und Juden gegen Angehörige von SS, SA und deutscher Wehrmacht, ja der Zivilbevölkerung in einigen deutschen Großstädten schmiedete.[1] Dass sie ebendiese Pläne unter den hebräischen Begriff »Nakam« (hebräisch für Rache) stellte, kommt nicht von ungefähr. Schon im Tanach, der hebräischen Bibel, ist »Nakam« das Wort für eine Vergeltungsaktion, die Gerechtigkeit herzustellen sucht, wenn die rechtsförmigen Regelungen von Gemeinschaften dem Unrecht nicht Herr werden können. Der entscheidende Unterschied zwischen den Überlebenden, die im Namen der Ermordeten Rache üben wollten, und dem biblischen Begriff besteht indes im handelnden Subjekt: »Mein ist die Rache und Vergeltung zur Zeit, da wankt ihr Fuß«, heißt es in der Tora.[2] Und das Ich, das hier spricht, ist Gott selbst.

Die Geschichte der jüdischen Gemeinschaft ist von Verfolgung, Unterdrückung und Gewalt gekennzeichnet. Dies geben nicht nur die biblischen Erzählungen von der Knechtschaft in Ägypten oder dem sogenannten babylonischen Exil wider, sondern auch die Geschichtsschreibung über die Zeit der römischen Herrschaft, die mittelalterlichen Pogrome und Vertreibungen in der europäischen Diaspora bis hin zur Schoa. Die kollektive Erinnerung an diese Erfahrungen wird von den rituellen Praktiken der jüdischen Tradition, insbesondere dem gemeinsamen Lesen von religiösen Texten und Gebeten bewahrt. Das gemeinsame Erinnern an die Niederlagen gegen übermächtige Feinde in der Antike sowie an die Vertreibungen und die Gewalt im christlichen Europa gleicht indes nicht etwa einem kollektiven Perpetuieren einer passiven Opferrolle. Ihm stehen andere Erzählungen von jüdischen Heldinnen und Helden zur Seite, zum Beispiel die siegreichen biblischen Figuren Judith und Simson, wie auch andere Erinnerungen, zum Beispiel die Geschichte im Buch Esther, die von einem Pogrom handelt, das abgewendet wird und in Vergeltung mündet. Diese Narrative werden nicht nur von jenen biblischen Erzählungen gestärkt, in denen Gott selbst in die Geschichte eingreift, um sein Volk zu retten und dessen Peiniger zu strafen. Sie gehen auch mit eigenen Praktiken einher, wie etwa dem Vorlesen der Esther-Rolle an Purim oder dem Rezitieren von Psalm 79 Vers 6 am ersten Abend von Pessach: »Schütte deinen Grimm über die Völker, welche dich nicht kennen.«[3]

Diese biblischen Verse und Erzählungen von menschlicher Selbstbehauptung und göttlicher Vergeltung bilden einen Kontrapunkt zur Geschichte des Leidens und kreisen um Momente der Selbstermächtigung und Intervention, die in die Geschichte einzugreifen, deren Verlauf zu ändern oder rückwirkend Gerechtigkeit herzustellen suchen. Sie bilden den Ausgangspunkt des imaginären roten Fadens, der die Ausstellung »Rache. Geschichte und Fantasie« durchzieht und einen semantischen Zusammenhang zwischen biblischen Rachedarstellungen, jüdischen Legenden und den ihnen innewohnenden Rachefantasien, dem Bitten um göttliche Rache in traditionellen jüdischen

1 Die Historikerin Dina Porat ließ ihrer Biografie über den Partisanen und Schriftsteller Abba Kovner (*The Fall of a Sparrow*, Stanford 2009) eine Publikation über die von ihm geleitete Gruppe folgen, die aus dem Hebräischen ins Deutsche übersetzt wurde und im Oktober 2021 unter dem Titel »Die Rache ist Mein allein. Vergeltung für die Schoa: Abba Kovners Organisation Nakam« erschien. Ihr Buch wurde zur Grundlage des Spielfilms »Plan A« von Doron und Yoav Paz, der im Dezember 2021 in die deutschen Kinos kam. Auch der Rechtsanwalt Achim Doerfer begibt sich in seinem jüngst erschienenen Buch »Irgendjemand musste die Täter ja bestrafen: Die Rache der Juden, das Versagen der deutschen Justiz nach 1945 und das Märchen deutsch-jüdischer Versöhnung« (Köln 2021) auf die Suche nach einem »verdrängten Kapitel deutscher Erinnerungskultur«.

2 Deuteronomium 32:35 nach der Übersetzung von Leopold Zunz.

3 Psalm 79,6 nach der Übersetzung von Leopold Zunz.

Schriftzeugnissen des Mittelalters sowie populärkulturellen Erzählungen des 20. und 21. Jahrhunderts herstellt. Ebendieser Zusammenhang besteht in der (Wunsch-)Vorstellung, eine mit übermenschlichen Kräften versehene Macht übe im Namen einzelner Mitglieder oder der jüdischen Gemeinschaft Vergeltung an denjenigen, die Gewalt, Pein und Tod zu verantworten haben.

Der imaginäre rote Faden der Ausstellung wie auch dieses Buchs changiert zwischen historischer und populärkultureller Erzählung, kulturhistorischem und künstlerischem Essay, wissenschaftlicher Analyse und fiktionaler Geschichtserzählung. Dass es dabei nicht zuletzt auch um eine Reflexion über die Wirkmächtigkeit von Geschichten und Bildern geht, wird bereits im Prolog zur Ausstellung deutlich. Hier wird als einziges ikonisches Exponat der Baseballschläger präsentiert, der im Film »Inglourious Basterds« von Quentin Tarantino der Figur des Bärenjuden als Werkzeug seiner Rache an einem deutschen Wehrmachtssoldaten dient. Dem Genuss an dieser Rachefantasie, die von einer zweiten Rachehandlung am Ende des Films komplettiert wird, widmet sich der Text von Lea Wohl von Haselberg in diesem Buch.

Im ersten Hauptraum der Ausstellung begegnen den Besucherinnen und Besuchern zunächst zwei biblische Figuren: Simson und Judith. Der ultimative Racheakt des Helden Simson (Samson) besteht darin, den Tempel der Philister, die ihn gefangen halten, zum Einsturz zu bringen und 3.000 seiner Feinde mit in den Tod zu reißen.[4] Die Geschichte von Judith hingegen schildert streng genommen keinen Racheakt, denn das Heer des Königs Nebukadnezar befindet sich gerade erst auf dem Feldzug zur Eroberung Jerusalems, als Judith den Feldherrn Holofernes tötet. Tatsächlich gelang es Nebukadnezar, Judäa zu erobern und dessen Einwohnerinnen und Einwohner ins Exil zu vertreiben, wovon auch andere Bücher der Bibel berichten. Es handelt sich beim Buch Judit also um ein apokryphes Buch in griechischer Sprache, welches die hebräische Bibel um eine imaginäre Erzählung ergänzt, in der rückwirkend Rache an dem Peiniger geübt wird.

Ebendiese imaginäre Form der Intervention wird im darauffolgenden Teil der Ausstellung aufgegriffen, die das Motiv der Rache innerhalb der jüdischen Tradition untersucht. Behandelt werden etwa die talmudische Auslegung des vielzitierten Bibelverses »Auge für Auge, Zahn für Zahn«[5] als Formel für angemessenen Schadensersatz oder die Rache an dem babylonischen Großwesir Haman aus der Esther-Rolle. Weitere Themen sind die für den liturgischen Gebrauch bestimmten Verse (hebr.: *Pijjutim*), in denen um göttliche Rache für die Gewalt von Christen gegen Juden gebeten wird. In anderen Dichtungen findet sich im Zusammenhang mit den mittelalterlichen Pogromen die eschatologische Vorstellung vom Purpurgewand Gottes: Mit diesem fängt Gott das Blut von verfolgten Jüdinnen und Juden auf, bis es vollständig mit Blut getränkt ist. Erst dann, wenn das Leiden seines Volkes nicht mehr aufgefangen werden kann, erfolgt die göttliche Rache an den Peinigern.[6]

In der christlichen Wahrnehmung mutierten diese jüdischen Erzählungen zu einem antijüdischen Topos, der etwa bei den mittelalterlichen Ritualmordbeschuldigungen oder dem Mythos der Brunnenvergiftung immer wieder

4   Siehe Buch der Richter 16,27 ff.

5   Siehe Exodus 21,23–25.

6   Siehe dazu auch Israel Yuval, *Zwei Körper in deinem Leib. Gegenseitige Wahrnehmung von Juden und Christen in Spätantike und Mittelalter.* Göttingen 2007, S. 104–119.

angeführt wurde. In den judenfeindlichen Verschwörungserzählungen, die von der Kirche geschürt wurden und sich unter der christlichen Bevölkerung in Europa weithin ausbreiteten, nimmt die Vorstellung des rachsüchtigen Juden eine zentrale Rolle ein. Ihnen widmet sich der Essay von Christina von Braun in diesem Buch. Die Texte von Admiel Kosman und Julian-Chaim Soussan gehen zuvor auf biblische Racheerzählungen und rabbinische Auslegungen ein.

Drei Legenden stehen im Mittelpunkt des nächsten Ausstellungsraums: die apokryphe Geschichte der verstoßenen ersten Frau Adams, Lilith, die kabbalistische Geschichte des aus Lehm erschaffenen Golems sowie die eschatologische Legende der Roten Juden, den Rächern der Endzeit, mit denen sich die Essays von Rebekka Voß und Daniel Laufer befassen. Mit diesen Figuren ändern sich Perspektive und Erzählweise der Ausstellung: Nach historischen Gemälden und Manuskripten zeigt sie nunmehr auch Objekte, die die Gegenwartsbezüge dieser Legenden veranschaulichen. Lilith ist eine in der jüdischen Tradition etablierte Dämonenfigur, die Ende der 1960er Jahre jedoch eine ausführliche feministische Neuinterpretation erfährt. Sie steht im Zentrum einer Installation der israelischen Sängerin und Klangkünstlerin Victoria Hanna. Im Unterschied zu dieser Rezeption wird die Figur des Golems in unmittelbarer Reaktion auf die Schoa zum Rächer umgedeutet und schließlich in amerikanischen Comics zur Projektionsfläche populärkultureller Rachefantasien.

Der folgende, stärker dokumentarisch angelegte zentrale Ausstellungsraum widmet sich der Realität jüdischer Racheakte während und unmittelbar nach Ende der nationalsozialistischen Herrschaft. Thematisiert werden die Ermordung von Wilhelm Gustloff durch David Frankfurter in Davos 1936, das Attentat von Herschel Grynszpan auf Ernst vom Rath 1938, die Pläne der Gruppe um Abba Kovner sowie die Selbstjustiz der Jewish Brigade an nationalsozialistischen Verbrechern nach dem Zweiten Weltkrieg. Die Gruppe um Abba Kovner plante zunächst, Vergeltung an der deutschen Zivilbevölkerung durch Vergiftung der Wasserversorgung in einigen Großstädten zu üben. Was auf diese Pläne folgte, schildert Alexander Osang in seinem Porträt eines Weggefährten Kovners, Yehuda Maimon, in diesem Buch. Laura Jockusch stellt diesen Ausführungen in ihrem Essay die letzten Wünsche der Ermordeten an die Nachwelt zur Seite und geht auf unmittelbare Racheakte an KZ-Wächtern ein. Ihr Essay betont, dass die antisemitisch konnotierte Angst unter der deutschen Bevölkerung vor jüdischen Racheakten in keinem Verhältnis zu den wenigen Vorkommnissen gestanden habe, die tatsächlich stattfanden.

In einem Exkurs thematisieren Ausstellung und dieses Buch auch die Geschichte jüdischer »Outlaws«, also historische Formen der Selbstorganisation von Jüdinnen und Juden jenseits gesellschaftlicher und rechtlicher Normen: Räuberbanden des 18. und frühen 19. Jahrhunderts, jüdische Piraten während des Kolonialismus und jüdische Gangster in den USA in den 1930er und 1940er Jahren. Die Essays von Christoph Ostermann, Michael Studemund-Halévy und Robert Rockaway lassen offen, inwieweit diese delinquenten Formen der Selbstorganisation und die Raubüberfälle, die sie verübten, auch als Widerstand oder gar Rache zu verstehen sind. In jedem Fall suchten sie, sich Recht oder auch Gerechtigkeit – jenseits des Gesetzes – zu verschaffen.

Populärkulturelle Erzählungen jüdischer Rachehandlungen sind Gegenstand der Mehr-Kanal-Videoinstallation von Daniel Laufer, die zum Abschluss der Ausstellung Szenen aus dem Spielfilm »Inglourious Basterds«, der Amazon-Serie »Hunters« oder dem Comic »Master Race« zitiert und damit eine Entwicklung reflektiert, die in den 1940er Jahren in populärkulturellen Medien begann. Zunächst in Comics und Pulp-Heften, gegenwärtig auch in Computerspielen oder Internetfilmen, wird der Kampf jüdisch markierter Heldinnen und Helden gegen finstere Mächte und insbesondere das nationalsozialistische Deutschland zunehmend ikonisiert. Was zunächst noch eher ein Randphänomen war, ist auf dem Weg, zum medialen Mainstream-Topos zu werden. Diese Entwicklung reflektieren die Essays von Caspar Battegay, Markus Streb und Eugen Pfister. Als Epilog präsentiert die Ausstellung ein »Archiv der Gegenwart«, das zum Verweilen, zu Gesprächen und zu weiterer Auseinandersetzung mit fiktionalen und realen Rache-Geschichten und antijüdischen Projektionen, den moralischen Aspekten des Themas und seiner popkulturellen Ikonisierung einlädt – ebenso wie dieses Buch.

Die Ausstellung wurde in zweijähriger Zusammenarbeit mit dem Lyriker, Publizisten und Kulturproduzenten Max Czollek entwickelt, dessen Kapitel »Inglourious Poets« in dem Buch »Desintegriert euch!« den Anstoß zur Ausstellung gab.[7] Die kuratorische Projektleitung hatte der Ausstellungsleiter des Jüdischen Museums Erik Riedel inne, als Co-Kurator fungierte Janis Lutz, unterstützt von Johanna Weiß, die sich um das Beiprogramm, das Archiv der Gegenwart und die Bildrecherchen kümmerte. Die administrative Projektabwicklung setzte Marion Rossi um, den Leihverkehr organisierte Sammlungsleiterin Sonja Thäder. An Recherchen und ersten Konzeptüberlegungen beteiligt waren der stellvertretende Direktor Michael Lenarz, der freie Mitarbeiter Stefan Raguse und die ehemalige Leiterin der Vermittlung Kathrin Schön. Ihnen allen danken wir für intensive Gespräche und Diskussionen sowie den engagierten Einsatz in den letzten Monaten. Die Konzeption von Ausstellung und kulturellem Bildungsprogramm wurde von einem wissenschaftlichen Beirat begleitet, dem Deidre Berger (Senior European Affairs Advisor, American Jewish Committee Berlin), Alfred Bodenheimer (Zentrum für Jüdische Studien, Universität Basel), Doron Kiesel (Direktor der Bildungsabteilung des Zentralrats der Juden in Deutschland), Rabbiner Julian-Chaim Soussan (Orthodoxe Rabbinerkonferenz Deutschlands) und Rebekka Voß (Seminar für Judaistik, Universität Frankfurt) angehören. Wir danken von Herzen für ihre fachliche Expertise und Begleitung in der Entwicklung unserer Ausstellung. Deren Form wurde in einem kreativen Austausch mit Atelier Markgraph, namentlich Uta Brinksmeier, Sabrina Renzel, Sarah Roßbach und Raimund Ziemer entwickelt; dieses Buch und das Kommunikationsdesign von Bijan Dawallu gestaltet. Wir bedanken uns für die gelungene Formfindung zu einem komplexen Thema. Ebenfalls herzlich

7   Siehe Max Czollek, *Desintegriert euch!,* München 2018, S. 155–172.

danken möchten wir dem Carl Hanser Verlag, insbesondere Maria Platte und Florian Kessler, für die professionelle Zusammenarbeit in der Produktion der englischen und deutschen Ausgabe dieses Buches, ebenso wie dem Lektor der deutschsprachigen Fassung, Joe Rabl, und Mary Tannert und Claudia Link-Beier, die die deutschen und englischen Übersetzungen verantworten.

Die Ausstellung wird von einem umfangreichen kulturellen Beiprogramm begleitet, in dessen Rahmen unter anderem auch die Tagung »Un-/Versöhnlichkeit – Kritische Erinnerungskulturen der dritten Generation« stattfindet. Wir bedanken uns für die Zusammenarbeit mit dem DFG-geförderten Nachwuchsforscherinnen- und -forscher-Netzwerk »3G Positionen der dritten Generation nach Zweitem Weltkrieg und Schoa in Literatur und Künsten der Gegenwart«, insbesondere bei Luisa Banki, Sebastian Schirrmeister und Lea Wohl von Haselberg. Ebenfalls Bestandteil des Beiprogramms sind vier Artist in Residencies, die in Kooperation mit den Künstlerinnen- und Künstler-Netzwerken »Dagesh: Jüdische Kunst im Kontext« und »Asylum Arts: Global Network for Jewish Culture« ausgeschrieben und durchgeführt wurden. Unser Dank gilt Jo Frank für die Kooperation.

Sowohl die Ausstellung, dieses Buch als auch das Beiprogramm konnten nur durch die großzügige Unterstützung durch die Kulturstiftung des Bundes, die Art Mentor Foundation Lucerne und die Schleicher Stiftung realisiert werden. Wir danken ihnen und den Leihgeberinnen und Leihgebern sehr herzlich für das Vertrauen.

Frankfurt am Main, den 17. Oktober 2021

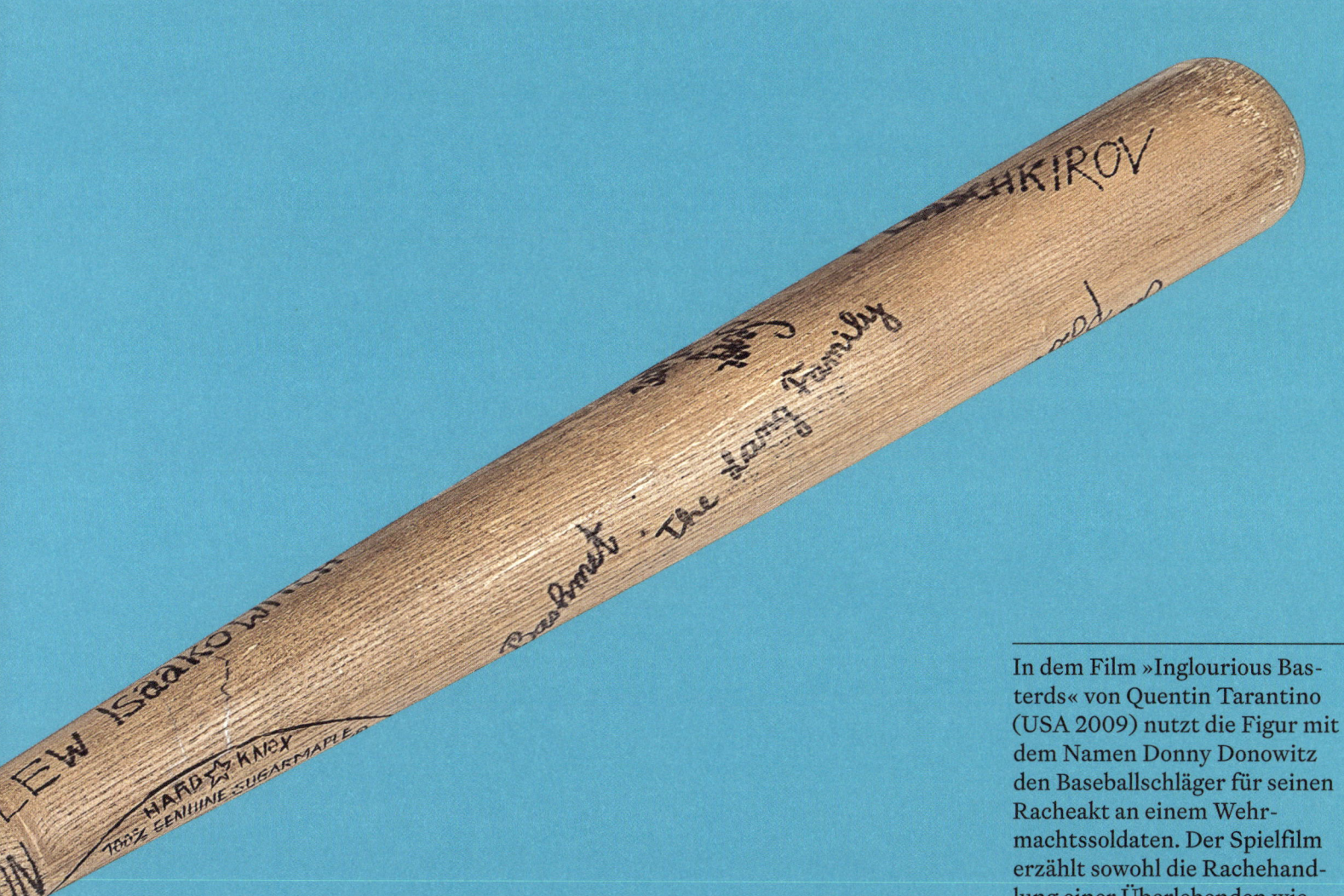

In dem Film »Inglourious Basterds« von Quentin Tarantino
(USA 2009) nutzt die Figur mit
dem Namen Donny Donowitz
den Baseballschläger für seinen
Racheakt an einem Wehr-
machtssoldaten. Der Spielfilm
erzählt sowohl die Rachehandlung einer Überlebenden wie
auch den Rachefeldzug einer
Sondereinheit der US-Army.
In einer nicht in den Film integrierten Szene bittet Sergeant
Donowitz die Bewohner des
jüdischen Viertels von Boston,
auf den Schläger die Namen
ihrer – mutmaßlich ermordeten – europäischen Verwandten
zu schreiben, bevor er in den
Krieg zieht, um die deutschen
Nationalsozialisten zu besiegen und sich für die Schoa zu
rächen. Die Handlung wurde
von tatsächlichen Racheakten
inspiriert, die unter anderem
Mitglieder der Jewish Brigades
der britischen Armee ausführ-
ten. Als filmische Requisite sym-
bolisiert der Baseballschläger die
Spannung zwischen der fiktiven,
filmischen Handlung und der
realen Gewalt eines Racheakts.

*Baseballschläger des Bear Jew aus dem
Film »Inglourious Basterds«*, Regie: Quen-
tin Tarantino, USA/Deutschland, 2009,
Originalrequisit, Jüdisches Museum Wien,
Inv.-Nr. 19196, Foto: Lukas Pichelmann

—— **Max Czollek**

Inglourious Jews
Rache als Topos jüdischer Selbstermächtigung

»Inglourious Basterds«. Oder: Die Abwesenheit jüdischer Rache?

Es war das Jahr 2009 und vor den Kinos hingen Plakate und kündigten den Film »Inglourious Basterds« von Quentin Tarantino an. Gerade hatte die Sommerpause meines Politikstudiums am Otto-Suhr-Institut Berlin begonnen und zwischen den Tagen im Park und den Abenden in Bars freute ich mich ungewöhnlich stark auf diese Geschichte jüdischer Rächer*innen, die mir ab dem ersten Trailer so vertraut vorgekommen war, als handle es sich dabei um eine Verfilmung meiner Kindheitsträume.

Ich wurde nicht enttäuscht. Die Darstellung jüdischer Soldat*innen, die Rache an den Nazis nehmen, erfüllte mich mit einer Genugtuung, die sich nach den zweieinhalb Stunden Bewegtbild wie zurückgewonnener innerer Frieden anfühlte. Nach dem Film lief ich durch die ausgeleuchteten Straßen und stieß mit Freund*innen auf den symbolischen Sieg über die Nazis an, während wir uns Passagen aus der Rede Brad Pitts aka Lt. Aldo Raines zuriefen:

> Now, I don't know about y'all, but I sure as hell didn't come down from the goddamn Smoky Mountains, cross five thousand miles of water, fight my way through half of Sicily and jump out of a fuckin' air-o-plane to teach the Nazis lessons in humanity. Nazi ain't got no humanity. They're the foot soldiers

of a Jew-hatin', mass murderin' maniac and they need to be dee-stroyed. That's why any and every every son of a bitch we find wearin' a Nazi uniform, they're gonna die.[1]

Jahre später, ich hatte mittlerweile meine Promotion am Zentrum für Antisemitismusforschung angefangen, begann ich, meiner Genugtuung über »Inglourious Basterds« nachzuspüren: Was war das für eine Kindheit gewesen, aus der heraus mir die Idee der Rache so vertraut vorgekommen war, dass sie mich in den Schlaf begleitete? Wo waren diese Träume hergekommen, und was hatten sie mit jenen Familienmitgliedern zu tun, von denen ich nicht viel wusste, außer, dass sie von deutschen Soldaten in Massengräber geschaufelt worden waren?

Und bevor Sie sich wundern – ja, darüber wusste ich bereits Bescheid, da war ich erst fünf Jahre alt. Jüdische Früherziehung in der zweiten Generation.

Ich begann also, meinem Gefühl hinterherzurecherchieren. Die Initialfrage lautete, warum es der Fiktion der »Inglourious Basterds« überhaupt bedurft hatte, damit ich mich auf das Thema einließ. Wo waren die jüdischen Radikalen? Hatte die Frauenbewegung nicht den Schwanz-ab-Feminismus, die Homo- und Queerbewegung ihre Stonewall Riots, die Antirassismus-Bewegung ihre Black Panthers gekannt? Und wäre angesichts der Monstrosität der Ereignisse 1933–1945 eine radikale jüdische Gegenreaktion nicht absolut gerechtfertigt, ja geradezu zwingend gewesen?

In den ersten Monaten meiner Suche konzentrierte ich mich auf Spuren jüdischer Rachefantasien und -gefühle in künstlerischen Arbeiten. Und je länger ich suchte, desto mehr fand ich sie auch: ein Gedicht des italienischen Autors und Überlebenden Primo Levi »Für Adolf Eichmann«[2], die Partisan*innenlieder, die mir mein Vater zum Einschlafen vorgesungen hatte, die ambivalenten und wütenden Figuren in den Texten Maxim Billers, die äußerst tanzbaren Songs des New-Klezmer-Sängers Daniel Kahn, der mit »Six Million Germans«[3] die Geschichte des jüdischen Rächers Abba Kovner erzählt.

Kovner hatte nach 1945 mit anderen Gleichgesinnten Rache an den Deutschen nehmen wollen. Sie nannten sich DIN, Dam Jehudi Noter, Das Blut Israels rächt sich. Rächen wollten sie sich zunächst durch Vergiftung der Wasserversorgung Nürnbergs, dann durch das Bestreichen von Brotlieferungen für deutsche Kriegsgefangene mit Arsen. Die Vergiftung antisemitischer Deutscher durch jüdische Rächer*innen, die seit dem Mittelalter unter dem Vorwand der Brunnenvergiftung verfolgt, vertrieben und umgebracht worden waren. Die Reaktion auf den Antisemitismus also als Heimsuchung, als Realisierung antisemitischer Fantasien. Brillanter Plan.

Spätestens mit dieser Geschichte lösten sich meine Recherchen von künstlerischen Arbeiten und konzentrierten sich zunehmend auf reale historische Ereignisse. Ich besorgte mir Essays aus Onlinedatenbanken, bestellte verstaubte Bücher aus Berliner Bibliotheken und fand heraus, dass bereits Ende des 20. Jahrhunderts eine rege Revenge-Forschung in den USA existiert hatte, die sich mit dem Thema jüdischer Rache nach 1945 befasste.[4] Mit »Nakam. Jüdische Rache an NS-Tätern« von Jim G. Tobias und Peter Zinke

1 *Inglourious Basterds.* Written an directed by Quentin Tarantino. Kast Draft July 2nd 2008. S. 18, http://www.quentintarantino.de/inglourious-bastards-script-download-inglourious-basterds-t3569.html

2 Primo Levi, *Zu ungewisser Stunde. Gedichte,* München/Wien 1998, S. 30.

3 Daniel Kahn, *Six Million Germans*, 2009 (Album: Partisans & Parasites).

4 Berel Lang, »Holocaust Memory and Revenge: The Presence of the Past«, in: *Jewish Social Studies,* Bd. 2, Nr. 2 (1996), S. 1–20.

war sogar eine deutschsprachige Studie zu dem Thema erschienen.[5] Ich fand Rachegeschichten aus Osteuropa[6], las über die Aktivitäten jüdischer Untergrundgruppen in Israel und Europa, die im spektakulären Sprengstoffattentat auf Konrad Adenauer 1952 gipfelten[7], vom Nazijäger Simon Wiesenthal und der 43 Group, die die Rückkehr des Mosley-Faschismus nach 1945 im Vereinigten Königreich durch handfeste Interventionen zurückdrängte.[8]

Dabei lernte ich, dass jüdische Gegenreaktionen vor und nach 1945 nicht ausgeblieben waren, im Gegenteil. Überall hatten Juden und Jüdinnen Widerstand geleistet, ihren Feind*innen Einhalt geboten – und später gelegentlich auch Rache genommen. Nur waren alle diese Aktionen kein Teil der offiziellen Erzählung geworden, weder jüdischerseits noch aufseiten der nichtjüdischen Geschichtsschreibung, mit der ich groß geworden war. Diese Einsicht verschob meine Fragestellung. Nun wollte ich verstehen, was beide Seiten davon abgehalten hatte, diese radikalen Gegenreaktionen zu thematisieren, die vielfach dokumentiert und in einzelnen Fällen auch realisiert worden waren.

Für das (west)deutsche Schweigen war sicherlich zentral, dass ein gutes Verhältnis zu den Jüdinnen und Juden ein wichtiges Element einer Rückkehr Deutschlands in die Staatengemeinschaft und eines neuen nationalen Selbstbilds darstellte. Bei dieser Suche nach Vergessen, Entlastung und Neuerfindung konnte das nichtjüdische Deutschland untröstliche, auf Rache sinnende Jüdinnen und Juden nicht gebrauchen. Also suchte man sich versöhnliche Jüdinnen und Juden – und wenn sie sich nicht freiwillig dafür hergaben, musste man sie eben erfinden. Die Rezeption der Werke Nelly Sachs', Ilse Aichingers oder Rose Ausländers, aber auch der Tagebücher Anne Franks, können das auf ihre jeweils eigene Weise belegen.

(Im Übrigen ist die Tatsache, dass mir für die entlastende Umetikettierung von Juden und Jüdinnen zuerst vier Frauen einfielen, ebenfalls bemerkenswert. Rache ist in vielen Fällen männlich konnotiert. Schon das entspricht nicht der historischen Realität. Denn selbstverständlich nahmen auch Frauen Rache, etwa Ruzka Korczak und Vitka Kempner, die mit Abba Kovner erst dem jüdischen Widerstand im Ghetto Wilna beitraten und dann den Kern der DIN.)

Auf der anderen Seite hatte auch die jüdische Historiografie augenscheinlich kein Interesse daran, die Geschichte der jüdischen Rache zu erzählen. Auch dafür lassen sich eine Reihe von Gründen anführen: Man wollte vermeiden, die antisemitische Zuschreibung des rachsüchtigen Judentums zu reproduzieren. In aschkenasischen Familien bezeichnet man diese Haltung bis heute als Vermeidung von *Risches*, das jiddische Wort für Bosheit, womit umgangssprachlich auch Antisemitismus bezeichnet wird. Man sprach wohl auch nicht über Rache, weil man das Bild der jüdischen Unschuld nicht beschädigen wollte. Das illustrieren etwa die wütenden Reaktionen auf Hannah Arendts Buch »Eichmann in Jerusalem«[9], in dem sie anhand des Eichmann-Prozesses Anfang der 1960er Jahre auch die Frage von Rache und der Mitverantwortung der Judenräte an der Schoa thematisierte. Nach Lektüre der vielen literarischen Zeugnisse aus der Zeit nach 1945 scheint

5   Jim G. Tobias, Peter Zinke, *Nakam. Jüdische Rache an NS-Tätern*, Hamburg 2000.

6   John Sack, *Auge um Auge. Die Geschichte von Juden, die Rache für den Holocaust suchten*, Hamburg 1995.

7   Henning Sietz, *Attentat auf Adenauer. Die geheime Geschichte eines politischen Anschlags*, Berlin 2003.

8   Morris Beckman, The 43 Group. Antifaschistischer Kampf in Großbritannien 1946–1950, Berlin 1995.

9   Hannah Arendt, *Eichmann in Jerusalem. Ein Bericht von der Banalität des Bösen*, München 2008.

mir außerdem wahrscheinlich, dass man sich selbst schützen wollte. Die Überlebenden trugen eine Traurigkeit und Wut in sich, deren Ausdruck eine Spirale in Gang gesetzt hätte, von der man fürchtete, sie nicht mehr unter Kontrolle zu bekommen.

Diese sehr unterschiedlichen Voraussetzungen auf jüdischer und deutscher Seite führten dazu, dass die Geschichte jüdischer Rache ausgeblendet wurde. So kommt es auch, dass die erste umfassende kulturgeschichtliche Ausstellung zum Thema erst im Jahr 2022 im Jüdischen Museum Frankfurt am Main eröffnet. Und dass der nun vorliegende Katalog der erste seiner Art ist. Dabei gibt es viel zu erzählen.

Rache als Wiederherstellung von Gerechtigkeit

Die Geschichte jüdischer Rache beginnt bereits mit der jüdischen Bibel und reicht von Gottes Vergeltung an den Ägyptern für die Versklavung der Israeliten bis zum eingekerkerten Helden Simson, der seine Feinde mit sich in den Tod reißt. Auch die etwas später hinzugekommene »Megilat Esther«, die die Geschichte des jüdischen Fests Purim erzählt, gipfelt in einem Racheakt.

Die »Esther-Rolle« erzählt die Geschichte des persischen Königs Achaschwerosch, der von seinem ersten Minister Haman mit den üblichen antisemitischen Vorwürfen gegen die jüdische Bevölkerung seines Reiches aufgebracht worden war. Also befahl der König die Vernichtung der gesamten jüdischen Bevölkerung. Letztere erfuhr von den Plänen und es gelang ihr, die Pläne Hamans durch geschickte Heiratspolitik abzuwenden: König Achaschwerosch entflammte nämlich in Liebe für die schöne Jüdin Esther und nahm sie zur Frau. Als der König fragte, was er für sie tun könne, antwortete Esther nur: Wehre jene ab, die mir und den meinen nach dem Leben trachten. Das brachte die Wende und Ahasveros stellte sich gegen Hamans Plan. Weil die Befehle aber schon erteilt und im Reich verbreitet worden waren, blieb ihm nichts anderes übrig, als den Juden zu gestatten, sich zu wehren.

Als Tag der Endlösung der persischen Judenfrage hatte Haman den 13. Adar festgelegt (ein Tag, der als Freitag der 13. bis heute als schlechtes Omen gilt). In der »Megilat Esther« heißt es, am Morgen desselben Tages

> [v]ersammelten sich die Jehudim in ihren Städten, in allen
> Landschaften des Königs Achaschwerosch, Hand zu legen
> an die, welche ihr Unglück gesucht, und keiner hielt stand vor
> ihnen, denn die Angst vor ihnen war gefallen über alle Völker.
> [...] 5. Und es schlugen die Jehudim unter all ihren Feinden
> Schläge des Schwertes und des Würgens und der Vernichtung,
> und taten an ihren Feinden nach Herzenslust.[10]

Eine bemerkenswerte Dramaturgie: Erst befiehlt der König die Vernichtung der jüdischen Bevölkerung seines Reiches, dann erlaubt er den Widerstand gegen seinen Befehl, der schließlich die Form blutiger Rache gegen die Feinde der jüdischen Bevölkerung Persiens annimmt. Das Gesetz wird also

10 *Die vier und zwanzig Bücher der Heiligen Schrift. Nach dem masoretischen Texte.* Übersetzt von Leopold Zunz, Tel Aviv 1997, S. 1375.

nicht aufgehoben, sondern der König überschreibt seine eigene Legitimität durch die Erlaubnis präventiver Rache. Ich komme gleich darauf zurück.

Die Rabbiner der folgenden Jahrhunderte sind sich einig, dass Rachsucht im Großen und Ganzen ein verurteilenswertes Gefühl ist, auch wenn sie seine Existenz anerkennen. Das unterstreicht auch Julien Chaim Soussan in seinem Essay in diesem Band. Die rabbinische Auslegung kennt aber auch Formen der Rache, die notwendig und darum gerechtfertigt sind: die göttliche Rache, etwa im Falle der Vernichtung der Armee des Pharaos in den Fluten des Roten Meeres. Oder die Rache der Kinder Israels an den Völkern der Midianiter und Amalekiter, die auf Befehl Gottes erfolgte. Darüber hinaus beschreibt die rabbinische Überlieferung eine Form der Rache, die auf die Wiederherstellung göttlicher Ordnung zielt. Laut dem Gelehrten und Schoa-Überlebenden Rav Shmuelevitz erfolgt diese Handlung nicht als »privater Akt der Rache, der keinen Platz im Himmel hätte, sondern um der Welt zu zeigen, dass die Bösen schließlich für ihre Verfehlungen bestraft werden«.[11]

Shmuelevitz bestimmt Rache hier im Verhältnis zur Gerechtigkeit, als Handlung im Sinne einer Korrektur der Dinge, die ungesühnt geblieben sind. Der Rache kommt dabei die Aufgabe zu, die Bösen für ihre Verfehlungen zur Rechenschaft zu ziehen, nachdem die weltlichen Instanzen versagt haben. Das führt zurück zu dem Faden, den ich bei Purim liegen lassen habe: Aus religiöser Perspektive kann das weltliche Rechtssystem dann Legitimität beanspruchen, wenn es seinem Anspruch gerecht wird, Gerechtigkeit herzustellen. Tut es das nicht, indem es etwa das Verhungern, die Enteignung oder gar die Vernichtung von Menschen ermöglicht, erlaubt oder gar befiehlt, büßt es seine Legitimität ein. Danach ist Rache aus jüdischer Perspektive unter Umständen möglich.

Angesichts dieser theologischen Sachlage scheint es sinnvoll, den Begriff der Rache von seiner eher alltäglichen assoziativen Verbindung mit Selbstjustiz und einem archaischen Ehrenkodex zu lösen. Vielmehr ist die religiöse Vorstellung jüdischer Rache in eine Konzeption von Gerechtigkeit eingelassen, in der die weltliche Rechtsprechung zwar ein Vorrecht genießt, aber auch in der Bringschuld steht, diese Aufgabe zu erfüllen. Das unterstreicht auch Laura Jockusch in ihrem Essay in diesem Band, in dem sie der Frage jüdischer Rache nach der Schoa nachgeht:

> Für Überlebende standen Rache und ausgleichende Gerechtigkeit – gemeinhin als Gegensätze wahrgenommen – nicht in antithetischem, sondern intrinsischem Zusammenhang: Zu sehen, wie Nationalsozialisten vor nationale und internationale Gerichte und Militärtribunale gebracht und schließlich für schuldig befunden, verurteilt und gehängt wurden, war durchaus eine Form der symbolischen Rache.[12]

Jockusch verweist hier auf die Erwartung vieler jüdischer Überlebender nach 1945, dass die juristische Verurteilung der Täter*innen nach Jahren des Unrechts und der Vernichtung auch eine Art Wiederherstellung der

11 Julian-Chaim Soussan, »In der Tat, wo Rache notwendig ist, ist sie eine großartige Sache«, S. 53 in diesem Band.

12 Laura Jockusch, »Zu viel oder zu wenig? Jüdische Rache nach dem Holocaust«, S. 123 in diesem Band.

Postkarte anlässlich des Kongresses
»Desintregration. Ein Kongress zeit-
genössischer jüdischer Positionen«,
6.–8. Mai 2016, Maxim Gorki Theater,
Studio Я, Berlin, kuratiert von Max
Czollek und Sasha Marianna Salzmann,
Gestaltung Postkarte: Deniz Keskin

Gerechtigkeit bedeuten würde. Eine Gerechtigkeit, die – das dürfte an dieser Stelle nicht mehr überraschen – einer symbolischen Rache entsprochen
hätte. Es gehört zu den dunkleren Kapiteln der Nachkriegsgeschichte, dass
die deutschen Gerichte diese Aufgabe weitgehend nicht erfüllten. Wurden
jene, die vom Nationalsozialismus profitiert oder sogar selbst an Gewalt-
handlungen teilgenommen hatten, zunächst noch nachlässig verfolgt, ver-
abschiedeten beide deutsche Nachkriegsstaaten Anfang der 1950er Jahre
Amnestiegesetze, die das Kapitel Entnazifizierung auf je eigene Weise been-
deten.

Kein Jahrzehnt nach Kriegsende entschied sich die deutsche Täter*innengesellschaft also, die juristische Ahndung der Verbrechen, die während der
Naziherrschaft stattgefunden hatten, weitgehend auszusetzen. Stattdessen
verlegte man sich auf die Inszenierung gesellschaftlicher Läuterung, wofür
man zunehmend auch auf die überlebenden ebenso wie die nach Kriegsende
zuwandernden Jüdinnen und Juden zurückgriff.

Diese ritualisierte Abgrenzung fand in der Kunst, in der Wissenschaft und
in der Erinnerungskultur statt. Die immense psychologische Entlastung, die
sie bedeutete, hat Y. Michel Bodemann 1996 in seinem Buch »Gedächtnistheater«[13] eindrücklich beschrieben; darüber hinaus möchte ich auf die Texte
W. G. Sebalds[14] und Fritz J. Raddatz'[15] sowie auf meine eigenen Arbeiten zum
Zusammenhang von Nachkriegskunst mit einem postnationalsozialistischen
Entlastungsbedürfnis verweisen.[16]

Darüber hinaus ist der Zusammenhang zwischen einer sich intensivie-
renden öffentlichen Erinnerungskultur und einem wachsenden familiären
Vergessen in soziologischen Arbeiten der letzten Jahrzehnte vielfach nachvollzogen worden – von »Opa war kein Nazi«[17] über »Gefühlte Opfer«[18]
bis zu Umfragen wie der MEMO-Studie von 2019, der zufolge zwei Drittel

13   Y. Michal Bodemann, *Gedächtnistheater. Die jüdische Gemeinschaft und
ihre deutsche Erfindung*, Hamburg 1996.

14   W. G. Sebald, *Luftkrieg und Literatur*,
München 1999.

15   Fritz J. Raddatz, *Wir werden weiter-
dichten, wenn alles in Scherben fällt …
Der Beginn der deutschen Nachkriegs-
literatur*, Die Zeit, Nr. 42/1979, https://
www.zeit.de/1979/42/wir-werdenwei-
terdichten-wenn-alles/komplettansicht

16   Max Czollek, *Desintegriert euch!*,
München 2018, ders., *Gegenwartsbewältigung*, München 2020; ders., *Beuys
will be Beuys. Beuys will be deutsch.
Einige Gedanken über Kunst im postnationalsozialistischen Deutschland*,
Podcast 2021, https://beuys2021.de/
de/media/podcasts

17   Harald Welzer, Sabine Moller,
Karoline Tschuggnall, *»Opa war
kein Nazi«. Nationalsozialismus und
Holocaust im Familiengedächtnis*,
Frankfurt am Main 2002.

18   Ulrike Jureit und Christian Schnei-
der, *Gefühlte Opfer. Illusionen der Vergangenheitsbewältigung*, Bonn 2010.

der Befragten angaben, ihre Familien wären im Nationalsozialismus nicht an Verbrechen beteiligt gewesen.[19] Auch an diesen Studien wird noch einmal deutlich, auf welche Weise der Umgang mit den Naziverbrechen im postnationalsozialistischen Deutschland auf die Bedürfnisse der Täter*innengesellschaft zugeschnitten war – eine Ausrichtung, an der sich bis heute nichts Wesentliches geändert hat.[20]

Für die Zeit nach 1945 lässt sich also zusammenfassen, dass die Gerechtigkeit, auf die die Überlebenden der Schoa gezählt hatten, weitgehend ausblieb. Ein Befund, der im Übrigen nicht nur die symbolische Ebene der inszenierten Selbst-Exkulpation betrifft, sondern auch die materielle, indem Raubgüter nicht zurückgegeben wurden oder SS-Mitglieder im Nachkriegsdeutschland ganz offiziell Renten erhielten, während sich ehemalige Zwangsarbeiter*innen jeden Euro erkämpfen mussten und müssen.

Das wirft die Frage auf, wie die jüdische Seite auf dieses Ausbleiben der Gerechtigkeit reagiert. Und tatsächlich haben Jüdinnen und Juden in den vergangenen Jahren damit begonnen, die versöhnliche Rolle, die ihnen im Theater deutscher Selbstentlastung zugedacht wird, infrage zu stellen. Ausdruck dieser Kritik sind beispielsweise künstlerische Interventionen wie der »Desintegrationskongress«, der 2016 am Studio Я des Maxim Gorki Theaters Berlin stattfand, oder filmische Arbeiten wie »Masel Tov Cocktail« (2020) von Arkadij Khaet.

Diese Arbeiten unterstreichen, dass die Frage nach jüdischer Rache und Unversöhnlichkeit kein historisches, sondern ein aktuelles Thema ist: Wenn die Figur der versöhnlichen Juden dabei hilft, die deutsche Nachkriegsgesellschaft zu legitimieren und ihr Bedürfnis nach Entlastung und Vergessen zu bedienen, dann markiert der gegenwärtig wieder verstärkt diskutierte Topos jüdischer Rache einen Einspruch gegen dieses Gedächtnistheater. Als Verweis darauf, dass die Gesellschaft nicht für Gerechtigkeit gesorgt hat. Und dass es ihr daher an Legitimität mangelt.

Versöhnungstheater und Rache als jüdische Gegenerzählung

> Wenn ihr uns stecht, bluten wir nicht? Wenn ihr uns kitzelt, lachen wir nicht? Wenn ihr uns vergiftet, sterben wir nicht? Und wenn ihr uns beleidigt, sollen wir uns nicht rächen? Sind wir euch in allen Dingen ähnlich, so wollen wir's euch auch darin gleich tun. Wenn ein Jude einen Christen beleidigt, was ist seine Demut? Rache. Wenn ein Christ einen Juden beleidigt, was muß seine Geduld sein nach christlichem Vorbild? Nu, Rache. Die Bosheit, die ihr mich lehrt, die will ich ausüben, und es muß schlimm hergehen, oder ich will es meinen Meistern zuvortun.[21]

In diesem Monolog aus William Shakespeares »Kaufmann von Venedig« spricht der jüdische Händler Shylock. Die Passage ist vielfach von antisemitischen Interpret*innen angeführt worden, um die vermeintliche Blutrüns-

19 IKG Uni Bielefeld / EVZ MEMO-Studie II/2019.

20 Max Czollek, *Desintegriert euch!*, München 2018.

21 William Shakespeare, *Der Kaufmann von Venedig*, in: ebd., *Sämtliche Werke in einem Band*, S. 80–96, hier: S. 88.

tigkeit und Rachsucht des Juden Shylock zu belegen. Aber ist das richtig? Shylock sagt hier nüchtern betrachtet lediglich: Ich werde so handeln, wie es die Christen mir vorgemacht haben – und das schließt Rache mit ein. Zeigt sich im Zurückschrecken vor der Figur Shylock also vielmehr ein mehr schlecht als recht verdrängtes Bewusstsein dafür, dass Shylock recht haben könnte?

Der Horror von Gesellschaften, die von Unterdrückung profitieren oder profitiert haben, gründet auch in der Furcht, die Unterdrückten könnten sich wehren. In leicht zu durchschauender Dialektik wird die Angst vor Gegenwehr zu einem zentralen Vorwurf gegen die Unterdrückten umgekehrt: Nicht trotzdem, sondern weil jüdische, schwarze, migrantisierte, ausgebeutete und diskriminierte Menschen allen Grund dazu hätten, sich zu wehren, macht man ihnen ihre Wut zum Vorwurf. Und das gilt natürlich auch für die Jüdinnen und Juden, die seit eineinhalb Jahrtausenden fortwährend Gewalt erfahren haben.

Da wundert es wenig, dass die Anerkennung von Diskriminierung und Ausbeutung, Vertreibung und Vernichtung in der Gegenwart stets mit der Forderung nach Versöhnung und Vergebung verbunden wird. Immer ist es das Erste, was diejenigen zu hören bekommen, die Gewalt erlebt oder deren Familien unter ihr gelitten haben. Im Namen eines angeblichen Pragmatismus erhebt man die Forderung nach Vergessen, wütet gegen vermeintliche Profiteure, eilt voraus und bedankt sich bereits für die erfolgte Versöhnung, lange bevor die andere Seite auch nur dazu gekommen ist, die eigenen Toten zu zählen. Und diese Toten, das sollte klar sein, sind zahllos.

Dagegen muss man unterstreichen: Jüdisches Leben in Deutschland ist heute und bis auf unbestimmte Zeit nicht bloß die Geschichte derjenigen, die da sind, sondern auch derjenigen, die da sein sollten. Die oben bereits umrissene Perspektive jüdischer Unversöhnlichkeit unterstreicht genau das: Solange die Züge nicht rückwärts in die Bahnhöfe einfahren und der Ansager sagt, »hier habt ihr eure Verwandten zurück«; solange die Schiffe nicht rückwärts über den Atlantik fahren und ihre menschliche Fracht ausladen; solange die Zeitungen nicht schreiben, »hier habt ihre euer Eigentum, eure Freund*innen, euer Weltvertrauen zurück«, so lange bleibt Versöhnung unverfügbar. Und die Forderung nach ihr ein Affront.

Dagegen verweist eine Haltung der Rache auf das uneingelöste Versprechen der Gesellschaft, Gerechtigkeit zu schaffen. Eine Ausstellung zur Geschichte jüdischer Rache unterstreicht die Existenz einer Gegenerzählung gegen alle Versuche, diesen Widerstand zu unterbinden. Das gilt auch für die Jüdinnen und Juden in der Gegenwart: Die Einsicht der deutschen Gesellschaft, dass diese Handlungen Fehler waren, tilgt die Erinnerung nicht, dass sie geschehen sind.

In den neunziger Jahren ging ich auf die neu gegründete jüdische Schule in Berlin. Es war die erste Schule ihrer Art seit dem Zweiten Weltkrieg. Ich erinnere mich noch gut an das Gefühl, dass hier etwas neu begann. Aber das Gefühl des Neubeginns markierte zugleich die Intensivierung eines Bewusstseins, was unwiederbringlich verloren gegangen war. Die ersten Jahre war unser Pausenhof ein Friedhof. Und das ist nicht metaphorisch gemeint: Wir spielten in den Pausen auf einem jüdischen Friedhof.

Ich erinnere mich an die Journalist*innen, die unsere Schule regelmäßig heimsuchten. Eine ihrer wiederkehrenden Fragen lautete: Fühlt ihr euch wohl in Deutschland? Vielleicht war mir diese Frage schon immer so unangenehm, weil ich hinter ihr die Hoffnung wahrnahm, die Dinge, die passiert waren, könnten eines Tages ungeschehen gemacht werden. Und vielleicht ist diese Frankfurter Rache-Ausstellung auch eine späte Antwort auf diese Frage, weil sie eine Perspektive auf die Geschichte wachhält und damit auch die – sehr deutsche – Hoffnung zurückweist, die Dinge mögen sich normalisieren.

Zu Pessach, das vom Auszug der Israeliten aus Ägypten und ihrer Befreiung aus der Sklaverei erzählt, stellt man einen zusätzlichen Becher auf den Tisch. Er ist für den Propheten Elijahu vorgesehen, dessen Ankunft den Messias ankündigt. Nach dem gemeinsamen Essen füllt man den Becher, öffnet die Tür und betet:

> Gieß deinen Zorn über die Völker, die dich nicht kennen, und über die Reiche, die deinen Namen nicht anrufen. Denn sie haben Jakob verschlungen und seine Wohnstätte verwüstet. Gieß deinen Grimm über sie und lass die Glut deines Zorns sie erreichen. Verfolge sie voller Zorn und vertilge sie von der Erde.[22]

In diesem Moment verbinden sich die Lebenden mit ihren Vorfahren in ihrer Traurigkeit, ihrer Angst und ihrem Zorn darüber, dass die Dinge so geschehen sind, wie sie geschahen. Und sicherlich ist auch ein Teil Freude dabei, dass man dennoch nicht aufgehört hat, zu existieren. Das Judentum, so Bundespräsident Richard von Weizsäcker in seiner berühmten Rede vom 8. Mai 1985, verstehe die Erinnerung als Teil der Erlösung.[23] Was der Bundespräsident dabei nicht sehen wollte und vermutlich auch nicht sehen konnte: Von Versöhnung ist in der jüdischen Erinnerung nicht die Rede. Sondern von Gerechtigkeit.

Die Geschichte jüdischer Rache ist die Erzählung von einer selbstbestimmten Minderheit, die wütend, verletzt und untröstlich ist. Und die trotz allem überlebt hat. Von einigen dieser Menschen erzählt diese Ausstellung. Von ihnen erzählt auch dieser Katalog.

☞ Der biblische Held Simson oder Samson ist ein triebgesteuerter Kraftmensch aus dem Buch der Richter, den im Kampf »der Geist des HERRN« überkommt. Nachdem ihm seine Haare abgeschnitten und damit seine übermenschlichen Kräfte geraubt wurden, gelingt es den Philistern, ihn zu überwältigen und gefangen zu nehmen. Als sie ihn zur Volksbelustigung im Tempel vorführen wollen, reißt Simson – dessen Haare inzwischen nachgewachsen sind – die Säulen ein. Beim Einsturz des Tempels, seinem letzten Racheakt, sterben 3.000 Philister.

Simsons (Samsons) Tod, Gustav Doré (1832–1883), 1866, Holzstich, aus: *Die Heilige Schrift der Israeliten*, Stuttgart, 1874, Jüdisches Museum Frankfurt

22 Michael Shire (Hg.), *Die Pessach-Haggada*, Berlin 2013, S. 46.

23 Richard von Weizsäcker, Gedenkveranstaltung im Plenarsaal des Deutschen Bundestages zum 40. Jahrestag des Endes des Zweiten Weltkrieges in Europa, 8.5.1985, https://www.bundespraesident.de/SharedDocs/Reden/DE/Richard-von-Weizsaecker/Reden/1985/05/19850508_Rede.html

Simson's (Samson's) Tod.
Richt. 16, 30.

שְׁפֹ֤ךְ

חֲמָתְךָ֮ אֶל־הַגּוֹיִם֮ אֲשֶׁ֣ר לֹֽא־יְדָע֒וּךָ וְעַ֣ל מַמְלָכ֔וֹת
אֲשֶׁ֣ר בְּשִׁמְךָ֮ לֹ֣א קָרָ֒אוּ כִּֽי־אָכַ֥ל אֶֽת־יַעֲקֹ֖ב וְאֶת־
נָוֵ֥הוּ הֵשַֽׁמּוּ ׃

שְׁפֹ֤ךְ עֲלֵיהֶ֣ם זַעְמֶ֑ךָ וַחֲר֥וֹן אַפְּךָ֖ יַשִּׂיגֵֽם ׃ תִּרְדֹּ֤ף בְּאַ֨ף וְ
תַשְׁמִידֵ֖ם מִתַּ֥חַת שְׁמֵ֣י יְיָ ׃ משׁ׳ דער גיך טעניקט זיין גט פיר די כוס

לֹ֣א לָ֤נוּ יְיָ לֹ֣א לָ֔נוּ כִּֽי־לְשִׁמְךָ֖ תֵּ֣ן כָּב֑וֹד עַ֭ל
הַסְדְּךָ֗ וְעַל־אֲמִתֶּֽךָ ׃ לָ֤מָּה יֹאמְר֣וּ הַ
גּוֹיִ֑ם אַיֵּ֥ה נָ֝֗א אֱלֹהֵיהֶ֥ם ׃ וֵֽאלֹהֵ֥ינוּ בַשָּׁמָ֑יִם כֹּ֖ל
אֲשֶׁר־חָפֵ֣ץ עָשָֽׂה ׃ עֲ֭צַבֵּיהֶם כֶּ֣סֶף וְזָהָ֑ב מַ֝עֲשֵׂ֗ה
יְדֵ֣י אָדָֽם ׃ פֶּֽה־לָ֭הֶם וְלֹ֣א יְדַבֵּ֑רוּ עֵינַ֥יִם לָ֝הֶ֗ם וְלֹ֣א
יִרְאֽוּ ׃ אָזְנַ֣יִם לָ֭הֶם וְלֹ֣א יִשְׁמָ֑עוּ אַ֥ף לָ֝הֶ֗ם וְלֹ֣א
יְרִיח֥וּן ׃ יְדֵיהֶ֤ם וְלֹ֣א יְמִישׁ֗וּן רַ֭גְלֵיהֶם וְלֹ֣א
יְהַלֵּ֑כוּ לֹֽא־יֶ֝הְגּ֗וּ בִּגְרוֹנָֽם ׃ כְּ֭מוֹהֶם יִהְי֣וּ עֹשֵׂיהֶ֑ם כֹל

אֶת הַיָּרֵחַ וְכוֹכָבִים אַדִּירִים   וַיַּהֲרוֹג מְלָכִים אַדִּירִים

לְמֶמְשָׁלוֹת בַּלַּיְלָה : כֻּלָּהּ   כִּי לְעוֹלָם חַסְדּוֹ

לְמַכֵּה מִצְרַיִם בִּבְכוֹרֵיהֶם   לְסִיחוֹן מֶלֶךְ הָאֱמֹרִי : כֻּלָּהּ

כִּי לְעוֹלָם חַסְדּוֹ   וּלְעוֹג מֶלֶךְ הַבָּשָׁן : כֻּלָּהּ

וַיּוֹצֵא יִשְׂרָאֵל מִתּוֹכָם : כֻּלָּהּ   וְנָתַן אַרְצָם לְנַחֲלָה : כֻּלָּהּ

בְּיָד חֲזָקָה וּבִזְרוֹעַ נְטוּיָה   נַחֲלָה לְיִשְׂרָאֵל עַבְדּוֹ

כִּי לְעוֹלָם חַסְדּוֹ

לְגוֹזֵר יַם סוּף לִגְזָרִים : כֻּלָּהּ   שֶׁבְּשִׁפְלֵנוּ זָכַר לָנוּ

וְהֶעֱבִיר יִשְׂרָאֵל בְּתוֹכוֹ : כֻּלָּהּ   כִּי לְעוֹלָם חַסְדּוֹ

וְנִעֵר פַּרְעֹה וְחֵילוֹ בְיַם סוּף   וַיִּפְרְקֵנוּ מִצָּרֵינוּ : כֻּלָּהּ

כִּי לְעוֹלָם חַסְדּוֹ   נֹתֵן לֶחֶם לְכָל בָּשָׂר

לְמוֹלִיךְ עַמּוֹ כַּמִּדְבָּר : כֻּלָּהּ   כִּי לְעוֹלָם חַסְדּוֹ

לְמַכֵּה מְלָכִים גְּדוֹלִים   הוֹדוּ לְאֵל הַשָּׁמַיִם

כִּי לְעוֹלָם חַסְדּוֹ   כִּי לְעוֹלָם חַסְדּוֹ

רַנְּנוּ צַדִּיקִים בַּיְיָ לַיְשָׁרִים נָאוָה תְהִלָּה

נִשְׁמַת כָּל חַי תְּבָרֵךְ אֶת שִׁמְךָ יְיָ אֱ
לֹהֵינוּ וְרוּחַ כָּל בָּשָׂר תְּפָאֵר
וּתְרוֹמֵם זִכְרְךָ מַלְכֵּנוּ תָּמִיד · מִן הָעוֹלָם וְעַד הָעוֹלָם
אַתָּה אֵ · וּמִבַּלְעָדֶיךָ אֵין לָנוּ מֶלֶךְ גּוֹאֵל וּמוֹשִׁיעַ ·
פּוֹדֶה וּמַצִּיל וּמְפַרְנֵס וּמְרַחֵם בְּכָל עֵת צָרָה וְצוּקָה
אֵין לָנוּ מֶלֶךְ אֶלָּא אַתָּה · אֱלֹהֵי הָרִאשׁוֹנִים וְאַחֲרוֹנִים
אֱלֹהֵי

S. 32/33 Die Haggada ist eine über die Jahrhunderte hinweg gewachsene Sammlung von Texten, die am ersten Abend von Pessach gemeinsam gelesen, gesungen und gebetet werden. Sie umfasst Gebete, Lieder, rabbinische Erklärungen und biblische Erzählungen und erinnert an den Auszug der Israeliten aus Ägypten. Seit dem Mittelalter umfasst die Haggada auch die Verse Schfoch Chamatcha, die die göttliche Rache beschwören und folgendermaßen beginnen: »Gieß deinen Zorn aus über die Heiden, die dich nicht kennen ...« (Psalm 79,6–7).

Frankfurter Pessach-Haggada, geschrieben und illustriert von Jakob Michael May Segal (gest. 1768), Frankfurt am Main, 1731, Pergament, Tinte, Wasserfarben, Jüdisches Museum Frankfurt, Schenkung von Ignatz Bubis, Foto: Horst Ziegenfusz

Die Geschichte von Judith, die den assyrischen Feldherrn Holofernes enthauptet, wird in dem auf Griechisch verfassten Buch Judit erzählt, das nicht in die hebräische Bibel aufgenommen wurde. Es handelt sich um eine Erzählung, die in der jüdischen Tradition einen apokryphen Status hat, im Christentum hingegen zu den kanonischen Texten des sogenannten Alten Testaments gehört. Wie die Bibel vielerorts bezeugt, gelang dem Heer des babylonischen Königs Nebukadnezar die Eroberung Judäas. Die Erzählung der Enthauptung seines Feldherrn Holofernes ist also eine kontrafaktische, fiktive Geschichte, die Rache an dem Eroberer übt.

Judith und Holofernes, Jacopo Ligozzi (1547–1627), 1602, Öl auf Leinwand, 97 x 79 cm, Gallerie degli Uffizi, Florenz

wachsende Gliedmassen Lösegeld nehmen.
— Wozu ist nun, wo es heisst: *du sollst
kein Lösegeld nehmen*[19], [die Deduktion aus
dem Wort] *schlagen* nötig!? — Aus diesem
Schriftvers würde man entnehmen können,
dass man ihm entweder das Auge aus-
schlage[20] oder von ihm Ersatz für das Auge
nehme, daher folgert er es vom [Erschla-
gen] eines Viehs: wie für ein Vieh eine
Geldentschädigung zu zahlen ist, ebenso ist
auch für [die Verwundung] eines Menschen
eine Geldentschädigung zu zahlen.

Es wird gelehrt: R. Dostaj b. Jehuda
sagte: *Auge um Auge*, eine Geldentschädigung. Du sagst, eine Geldentschädigung,
vielleicht ist dem nicht so, sondern wirklich das Auge? — Ich will dir sagen, wie
könnte man in dem Fall, wenn das Auge
des einen gross und das Auge des anderen klein ist, aufrecht erhalten [die Wor-
te] *Auge um Auge*!? Wolltest du erwidern,
in einem solchen Fall nehme man von ihm
eine Geldentschädigung, so sagt ja die Gesetzlehre:[21] *Einerlei Recht soll für euch gelten*,
das Recht soll für euch alle gleichmässig
sein!? — Was ist dies für ein Einwand,
vielleicht sagt der Allbarmherzige also:
das Augenlicht hat er jenem genommen,
und das Augenlicht soll ihm genommen

חוזרין וכי מאחר דכתיב²⁷לא תקחו כופר מכה מכה
למה לי²⁸אמרי אי מהאי הוה אמינא אי בעי עינו
²⁹ניתיב ואי בעי דמי עינו ניתיב קמשמע לן מבהמה
מה מכה בהמה לתשלומין אף מכה אדם לתשלומין:
תניא³⁰רבי דוסתאי בן יהודה אומר עין תחת עין
ממון אתה אומר ממון או אינו אלא עין ממש אמרת
הרי שהיתה עינו של זה גדולה ועינו של זה קטנה
היאך אני קורא³¹ביה עין תחת עין וכי תימא כל
כי האי³²שקיל מיניה ממונא התורה אמרה ³³משפט
אחד יהיה לכם ³⁴משפט השוה³³לכולכם אמרי מאי
קושיא דלמא נהורא נהורא שקיל מיניה אמר רחמנא
נישקול מיניה דאי לא תימא הכי³⁴קטן שהרג את
הגדול וגדול שהרג את הקטן היכי משפט השוה
לכולכם אלא נשמה שקיל מיניה נשמה אמר רחמנא
נשקול מיניה הכא נמי נהורא שקיל מיניה נהורא
אמר רחמנא נשקול מיניה: תניא³⁶אידך רבי שמעון
בן יוחי אומר עין תחת עין ממון אתה אומר ממון
או אינו אלא עין ממש³⁷הרי שהיה סומא וסימא
קיטע וקיטע חיגר וחיגר היאך אני³⁵מקיים בזה עין
תחת עין והתורה אמרה משפט אחד יהיה לכם
³³משפט השוה³³לכולכם אמרי³⁷מאי קושיא דלמא היכא
דאפשר אפשר היכא דלא אפשר לא אפשר ופטרינן
ליה דאי לא תימא הכי³⁷טרפה שהרג את השלם

M 27 האי מכה || M 28 || M 29 אי מהחיא ||			

M 27 האי מכה || M 28 || M 29 אי מהחיא || ליתיב ליה
קמ״ל מכה מבהמה || M 30 אמר רדבי״י || M 31 בזה ||
M 32 גזונא + || M 33 בכולכם מאי || M 34 — קטן...
הגדולו || M 35 בכולכם אמר רחמנא אלא || M 36 — אידך ||
M 37 אמרת || M 38 קורא || B 39 ו.+

werden; denn wieso könnte man, wenn du nicht so erklären wolltest, wenn ein Kleiner einen Grossen oder ein Grosser einen Kleinen getötet hat, diesen töten, die Gesetzlehre sagt ja: *Einerlei Recht soll für euch gelten*, das Recht soll für euch alle gleichmässig
sein!? Du musst also erklären: er hat jenem das Leben genommen, und das Leben soll
ihm genommen werden, ebenso auch hierbei: er hat jenem das Augenlicht genommen,
und das Augenlicht soll ihm genommen werden.

Ein Anderes lehrt: R. Šimôn b. Johaj sagte: *Auge um Auge*, eine Geldentschädigung. Du sagst, eine Geldentschädigung, vielleicht ist dem nicht so, sondern wirklich das Auge? — Wie könnte man in dem Fall, wenn ein Blinder einen geblendet,
ein Verstümmelter einen verstümmelt oder ein Lahmer einen lahm gemacht hat, aufrecht erhalten [die Worte] *Auge um Auge*, und die Gesetzlehre sagt: *Einerlei Recht
soll für euch gelten*, das Recht soll für euch alle gleichmässig sein!? — Ich will dir
sagen, was ist dies für ein Einwand, vielleicht nur, wenn dies[22] möglich ist, nicht
aber wenn es nicht möglich ist, man befreie ihn dann ganz. Was ist denn, wenn
du nicht so erklären wolltest, mit einem auf den Tod Verletzten, der einen Gesun-

---

19. Woraus gefolgert wird, dass wegen einer körperlichen Verletzung wol eine Geldentschädigung
genommen werde.   20. Dh. dem Schädiger eine ebensolche Verletzung zufüge.   21. Lev. 24,22.
22. Die Bestrafung des Schuldigen.

Das Prinzip von Strafe und Vergeltung wird in der Bibel wiederholt mit dem Satz »Auge um Auge« beschrieben. Diese Formel legitimiert nicht etwa Rachehandlungen, sondern legt das Maß für den Schadenersatz fest: »Leben für Leben, Auge für Auge, Zahn für Zahn, Hand für Hand, Fuß für Fuß ...« (Ex. 21,23–25). In rabbinischer Zeit führt die Diskussion um die Angemessenheit einer Strafe zur Abschaffung dieses sogenannten Talionsprinzips und dessen Ersetzung durch Bußzahlungen. Darüber hinaus betonen die rabbinischen Schriften, dass Rache nicht gestattet und die Vergeltung Gott vorbehalten sei.

Seite aus dem Traktat Bawa Kama (Baba Qama, »die erste Pforte«), aus: Der Babylonische Talmud mit Einschluß der vollständigen Mišnah, möglichst sinn- und wortgetreu übersetzt und mit kurzen Erklärungen versehen von Lazarus Goldschmidt (1871–1950), Bd. 6, Berlin; Wien 1897 ff., Jüdisches Museum Frankfurt

Die prachtvolle Glasmalerei veranschaulicht die christliche Vorstellung von den Roten Juden. Mit spitzen Judenhüten gekennzeichnet, warten sie (rechts) jenseits des legendären Flusses Sambatjon. In der Endzeit werden sie sich dem Heer des Antichristen anschließen (links), um mit ihm gemeinsam Rache zu üben. Die jüdische Legende entspricht spiegelbildlich der christlichen: Hier sind die Roten Juden mächtige Krieger, die nach der Ankunft des Messias den Fluss Sambatjon überschreiten, um Rache für Verfolgung und Unterdrückung zu nehmen.

Darstellungen der Roten Juden auf dem Antichristfenster der Marienkirche in Frankfurt (Oder), um 1360, Foto: Wolfgang Gülcker

Admiel Kosman

Rache in Tanach, Mischna und Talmud
Eine kurze Einführung

Der biblische Rachebegriff

In der hebräischen Bibel kommt die Idee der Rache durch einige typische Worte zum Ausdruck: *nekama* (Rache), *gmul* (Vergeltung), *shilum* (Entschädigung) und andere. Gelegentlich tauchen im biblischen Text auch bestimmte Verben in Verbindung mit dem Wort *dam* (Blut) auf. So heißt es z. B. im ersten Buch der Könige: »Und der Ewige wird zurückbringen sein Blut auf sein Haupt.« (1. Könige 2,32)[1]. Die Formulierung bezeichnet einen konkreten Akt der Rache als Reaktion auf einen Mord. Die Menschen der biblischen Antike waren es durchaus gewohnt, das Recht selbst in die Hand zu nehmen und an denen, die ihnen oder ihrer Familie Schaden zugefügt hatten, Rache zu nehmen. Der entsprechende Rechtsgrundsatz im Buch Genesis lautet: »Wer Blut eines Menschen vergießt, durch Menschen soll sein Blut vergossen werden, denn im Bilde Gottes hat er den Menschen gemacht.« (Genesis 9,6)

Auch aus den Erzählungen von Kain (»Wahrlich, wer Kajin erschlägt, siebenfach werd' es gerächt«, Genesis 4,15) und Lemech (»Denn siebenfach wird Kajin gerächt, doch Lemech siebenzig und siebenfach«, Genesis 4,24) ließe sich eventuell schließen, dass Rache das gute Recht der Geschädigten war. Allerdings ist eine solche Deutung dieser Verse unsicher, weil sie schwer verständlich sind und ganz unterschiedlich ausgelegt wurden.

Ausdrückliche Anwendung unter dem Stichwort »Rache« findet das Prinzip aus Genesis 9,6 nur in den Gesetzesbestimmungen über die Misshandlung von Leibeigenen mit Todesfolge:

> Und so jemand seinen Knecht oder seine Magd schlägt mit
> dem Stocke und er stirbt unter seiner Hand, so werde es ge-
> rächt. Doch wenn er einen Tag oder zwei Tage am Leben bleibt,
> so soll es nicht gerächt werden, denn es ist sein Geld.
> (Exodus 21,20–21)

Auch die folgende Bestimmung unterscheidet je nach Situation über die Legitimität der Rache, allerdings unter dem Begriff *damim* (Blutschuld):

1 Bibelzitate folgen der auch als Rabbinerbibel bekannten, von Leopold Zunz redigierten deutschen Übersetzung »Die vier und zwanzig Bücher der Heiligen Schrift« von 1837 (Anm. d. Übers.).

39

Wenn der Dieb beim Einbruch betroffen wird und er wird geschlagen, daß er stirbt, ist seinetwegen keine Blutschuld. Wenn die Sonne über ihn aufgegangen, so ist Blutschuld seinetwegen. (Exodus 22,1–2)

Das heißt, im ersten Fall (der als nächtliche Notwehr gelten kann) hätte die Familie des getöteten Diebes kein Recht auf Blutrache, im zweiten Fall (Selbstjustiz bei Tageslicht) dagegen schon.[2] Es fällt uns heute zuweilen nicht leicht, die Logik zu verstehen, die sich hinter diesem Denken verbirgt. Wir dürfen nicht vergessen, dass in der antiken Rechtsprechung das Prinzip der Reziprozität, das der Talmud mit der Wendung *mida ke-neged mida* (Maß für Maß) bezeichnet, einen recht fundamentalen Grundsatz darstellte.[3]

Allerdings wird Rache nicht überall dort, wo die Wortwurzel *nkm* im biblischen Text auftaucht, als reiner Rechtsakt der geschädigten Seite verstanden. Vielmehr ist in der biblischen Verwendung von *nkm* eine Nuance spürbar, die gerade die emotionale Befriedigung betont, die der Rächer aus seiner Tat schöpft. Daher ist Rache in der Bibel in vielen Fällen negativ konnotiert. Manche Passagen kritisieren Rache als eine Handlung, die Grausamkeit und destruktive Gefühle weckt. So heißt es z. B. im Buch der Sprüche: »Denn Eifersucht, das ist die Wut des Mannes; der schont nicht am Tage der Rache.« (Buch der Sprüche 6,34) Gelegentlich wird sogar explizit betont, dass Rache lediglich dem Ausdruck von exzessiver Grausamkeit, Boshaftigkeit und unbegründetem Hass dient, etwa in Jeremia 20,10 oder Psalm 8,3.[4]

Ferner sollten wir beachten, dass die Pflicht oder das Recht eines Menschen, das Blut des Ermordeten am Mörder zu rächen, in der Bibel als *ge'ulat ha-dam* (Erlösung des Blutes) und nicht als *nekamat ha-dam* (Blutrache) bezeichnet wird – vermutlich, weil es um das Recht auf bzw. die Pflicht zur Vergeltung geht und gerade nicht um Rache und die damit verbundenen destruktiven und bösartigen Gefühle. Der Begriff Blutrache hingegen wird in der Bibel fast ausschließlich in dem Fall verwendet, dass die Rache von Gott oder einem seiner Gesandten ausgeübt wird, beispielsweise in dem Lied, das Moses kurz vor seinem Tod dem Volk Israel singt:

> Preiset jauchzend, Nationen, sein Volk; denn das Blut seiner
> Knechte rächet er, und Rache erstattet er seinen Feinden, und
> es versöhnt seinen Boden sein Volk. (Deuteronomium 32,43)

Das folgende Beispiel aus dem Buch der Psalmen beginnt mit einem Aufschrei – anscheinend über die Zerstörung des ersten Tempels und Jerusalems unter dem babylonischen König Nebukadnezar im Jahr 586 v. u. Z. Anschließend wendet sich der Dichter mit der Bitte an Gott, er möge an den Babyloniern Rache nehmen für die Misshandlungen Israels und die Missachtung Gottes. Zum Dank würde das Volk Israel ihn loben und preisen und der Dichter selbst würde dafür sorgen, dass Dankbarkeit und Lob von jetzt bis in alle Ewigkeit von Generation zu Generation weitergegeben würden:

> Warum sollen die Völker sprechen: Wo ist ihr Gott? Möge
> kund werden an den Völkern vor unsern Augen die Rache für

2 Vgl. die entsprechende Erläuterung in Samson Raphael Hirsch: *Der Pentateuch*. Bd. 2: Exodus. Frankfurt am Main 1869, S. 297–298.

3 *Talmud Bavli*, Traktat Sanhedrin 90a. Zum antiken Rechtsverständnis vgl. Tikva Frymer-Kensky: »Tit for Tat. The Principle of Equal Retribution in Near Eastern and Biblical Law«. In: *The Biblical Archaeologist* 43,4 (1980), S. 230–234; Pamela Barmash: *Homicide in the Biblical World*. Cambridge 2005, v. a. S. 154–177; Larry May: *Ancient Legal Thought. Equity, Justice, and Humaneness from Hammurabi and the Pharaohs to Justinian and the Talmud*. Cambridge 2019, v. a. S. 150–168.

4 Vgl. Jacob Licht: נקמה. In: *Encyclopaedia Biblica*, Bd. 5. Jerusalem 1968, S. 917–921, hier S. 917 [Hebräisch].

das vergossene Blut deiner Knechte. Möge vor dich kommen
das Stöhnen des Gefesselten, nach der Größe deines Armes
verschone die Söhne des Todes. Und vergilt unsern Nachbarn
siebenfach in ihrem Schoß ihren Hohn, mit dem sie dich ver-
höhnt, o Herr. Wir aber, dein Volk und die Herde deiner Weide,
wollen dir danken ewiglich, in alle Geschlechter deinen Ruhm
erzählen. (Psalm 79,10–13)

Das biblische Verbot der Rache im Buch Leviticus

In dem Teil der hebräischen Bibel, der nach den Erkenntnissen der histo-
risch-kritischen Forschung zur sogenannten »Heiligkeitsschule« gehört,
findet sich ein Gesetz, das dem Menschen die Rache ausdrücklich verbietet.
Im Buch Leviticus heißt es:

> Du sollst dich nicht rächen und nichts nachtragen den Kindern
> deines Volkes, sondern deinen Nächsten lieben wie dich selbst.
> Ich bin der Ewige. (Leviticus 19,18)

Bevor wir uns der allgemein üblichen Interpretation dieses Verses zuwenden,
sollte darauf hingewiesen werden, dass es auch unkonventionelle Auslegungen gibt. Die Qumran-Gemeinschaft vom Toten Meer (1. Jh. u. Z.) etwa verstand
das Gebot »Du sollst dich nicht rächen und nichts nachtragen« als Einheit.
Daraus leitete sie das Gebot ab, andere Sektenmitglieder bei Fehlverhalten
zunächst vor Zeugen zurechtzuweisen.[5] In der zeitgenössischen Forschung
existiert zudem die These, dass die Formulierung »Kinder deines Volkes« die
gemeinsamen Vorfahren meine, sodass sich das Verbot der Blutrache auf alle
erstreckt habe, die zum jeweiligen Verbund lokaler Stämme gehörten.[6]

Die bei Juden wie bei Christen verbreitete und in allen früheren und späteren Bibelübersetzungen zu findende Auslegung dagegen sieht in dem Vers
schlicht das Verbot, sich zu rächen oder auch nur nachtragend zu sein (einen
Groll zu hegen).[7]

Allerdings scheint dieses grundsätzliche Verbot nicht im Widerspruch
zu der Tatsache zu stehen, dass Rache an anderen Stellen der hebräischen
Bibel ohne Einschränkung als legitim erscheint – wie wir etwa anhand von
Psalm 79 gesehen haben. Entscheidend ist dabei, dass im Psalm nicht von
der Rache eines Einzelnen an seinem Nächsten, sondern vom Rachewunsch
des Volkes, das als Volk Gottes gilt, die Rede ist. Die Rache des Volkes ist
nach biblischer Auffassung gleichbedeutend mit der *Rache Gottes*. Dies zeigt
sich unter anderem in der Weisung, die Moses von Gott erhält, die Rache
Israels an den Midianitern zu verüben. Moses teilt dem Volk die göttliche An-
weisung mit diesen Worten mit: »Rüstet von euch Männer zum Heere und sie
sollen ziehen über Midjan, Rache des Ewigen zu üben an Midjan.« (Numeri
31,3) Und auch an anderen Bibelstellen, die den Eifer von Kämpfern in der
Schlacht beschreiben, wird Rache positiv bewertet, u. a. in Josua 10,13 und
im 1. Buch Samuel 14,24.

5 Vgl. Edward Lipiński: נקם, In: *Theo-
logisches Wörterbuch zum Alten Testa-
ment*, Bd. V, hg. v. G. Johannes Botter-
weck / Helmer Ringgren / Heinz-Josef
Fabry. Stuttgart 1986, Sp. 602–612, hier
Sp. 610; Licht: נקמה, S. 918.; Aharon
Shemesh: המבדיל בין בני אור לבני חושך.
In: *Atarah le-Ḥayim. Studies in Talmudic
and Rabbinic Literature in Honor of
Professor Haim Zalman Dimitrovsky*, hg.
v. Israel M. Ta-Shma. Jerusalem 2000,
S. 209–220 [Hebräisch].

6 Vgl. Lipiński: נקם, Sp. 608.

7 Zum Unterschied zwischen Rache
und Groll sowie den rabbinischen
Auslegungen siehe den Beitrag von
Julian-Chaim Soussan, S. 47 in diesem
Band.

Einer der bekanntesten rächenden Kämpfer unter den biblischen Figuren ist Simson, der im Krieg gegen die Philister zahlreiche Racheakte verübt und diese auch offen als solche benennt (vgl. Buch der Richter 15,7). Ihren Höhepunkt erreicht Simsons Rache, als er sich in Gefangenschaft für den Verlust seines Augenlichts rächen will und mitsamt seinen Peinigern zu Tode kommt. Die Trennung von persönlicher und kollektiver Rache scheint hier bis zu einem gewissen Grad aufgehoben. Als Simson die Philister bei einem Festmahl belustigen soll, heißt es:

> Und sie riefen den Schimschon aus dem Gefängnisse, und er tanzte vor ihnen und sie stellten ihn zwischen die Säulen. [...] Und das Haus war voll von Männern und Weibern, und daselbst waren all die Fürsten der Pelischtim, und auf dem Dache an dreitausend Männer und Weiber, die den Tanz Schimschons ansahen. Und Schimschon rief zum Ewigen und sprach: Herr, Gott, gedenke doch mein, und stärke mich nur dies Mal, o Gott, *und ich will eine einmalige Rache nehmen wegen meiner beiden Augen an den Pelischtim*! Und Schimschon umschlang die beiden Mittelsäulen, auf welchen das Haus errichtet war, und stützte sich darauf, die eine mit seiner Rechten, die andere mit seiner Linken. Und Schimschon sprach: Sterbe meine Seele samt den Pelischtim! Und er beugte sie mit Kraft und einstürzte das Haus auf die Fürsten und auf alles Volk, das darin. Und es waren der Toten, die er bei seinem Tode getötet, mehr, denn die er bei seinem Leben getötet.
> (Buch der Richter 16,25–30)

Es ist der einzige Racheakt in der Bibel, bei dem Heldenmut und Tragik persönlicher Rache ohne moralische Einwände seitens des biblischen Erzählers dargelegt werden.[8] Aus heutiger Sicht sieht es so aus, als ob die Bibel hier ein antikes Stammesdenken transportierte, dessen Verständnis immer wieder Schwierigkeiten bereitet – insbesondere, wenn von heiligen Schriften die Rede ist. Ein Beispiel hierfür ist der dänische Bibelwissenschaftler Johannes Pedersen (1883–1977), der über Simsons Rache (und die anderer biblischer Figuren) urteilte, sie sei lediglich Ausdruck der Geisteshaltung orientalischer Beduinen in der Antike, für die Rache eine Art Therapie gegen verletztes Ehrgefühl gewesen sei. Jeder, der die Ehre oder den Körper eines anderen in dieser orientalischen Welt verletze, verringere – nach Pedersens Verständnis – gewissermaßen dessen Leben. Der Verletzte verlange demnach nur nach einem: der *Befriedigung im Moment der Rache* – selbst wenn die Sache mit seinem eigenen Tod ende. Nur diese Befriedigung ermögliche es ihm – wenn auch nur für einen Augenblick –, sich neuerlich vollständig zu fühlen.[9]

Diese orientalisierende Sichtweise, die auf der Gegenüberstellung von West und Ost basiert, ist auch im gegenwärtigen Forschungsdiskurs noch präsent. Eine jüdische Reaktion findet sich beim israelischen Wissenschaftler Jacob Licht (1922–1991). Licht argumentierte gegen Pedersen, dass seine

8   Vgl. Licht: נקמה, S. 918.

9   Vgl. Pedersen, Johannes: *Israel. Its Life and Culture*, Bd. 1. Atlanta 1991 [1926], S. 381–382.

Deutung den biblischen Figuren jenes Rachebedürfnis unterstelle, das tatsächlich die Wurzeln seiner *eigenen* Kultur ausmache:

> Der »Geist der Beduinen«, den Pedersen in der Rache der
> Israeliten gefunden haben will, ist in Wirklichkeit der Geist aus
> der Literatur der antiken nordischen Völker (norwegisches und
> germanisches Epos, isländische Saga) und es ist falsch, auf
> dieser Grundlage biblische Schriften zu interpretieren.[10]

Eine alternative These zum Ursprung der Rache in der Bibel hat der britische Forscher Henry McKeating aufgestellt, der sich weniger auf antike Stammesmentalität konzentrierte als auf die Intensität des religiösen Eifers. McKeatings Überlegungen lassen sich in einem Satz zusammenfassen: Je religiöser das Volk Israel war, umso rachsüchtiger war es auch.[11] Dazu muss einschränkend angemerkt werden: Die meisten Stellen der hebräischen Bibel, in denen es um Rache geht, beziehen sich a) auf göttliche und nicht auf persönliche Racheakte oder b) auf die eschatologische Zukunft und nicht auf die Gegenwart der Erzählung. Wenn wir also von Rache in der Bibel sprechen, dann überwiegend von einer auf Gott und/oder in die Endzeit verlagerten Rache.

Die apokalyptische Rache Gottes in der Bibel

Die Rache Gottes wird in der hebräischen Bibel vielfach thematisiert und bildet die Grundlage zahlreicher endzeitlicher Prophezeiungen. Die Bezeichnung Gottes als »Gott der Rache« (Psalm 94,1) unterstreicht, dass die eschatologische Zukunft eng mit der biblischen Auffassung von Gerechtigkeit verknüpft ist. In diesem Sinne erreicht die Erlösung Israels erst dann ihren Höhepunkt, wenn Gott sich an den Feinden Israels rächt. Dabei legen bestimmte Verse nahe, dass die Gerechten über die Rache, die Gott an den Übeltätern nimmt, frohlocken werden. So heißt es etwa in den Psalmen ausdrücklich: »Es freue sich der Gerechte, weil er Rache geschaut, seine Tritte badet er in dem Blute des Frevlers.« (Psalm 58,11) Im Buch Joel und bei Ezechiel wird zudem hervorgehoben, dass Israel zwar in der Gegenwart machtlos ist, Gott sich in zukünftigen Zeiten aber selbst an seinen Feinden rächen werde. In verschiedenen Versen in Jesaja, Hosea und Nahum wird Gott in beeindruckenden Bildern als starker Kämpfer dargestellt, der für sein Volk Rache nimmt. So heißt es etwa:

> Ein eifernder und rächender Gott ist der Ewige, rächend ist
> der Ewige und zornglühend, rächend ist der Ewige an seinen
> Widersachern und trägt nach seinen Feinden. (Nahum 1,2)[12]

Dieser und ähnliche Verse stellen die Auslegung vor eine moralische Herausforderung, selbst wenn der Wunsch nach Rache an den Feinden als endzeitliche Vision daherkommt. So finden sich denn auch Reaktionen auf derart explizite Rachefantasien gleichermaßen bei Juden und Christen. Beide Gruppen betrachten sich als das »wahre« Israel, erheben Anspruch auf die

10 Vgl. Licht: נקמה, S. 918–919.

11 Vgl. Henry McKeating: »›Vengeance Is Mine.‹ A Study of the Pursuit of Vengeance in the Old Testament«. In: *Expository Times* 74 (1962/63), S. 239–245.

12 Vgl. hierzu auch Adam u. Gedaliah Afterman: »Meir Kahane and Contemporary Jewish Theology of Revenge«. In: *Soundings. An Interdisciplinary Journal* 98,22 (2015), S. 192–217, hier S. 194.

Die Jakobssöhne rächen die Schändung der Dina durch Sichem, den Sohn des Fürsten Hamor, Marco Benefial (1684–1764), o. D., Zeichnung, Kreide, Pinsel in Grau, weiß gehöht, auf hellbraunem Papier, 30 x 42,6 cm, Albertina Wien, Inv.-Nr. 1275

heiligen Schriften und beide beteuern, dass es nicht rechtens sei, sich der Rache Gottes an den Feinden zu erfreuen. So fasst der Theologe William Klassen die entsprechenden neutestamentarischen Stellen in den Briefen des Paulus und der Apokalypse des Johannes dahingehend zusammen, dass sich die Erwartung göttlicher Rache seitens der Gläubigen in diesen Quellen nicht auf das Leiden richte, das aus der Rache Gottes an den Feinden resultiert, sondern vielmehr darauf, dass es ihnen, den Gerechten, wider allen Prüfungen und trotz der eigenen Schwäche gelungen sei, mit Gott verbunden zu bleiben.[13]

Auch auf jüdischer Seite finden wir die Warnung davor, sich der Rache Gottes zu erfreuen. Der Talmud erzählt, Gott habe den Engeln das Singen untersagt, als das ägyptische Heer im Meer ertrank, weil auch die Feinde Israels seine Geschöpfe seien.[14] Und Rabbiner Avraham Isaak Kook (1865–1935) argumentiert, man solle sich nicht über die Rache selbst freuen, sondern darüber, dass das hervorgerufene Leiden die Bösen von ihrer Bösartigkeit reinige. Auf diese Weise würden alle – die Gerechten mitsamt den vormals Bösen – vereinigt.[15] Dem ist noch hinzuzufügen, dass im Normalfall zwar Gott allein Rache an den Feinden Israels nehmen soll, die Bibel aber von Begebenheiten berichtet, in denen das Volk Israel von Gott direkt aufgefordert wird, zu handeln und die göttliche Rache auszuführen. Neben der bereits erwähnten Rache an den Midianitern auch im Fall der Amalekiter, die Israel beim Auszug aus Ägypten hinterrücks angegriffen haben und deren

13   Vgl. William Klassen: »Vengeance in The Apocalypse of John«. In: *The Catholic Biblical Quarterly* 28,3 (1966), S. 300–311, hier S. 311.

14   TB Sanhedrin 39b.

15   Vgl. Yosef Kelner: ‏מילון הראי"ה‎. Jerusalem 1999, S. 208–209 [Hebräisch].

Vernichtung von Gott wiederholt angemahnt wird (vgl. Exodus 17,8–16, Deuteronomium 25,17–19, 1. Buch Samuel 15).[16]

Rache an den Feinden Israels zur Zeit von Mischna und Talmud

Infolge der Zerstörung des zweiten Tempels im Jahr 70 u. Z. begann sich im rabbinischen Judentum eine andere eschatologische Auffassung von Rache zu entwickeln. Der Historiker Salo Baron hat betont, wie sehr sich diese Haltung von den biblischen Zeiten unterschied. Baron zufolge suchten die jüdischen Gelehrten die Schuld an der Tragödie des Exils und der Zerstörung nun weniger bei den Feinden Israels. Stattdessen zeigten sie eine starke Neigung zur Selbstbeschuldigung des jüdischen Volkes, dessen Sünden die Ereignisse herbeigeführt hätten.[17] Es gab allerdings auch andere Rabbiner, die sich enttäuscht zeigten, dass Gott sein Volk im Stich gelassen hatte, und sich bemühten, das Rätsel des Wirkens Gottes in der Geschichte zu ergründen, um so den Glauben an die göttliche Fürsorge wiederherzustellen.[18] Wieder andere folgten den endzeitlichen Prophezeiungen und richteten den Blick auf die messianische Zukunft.[19]

Bekanntermaßen endeten die Tragödien des jüdischen Volkes nicht mit der Zerstörung des Tempels. Auch danach verlangte das Joch der römischen Herrschaft theologische Antworten von den Rabbinern. In der Bedrängnis erneuerte sich das Interesse an der eschatologischen Theologie und brachte Gebete hervor, die Gott um Rache ersuchen. Gleichzeitig schlugen sich die Rabbiner mit der Frage herum, wie Gott angesichts der gegenwärtigen Leiden seines Volkes schweigen könne. Sie standen vor der unangenehmen Tatsache, dass es nach außen hin so schien, als sei die Macht Gottes, zum Wohle seines Volkes in die Geschichte einzugreifen, begrenzt. Dies führte zu einer neuen theologischen Ansicht, die gerade im *Schweigen Gottes* einen Beweis seiner Kraft und seiner Macht sah, seiner enormen Macht der Zurückhaltung nämlich.[20]

Zugleich ging die rabbinische Theorie von nun an davon aus, dass Exil und Zerstörung nicht nur Verbrechen der Feinde Israels gegen das Volk, sondern insbesondere gegen Gott seien. Ein Ende dieses Zustands war damit gleichbedeutend mit der Rückführung Gottes zu seiner Herrschaft über die Welt. Allerdings sei die Zeit dieser Herrschaft aus kosmischen Gründen noch nicht gekommen – und das Volk müsse mit der gebührenden Geduld darauf warten. Indem sie betonten, dass die Rache Gottes am Römischen Reich sich in einer ungewissen, fernen Zukunft ereignen werde, reagierten die Rabbiner auch auf die Gefahr eines erneuten jüdischen Aufstandes. Der verlorene Jüdische Krieg (66–70 u. Z.) und der niedergeschlagene Bar-Kochba-Aufstand (132–136 u. Z.) hatten alle Hoffnungen, die Rache an den Römern noch zu Lebzeiten mit eigenen Augen zu sehen, zunichtegemacht.[21]

Diese neuen theologischen Perspektiven hatten auch Konsequenzen für die jüdische Glaubenspraxis. Das rabbinische Judentum entwickelte von nun an die Idee einer »passiven Macht«, der Fähigkeit zur Selbstbeherrschung.

16   Vgl. hierzu auch Afterman: »Meir Kahane«, S. 194.

17   Salo Baron: *A Social and Religious History of the Jews*. Bd. II: Christian Era: The First Five Centuries. Philadelphia 1952, S. 113–114.

18   Vgl. Adiel Shremer: »›The Lord Has Forsaken the Land.‹ Radical Explanations of the Military and Political Defeat of the Jews in Tannaitic Literature«. In: *Journal of Jewish Studies* 59,2 (2008), S. 183–200, hier S. 183–185.

19   Vgl. Afterman: Meir Kahane, S. 195.

20   Vgl. Adiel Shremer: »Eschatology, Violence, and Suicide: An Early Rabbinic Theme and Its Influence in the Middle Ages«. In: *Apocalypse and Violence*, hg. v. Abbas Amanat / John J. Collin. New Haven 2004, S. 19–43.

21   Ebd., S. 25–26.

Während in der Bibel die große Macht Gottes weithin sichtbar in der Geschichte selbst zum Ausdruck kommt, etwa indem er das Volk Israel siegreiche Kriege führen lässt, ist im rabbinischen Judentum die Macht Gottes nunmehr eine *innere*, die von außen nicht mehr erkennbar ist. Diese innere Macht spiegelt sich hauptsächlich in der *Geduld* wider und der Fähigkeit, *nicht mit Gewalt zu reagieren*.

Ansätze dieses neuen Machtideals finden sich bereits in späten Texten der Bibel. Besonders deutlich zum Ausdruck kommt das Lob des Gleichmuts aber in Aussagen wie der folgenden Passage der Mischna:

> Ben Soma sagt: Wer ist weise? Der von jedem Menschen Lehre annimmt, wie (Psalm 119,99) gesagt ist: »Von allen meinen Lehrern bin ich verständig worden.« Wer ist ein Held? Der seine Leidenschaft bezwingt, wie es (Buch der Sprüche 16,32) heißt: »Besser ein Langmütiger, als ein Held; und wer sein Gemüt beherrscht, als ein Städtebezwinger.« Wer ist reich? Der sich mit seinem Anteil (seinem Lose) freut, wie (Psalm 128,2) gesagt ist: »Wenn du deiner Hände Arbeit genießest, Heil dir, und dir ist wohl.« Heil dir in dieser Welt und dir ist wohl in der zukünftigen Welt. Wer ist geehrt? Wer auch die Menschen ehrt, wie (1. Buch Samuel 2,30) gesagt ist: »Meine Verehrer ehre ich und meine Verächter werden gering gehalten.«[22]

Die hier skizzierte Entwicklung vom biblischen zum nachbiblischen Rachebegriff ist weitgehend Konsens unter Historikern, die sich mit dem Thema befasst haben.[23] Meiner eigenen Ansicht nach zeichnet sie korrekt die großen Linien dessen nach, was sich langfristig auf öffentlicher Ebene ereignete, nicht jedoch die Haltung der Einzelnen. Die Theologie des Schweigens und der Zurückhaltung findet sich nicht nur in den rabbinischen Schriften und Kommentaren, sie ist bereits in den (auch frühen) biblischen Büchern präsent. Beispielhaft sei an dieser Stelle nur auf die berühmte biblische Geschichte von der (abgewendeten) Opferung Isaaks erinnert.

Abschließend möchte ich noch auf eine Begebenheit verweisen, die ebenfalls den Schriften der rabbinischen Gelehrten vorausging (bzw. mit ihren historischen Anfängen zusammenfiel): Nachdem der Despot Aulus Avilius Flaccus im Jahr 32 v. u. Z. von Kaiser Tiberius zum Präfekten von Ägypten ernannt worden war, litten die dortigen Juden, insbesondere in Alexandria, jahrelang unter schrecklichen Unruhen und immer neuen Schikanen. Der Philosoph und Gemeindevorsteher Philo von Alexandria berichtet nun Folgendes: Als sich sechs Jahre nach seiner Ernennung die Nachricht verbreitete, dass Flaccus von Kaiser Caligula abgesetzt und verhaftet worden war, feierten die Juden Ägyptens dies mit Lobpreisungen Gottes, fügten ihren Dankesgebeten aber die folgenden Worte hinzu:

> *O Herr, wir freuen uns nicht, weil ein Feind bestraft wird, denn die heiligen Gesetze lehren uns die Nächstenliebe.* Dir aber gebührt unser Dank, weil du Erbarmen und Mitleid mit uns gezeigt und unsere dauernden, unendlichen Leiden gemildert hast.[24]

Aus dem Hebräischen von Sebastian Schirrmeister

22 *Mischna*, Traktat Avot 4:1.

23 Vgl. Shremer: »Eschatology, Violence, and Suicide«; Shremer: »›The Lord Has Forsaken the Land‹«; Afterman: »Meir Kahane«.

24 Philo von Alexandria: *Die Werke in deutscher Übersetzung*, Bd. VII, hg. v. Leopold Cohn / Isaak Heinemann / Maximilian Adler / Willy Theiler. Berlin 1964, S. 153. Vgl. hierzu auch Mireille Hadas-Lebel: *Philo of Alexandria. A Thinker in the Jewish Diaspora*. Leiden 2012, S. 71–78.

Julian-Chaim Soussan

»In der Tat, wo Rache notwendig ist, ist sie eine großartige Sache«

Das Thema Rache ist aus religiöser Perspektive äußerst komplex. Während sie in der Tora etwa ausdrücklich verboten wird, tritt der Ewige nicht selten als rächender G'tt in Erscheinung und es fehlt nicht an Geschichten, die als Ausdruck von Rache gewertet werden können. Ist Rache also aus religiöser Sicht vertretbar, gar wünschenswert oder unter allen Umständen verpönt bzw. verboten? Die Rabbiner haben je nach Kontext gesetzestechnische (halachische), moralische, philosophische oder auch apologetische Antworten gegeben. Nicht zuletzt mussten sie dabei die oft feindliche Umwelt im Hinterkopf behalten, zum einen in der Frage, ob man sich für Verfolgungen rächen darf oder soll, zum anderen, weil das Judentum mit dem Vorwurf konfrontiert war, eine rachsüchtige Einstellung zu vertreten. Das folgende Essay möchte einige dieser unterschiedlichen Positionierungen darstellen.

Christliche Perspektive und Vorurteile

Im Wochenabschnitt Haasinu, dem letzten visionären Gesang Moses' an sein Volk, prophezeit er, dass der Ewige am Ende sein Volk rächen wird: »Preiset jauchzend, Nationen, sein Volk; denn das Blut seiner Knechte rächet er, und Rache erstattet er seinen Feinden, und es versöhnt seinen Boden sein Volk.«[1]

---

1   5. Buch Mose 32,43.

Der ehemalige Oberrabbiner von England Rav Sachs leitet einen seiner Kommentare zu diesem Wochenabschnitt mit folgenden Worten ein:

> Einer der tragischsten Momente in der westlichen Zivilisation kam, als Christen begannen, zwischen dem, was sie »den alttestamentlichen G-tt der Rache« nannten und dem »neutestamentlichen G-tt der Liebe« zu unterscheiden. Dies ist kein kleiner Fehler. Man zittert, wenn man bedenkt, wie viele Juden dadurch ihr Leben verloren haben. Diese [Einschätzung] überlebt heute auch unter guten und sensiblen Menschen. Es vergeht kaum eine Woche, in der ich in der nationalen Presse keinen Hinweis darauf sehe. Es ist eine dieser für selbstverständlich gehaltenen Annahmen, die so tief in einer Kultur verwurzelt sind, dass sie selten oder nie im klaren Tageslicht untersucht werden.[2] [3]

Häufig wird dieses (Miss-)Verständnis mit dem biblischen Zitat: »Aug' um Auge …«[4] belegt. Das kommt nicht von ungefähr, hat schließlich Jesus selbst in seiner Bergpredigt gesagt: »Ihr habt gehört, dass den Alten gesagt ist: ›Auge um Auge, Zahn um Zahn‹. Ich aber sage euch: Leistet dem, der euch etwas Böses antut, keinen Widerstand, sondern wenn dich einer auf die rechte Wange schlägt, dann halt' ihm auch die andere hin.« (Matthäus 5,38 f.) Das Bemerkenswerte an dieser Gegenüberstellung ist, dass bereits der Talmud in der Mischna (niedergeschrieben im 2. Jh. u. Z.) das tradierte Gesetz festschreibt, dass es sich bei »Auge um Auge« um eine monetäre Entschädigungsanweisung handelt.[5] Zu keinem Zeitpunkt wurde diese Forderung wörtlich genommen.

Racheverbot. Biblisches Verbot und rabbinische Exegese

Gegen dieses Verständnis des Talionsgesetzes spricht auch das explizite Racheverbot der Tora:

> Du sollst deinen Bruder nicht hassen in deinem Herzen; zur Rede stellen sollst du deinen Nächsten, daß du nicht seinetwegen Sünde tragest. Du sollst dich nicht rächen und nichts nachtragen den Kindern deines Volkes, sondern deinen Nächsten lieben, wie dich selbst. Ich bin der Ewige.[6]

Der Talmud führt zu den unterschiedlichen Begriffen »rächen« und »nachtragen« (im untenstehenden Text als Groll übersetzt) Folgendes aus: Was ist mit Rache und was ist mit Groll gemeint? Wenn einer zu seinem Gefährten sagte: »Leih mir deine Sichel«, und er antwortete »Nein«, und morgen kommt der Zweite [zum Ersten] und sagt: »Leih mir deine Axt«, und er antwortet: »Ich werde sie dir nicht leihen, so wie du mir deine Sichel nicht leihen wolltest« – das ist Rache. Und was ist mit einem Groll gemeint? Wenn einer zu seinem Gefährten sagte: »Leih mir deine Axt«, und er antwortete »Nein«,

2 https://rabbisacks.org/covenant-conversation-5770-haazinu-vengeance/, aus dem Englischen übertragen von Julian-Chaim Soussan

3 Vgl. R. Sacks ad loc. für das Argument, dass es sich ja im christlichen Verständnis um denselben G'tt handelt, wie könne es also sein, dass dieser sich in seinen Eigenschaften unterscheidet?!

4 3. Buch Mose 24,20.

5 Vgl. hierzu Mischna, Talmud Bavli, Baba Kama 8,1, wo fünf Entschädigungszahlungen (Schmerzensgeld, Heilungskosten, Wertminderung, Verdienstausfall und Beschämungskosten) benannt werden. Zur Begründung vgl. TB Baba Kama 83b–84a.

6 3. Buch Mose 19,17–18 nota bene: Dass das ebenfalls in der Bergpredig zitierte Gebot der Nächstenliebe ausgerechnet in diesem Kontext des Racheverbotes vorkommt, wird hier nicht weiter ausgeführt, findet aber bei der Begründung einiger Rabbiner für das Verbot Erwähnung.

und morgen kommt der Zweite und sagt: »Leih mir dein Kleidungsstück«, und er antwortet: »Hier ist es. Denn ich bin nicht so wie du, der du mir nicht geliehen hast!« – das ist ein Groll.[7]

Hierzu kommentierte Rav David Tzvi Hoffman, dass man zwischen Nekama und Netira anhand der Unmittelbarkeit der Antwort unterscheiden kann: Nekama ist sofortige Rache, während Netira Hass in seinem Herzen pflegt und auf eine spätere Gelegenheit wartet, sich zu rächen.[8]

Das Verbot von Nekama durch die Tora wirkt zunächst wie ein pauschales Rache-Verbot. Die Exegeten legen jedoch eine Reihe von Einschränkungen für das Verbot vor. So erlaubt der Talmud[9] beispielsweise ausdrücklich, dass sich Gelehrte, die öffentlich beschämt werden, rächen dürfen: »Jeder Tora-Gelehrte, der nicht rachsüchtig und nachtragend wie eine Schlange ist, ist kein [wahrer] Gelehrter.« Und weiter steht dort: »Das biblische Racheverbot bezieht sich nur auf Geldangelegenheiten!«

Der Ramban[10] (ad loc.) weist darüber hinaus darauf hin, dass dieses Verbot nicht gilt, wenn nach dem Gesetz Raum für ein ordnungsgemäßes Verfahren besteht:

> Unsere Rabbiner haben bereits erklärt, dass die Angelegenheiten der Rache und des Grolls nur für Fälle gelten, in denen es keine finanzielle Entschädigung gibt … Denn in einem Fall, in dem sein Gefährte ihm Geld schuldet [...] sollte er ihn bei Gericht verklagen und eine Zahlung von ihm erhalten [...] Umso mehr gilt dies in Kapitalfällen!

Mit wenigen Ausnahmen[11] akzeptieren Rischonim[12], dass sich das biblische Verbot von Nekama explizit auf Geldangelegenheiten beschränkt. Diese Meinung wird von vielen Autoritäten ausdrücklich akzeptiert[13], wenngleich auch sie Rachsucht als solche als negative Eigenschaft erachten.

Moralische Bewertung

Dennoch wird das Verbot der Rache mehrheitlich als eine allgemeine moralische Richtlinie verstanden. Die meisten Kommentatoren verstehen Rache dabei als einen natürlichen Drang, einen nachvollziehbaren Wunsch, geschehenes Unrecht zu vergelten. Zugleich sehen sie darin einen niederen Charakterzug, den es zu bekämpfen gilt. So bringt es beispielsweise der Ramchal[14] im Mesillat Yesharim deutlich zum Ausdruck (Kapitel 11):

> Auch ist es für das boshafte Herz des Menschen sehr schwer, dem Hass und der Rache zu entkommen, denn [...] Rache ist das einzige, was ihn zur Ruhe bringt, süßer als Honig für ihn.

Der Ramchal führt aus, dass das Mittel zur Überwindung dieser bösen Neigung in der abschließenden Passage des Verses zu finden ist, dem Gebot, den Nächsten nicht zu hassen und stattdessen ihn zu »lieben, wie sich selbst«. Ähnlich sieht es der Rambam:

7   TB Joma 22b–23a.

8   Ähnlich auch R. Hirsch zur Stelle, der Netira etymologisch von Matara (Ziel) herleitet.

9   TB Joma 22b–23a.

10   Rabbi Moscheh ben Nachman, auch Nachmanides genannt.

11   Rambams und das Sefer haChinnuch ignorieren diese Aussage einfach, sodass nicht sicher ist, ob sie tatsächlich anderer Meinung sind.

12   Gelehrte der »ersten Generation«, s. h. des frühen Mittelalters.

13   Vgl. Semag, Semak und Rabbeinu Yona.

14   Rabbi Mosche Chaim Luzato. Sein Buch »Messilat Yesharim« ist ein Hauptwerk der Mussarliteratur (Moralethik), das sich mit der charakterlichen Verbesserung des Menschen beschäftigt.

Obwohl Rachsucht nicht bestraft werden kann, ist sie eine sehr schlechte Eigenschaft. Stattdessen sollte ein Mensch in Bezug auf alle weltlichen Dinge auf seine Rechte verzichten, denn Menschen mit Verständnis betrachten all diese Dinge als Eitelkeit und Leere, für die es sich nicht lohnt, Rache zu üben.[15]

Am Ende des folgenden Gesetzes verdeutlicht der Rambam auch den praktischen Nutzen dieses Verhaltens für die Gesellschaft, da es »eine erstrebenswerte Qualität ist, die es ermöglicht, ein stabiles Umfeld im Handel und Gewerbe und unter den Menschen herzustellen. Deshalb warnt uns die Tora nachdrücklich, keinen Groll zu tragen, damit der Eindruck des Falschen ausgelöscht und nicht mehr in Erinnerung bleibt.«

Dennoch gibt es auch Rabbiner, die einschränkend erklären, dass die Tora nicht von uns erwartet, keinerlei Groll zu hegen, sondern lediglich verlangt, nicht diesem Gefühl zufolge zu handeln. Hierzu merkt Rav Avigdor Nebenzahl an, dass diese Fähigkeit zur Nachsicht mehr als in jedem anderen Beispiel in Josefs Umgang mit seinen Brüdern repräsentiert wird.[16] Josef erinnert sich zwar deutlich an die Handlungen seiner Brüder, seine Größe aber liegt in seiner Fähigkeit, nicht auf diese Erinnerung zu reagieren.

Die gesetzliche (halachische) und die moralische Ebene unterscheiden sich also grundlegend. Während es bei halachischen Fragen um die Grenzen der (Be-)Strafbarkeit geht, spiegelt die moralische Ebene die ethische Haltung, die ein Mensch anstreben soll, und geht damit über die reine Ahndung hinaus. Während das Rache-Verbot wie gezeigt nur eingeschränkt halachisch relevant ist, sieht die rabbinische Deutung darin ein moralisches Ideal impliziert, das der Mensch anstreben soll.

Ist Rache also (immer) negativ?

Eine andere Einstellung findet sich bei Yad Ha-ketana[17], indem er die Annahme infrage stellt, dass Rache grundsätzlich abzulehnen sei. Zunächst stellt der Gelehrte fest, dass ein solcher Ansatz zahlreichen Geboten widersprechen würde, die offensichtlich darauf abzielen, Vergeltung an denen zu üben, die gesündigt haben. Von einem Räuber beispielsweise zu verlangen (wie es das jüdische Gesetz tut), doppelt zu zahlen und falsche Zeugen[18] mit genau der Strafe zu belegen, die sie dem Angeklagten zukommen lassen wollen, sind Formen von Nekama (Rache). Ebenso, dass ein Tora-Gelehrter, dem doch ein gerechteres Leben geboten ist, wie oben gezeigt, dazu aufgefordert wird, »rachsüchtig und nachtragend« zu sein.

Daher, so erklärt er, gibt es kein Verbot der Rache, wenn eine tatsächliche Sünde von der ersten Partei ausgeführt wird. Dennoch ist es richtig, dass man angehalten ist, auch in solchen Fällen auf Handlungen aus Zorn zu verzichten. Daraus ließe sich folgende Maxime gewinnen: Rache ist dann sinnvoll, wenn dadurch Sünder geläutert werden. Anhand der vorgenannten Argumente ist es interessant zu sehen, wie die Handlungen von Schimon

15 Rabbi Moscheh ben Maimon, auch Maimonides, Mishneh Torah, Hilchot De'ot 7:7.

16 Jerusalem Stone, S. 328.

17 R. D. Gotlieb 1859. (Wie viele andere Rabbiner auch, wird er nach seinem Hauptwerk benannt.)

18 Der Talmudtraktat Makkot erläutert, dass Zeugen, die sich als falsche Zeugen herausstellen, die gleiche Strafe zu erhalten haben wie die, die der Person auferlegt worden wäre, gegen die sie ausgesagt haben.

und Levi durch die Rabbiner bewertet werden: falsch, nachvollziehbar oder gar zu rechtfertigen.

Im 1. Buch Mose[19] lesen wir, dass Dina, die Tochter von Jakob, von dem Prinzen Sichem vergewaltigt wurde. Daraufhin bietet dessen Vater Jakob ein Bündnis an. Die Brüder Schimon und Levi verlangen als Voraussetzung, dass sich alle Männer beschneiden lassen sollen. Als dies geschieht, nutzen die beiden die Schwäche der Männer und töten alle und bringen ihre Schwester zurück. Jakob ist über ihr Verhalten erbost, doch die Tora lässt den Brüdern an dieser Stelle das letzte Wort: »Sollen wir unsere Schwester denn wie eine Buhlerin behandeln lassen?« Doch auf dem Totenbett erinnert Jakob an diesen Zwischenfall: Er verflucht ihren Zorn und wünscht, dass die Brüder und ihre Nachkommen verteilt im Volk leben sollen.[20]

Der Rambam versucht das Verhalten der Brüder Dinas zu rechtfertigen, indem er aufzeigt, dass es sich hier nicht um einen reinen Akt der Rache handelte. Denn aus jüdischer Sicht sind auch Nichtjuden verpflichtet, sich an die sieben Noachidischen Gebote zu halten. Sichem hat mit der Entführung und der Vergewaltigung gleich gegen zwei davon verstoßen, alle anderen Bewohner haben sich, Rambam zufolge, dem 7. Gebot gegenüber schuldig gemacht: das Gebot, ein Rechtssystem zu etablieren, das die Einhaltung der anderen sechs Verbote garantiert. Da niemand Sichem zur Rechenschaft gezogen hat, sind sie zumindest passiv schuldig geworden. Die Wut des Vaters bezieht sich darauf, dass man für das Unterlassen von Geboten nicht zur Rechenschaft gezogen werden kann. Dina zu befreien und im äußersten Fall auch Sichem zu töten hätte vollkommen ausgereicht.

Der Rambam akzeptiert diese Erklärung nicht, da die Nichtumsetzung des 7. Gebotes kein aktives Handeln beinhaltet und damit nach seinem Verständnis nicht zum Tode verurteilt. Stattdessen argumentiert er, sei all dies nur nötig gewesen, um die Schwester Dina, die ja immer noch in Gefangenschaft war, zu befreien. Der Plan sah ursprünglich allerdings nicht vor, die gesamte Bevölkerung zu töten, dies hätten die Brüder aus Rache getan, weshalb der Vater zu Recht über sie erzürnt war.

G'ttliche Rache

Es gibt einige Verse in Tanach, die Nekama nicht nur als positives Attribut, sondern gar als wesentlichen Bestandteil des Charakters G'ttes bezeichnen. Zum Beispiel eröffnet Prophet Nachum sein Buch mit der Erklärung: »G'tt ist ein eifernder und rächender G'tt. G'tt rächt sich und ist voller Zorn. Er rächt sich an seinen Gegnern und hegt einen Groll gegenüber seinen Feinden.«

Der Talmud führt aus, dass alles, was zwischen zwei Namen G'ttes erwähnt wird, lobenswert ist. Wenn dem so ist, fragt der Talmud:

> Sollen wir sagen, dass Rache groß ist, da sie zwischen zwei g'ttlichen Namen erscheint: »Ein G'tt der Rache ist G'tt« (Psalm 94,1)? Rav Elasar antwortete: »In der Tat, wo Rache notwendig ist, ist sie eine großartige Sache.«[21]

19 1. Buch Mose 35,34.

20 Vgl. 1. Buch Mose 49,5–7. Tatsächlich erhält der »Priesterstamm« Levi keinen Anteil bei der Landvergabe.

21 TB Berachot 33a.

In diesem Sinne werden auch die Plagen in Ägypten und das Versenken der ägyptischen Armee im Schilfmeer als Akt g'ttlicher Rache verstanden und G'tt dafür gelobt. Im täglichen Abendgebet wird gesagt: »Er vollbrachte Wunder für uns und Vergeltung (Nekama) an Pharao ...«

Können bzw. dürfen Menschen diese Form von g'ttlicher Rache umsetzen? Immerhin werden die Kinder Israels von G'tt selbst dazu aufgefordert, eine an ihnen begangene Ungerechtigkeit zu rächen: »Und der Ewige redete zu Moscheh also: Übe Rache für die Kinder Israel an den Midjanim; hernach sollst du versammelt werden zu deinen Stämmen. Und Moscheh redete zu dem Volke also: Rüstet von euch Männer zum Heere und sie sollen ziehen über Midjan, Rache des Ewigen zu üben an Midjan.«[22]

Um die positiven Aspekte der Rache zu beleuchten, wie sie manchmal von G'tt angewendet bzw. verlangt wird, ist es hilfreich, die Geschichte von König David und Shimi ben Gera zu betrachten. Das 2. Buch Samuel 16 beschreibt, wie König David auf der Flucht vor seinem rebellierenden Sohn Absalom bei Shimi ben Gera vorbeikommt, der ihn mit Steinen bewirft und verflucht. König David hält seinen General davon ab, ihn zu töten, mit den Worten: »Also lass ihn fluchen, denn Gott hat es ihm gesagt.«

Das Sefer haChinnuch[23] führt aus, warum eine Rache in diesem Sinne verboten ist:

> Es ist uns verboten, uns an einem anderen Juden zu rächen. [...] Der Zweck des Gebotes liegt darin, dass ein Mensch wissen und darüber nachdenken sollte, dass alles, was mit ihm geschieht, ob gut oder schlecht, von G'tt verursacht wird. Nichts, was dem Menschen von einer Person oder einem Bruder passiert, kann geschehen, ohne dass G'tt es so will. Sollte ihm ein anderer Schmerz oder Leid zufügen, lasse ihn in seiner Seele wissen, dass seine schlechten Taten G'tt veranlasst haben, dieses Ergebnis auf ihn zu übertragen, und lasse ihn seine Gedanken nicht darauf richten, sich an ihm zu rächen. In der Tat ist der Täter nicht die Hauptursache für seine Probleme, da es G'tt ist, der sie verursacht hat. So sagte König David: »Also lass ihn fluchen, denn G'tt hat es ihm gesagt« – David schrieb die Sache seiner eigenen Sünde zu, nicht Shimi ben Gera.

Shimi ist nur ein Instrument der Rache G'ttes. Davids letzte Worte, die an seinen Sohn Salomo gerichtet sind, scheinen dieses Verständnis jedoch ad absurdum zu führen:

> Und siehe, da ist bei dir Schimei, Sohn Gera, der Binjamini, aus Bachurim, und der schmähete mich mit scharfen Schmähungen am Tage meines Zuges nach Machanajim; er kam mir aber entgegen an den Jarden und ich schwur ihm beim Ewigen und sprach: Ich werde dich nicht töten mit dem Schwert. Und nun, laß ihn nicht straflos, denn du bist ein weiser Mann; und du wirst wissen, was du ihm thun sollst, daß du sein greises Haupt senkest mit Blut in die Gruft.[24]

22 4. Buch Mose 31,1–3.

23 Sefer haChinuch, anonym, Spanien 13. Jh., führt alle 613 Ge- und Verbote der Tora auf und führt Begründungen für sie an. Hier: Mizwa 241, also das Racheverbot.

24 1. Buch der Könige 2,8–9.

Davids letzte Worte befehlen Salomo, sich an denen zu rächen, die ihm unrecht getan haben. Rav Chaim Shmuelevitz[25] erklärt in seinem Vortrag »Groß ist Rache«, dass wir nur deshalb durch Davids Verhalten verblüfft sind, weil wir nicht verstehen, was Rache wirklich ist, sondern sie nur in ihrer einfachsten und wildesten Form, nämlich des Zurück-Schlagens auf Widersacher, begreifen. Tatsächlich beinhaltet Davids letzter Wille aber zwei verschiedene Formen der Vergeltung. Die eine belohnt die Kinder von Barsilai, dem Gileaditer (der ihn unterstützte), während die andere für seinen Neffen Yoav und für Shimi gerechte Strafe verlangt.[26]

Während König David noch im Diesseits Rache sucht, führt Rav Shmuelevitz eine Stelle im Talmud[27] an, in der ein anderer biblischer Charakter dies von der anderen Seite, also dem Jenseits aus, tut. Es ist der Geist des ermordeten Navot, der sich an König Achav rächt.[28] Da offensichtlich sogar körperlose Seelen rachsüchtig sein können, folgert Rav Shmuelevitz, dass Rache kein physisches, sondern ein spirituelles Bedürfnis ist. Er schreibt:

> Nekama in seiner wahren Form ist ein spiritueller Akt. Sie ist mehr eine Empfindung der Seele als eine grobe Reaktion des Körpers [...] Sie ist ein wesentlicher Teil der Welt des Geistes, der Navot und David zu Boten macht, die bereit sind, die erforderliche Nekama auszuführen. Nicht als privater Akt der Rache, der keinen Platz im Himmel hätte, sondern um der Welt zu zeigen, dass die Bösen schließlich für ihre Verfehlungen bestraft werden.

Er fügt hinzu, dass richtige Rache eine Manifestation und Verwirklichung der Gerechtigkeit in dieser Welt ist. Wahre Rache kann beispiellose himmlische Ehre bringen und zeigen, dass es einen ultimativen Richter gibt und dass Gerechtigkeit letztendlich ausgeführt wird. Eine solche Rache könnte im Grunde von jedem ausgeführt werden. In der Regel ist es jedoch der Geschädigte, der sich der Notwendigkeit am meisten bewusst ist.

Dieses Element der Gerechtigkeit macht Nekama gleichermaßen als Belohnung wie auch als Bestrafung anwendbar[29], weil Rache ein Mittel ist, die Waagschale der Gerechtigkeit wieder ins Gleichgewicht zu bringen. Daher setzt sich David am Ende seines Lebens dafür ein, dass der Gerechtigkeit Genüge getan wird, indem er sicherstellt, dass diejenigen, die in der Vergangenheit nicht bestraft wurden, nun ihre Schuld erhalten, und diejenigen, die nicht angemessen belohnt wurden, belohnt werden. Er wartet damit bis zum Ende seines Lebens, um sicherzustellen, dass er dies nicht aus persönlicher Rachelust tut.

Dies erklärt auch die Belohnung, die Pinchas für seinen Eifer erhält, der Simri und Kosbi tötet.[30] Um Rache und Eifer jedoch positiv zu bewerten, müssen sie mit der richtigen Einstellung vollzogen werden. Das einzige Motiv, das Rache rechtfertigt, besteht in der Erfüllung g'ttlicher Vergeltung. Wenn die Motive für Rache Eigeninteressen beinhalten, wie zum Beispiel den Wunsch nach persönlicher Genugtuung, kann die gleiche Tat als verabscheuungswürdiger Mord qualifiziert werden. Dies erklärt auch, warum Pinchas für

25 Sichos Mussar: Reb Chaims Diskurse (S. 116–118).

26 Ebd.

27 TB Sanhedrin 102b.

28 Hintergrund: König Achav soll für seine böse Frau Jesebel einen Weinberg kaufen. Da der Besitzer namens Navot nicht verkaufen will, wird er durch die Intrigen der Königin zum Tode verurteilt (vgl. 1. Buch der Könige 21). Der Talmud erklärt, dass »der Geist«, der im folgenden Kapitel (1. Buch der Könige 22,20 ff.) den König zu einem tödlichen Feldzug verleitet, ebendieser Navot sei, woraus folgt, dass sich der Wunsch nach Rache selbst bis ins Totenreich hält.

29 Siehe TB Brachotot, ebd.

30 Vgl. 4. Buch Mose 25: Als die Töchter Midians die Kinder Israels zur Unzucht verführen und Moses dem Einhalt gebieten will, geht einer der Israeliten (Simri) in aller demonstrativen Öffentlichkeit mit einer Midianiterin (Kosbi) in ein Zelt. Pinchas, der Enkelsohn des Hohepriesters Aharon, durchbohrt die beiden mit einem Speer. Woraufhin G'tt sagt: »[Er] hat meinen Grimm abgewendet von den Kindern Israel, indem er eiferte an meiner Statt unter ihnen [...] Siehe ich gebe ihm meinen Bund des Friedens!«

seinen Akt der Rache und Gewalt mit einem Bund des Friedens und des Priestertums belohnt wird[31]: Er handelt nicht aus Rache, sondern aus demselben Grund, der seinen Großvater Aharon[32] definierte, »der den Frieden liebt«.

R. Shmuelevitz war als Rabbiner in der Talmudschule »Mir« ab 1940 auf einer mehrjährigen Flucht mit seinen Talmudschülern vor den Deutschen, bevor er schließlich Zuflucht in Schanghai fand. Diese Jahre und die Schoa als solche mögen ihn in seiner Haltung zur Thematik beeinflusst haben.

Ähnlich wäre dann vielleicht auch Rabbi Yosef Dov haLevi Soloveitchik zu verstehen. In seinem 1956 gehaltenen Vortrag mit dem Titel »KOL DODI DOFEK – Die Stimme meines Geliebten klopft an«[33] beschreibt er die Auswirkungen der Schoa und der Gründung des Staates Israel auf seine Überlegungen. Seine Einleitung macht diesen Hintergrund deutlich:

> Vor acht Jahren, inmitten der Nacht des Terrors von Majdanek, Treblinka und Buchenwald; in der Nacht der Gaskammern und Krematorien; in der Nacht, in der sich Gott bis zur Unsichtbarkeit zurückgezogen hatte; [...] In der Nacht des andauernden Suchens nach dem Geliebten – in dieser Nacht erschien der Geliebte. [...] Und er klopfte an das Zelt seiner Geliebten, die sich in Agonien der Hölle in ihrem Bett hin und her warf. Durch dieses Klopfen und Schlagen an die Tür der trauernden Geliebten wurde der Staat Israel geboren. Wie oft wurde an diese Tür geklopft? Es scheint mir, dass wir mindestens sechs Klopfzeichen zählen können.

In seinem fünften Klopfzeichen, das er selbst als das vielleicht wichtigste bezeichnet, schreibt er sinngemäß: Gerade im Nachklang der Schoa war der israelische Sieg eine Botschaft an die Welt: Jüdisches Blut ist fortan teuer:

> Wir wissen, dass Auge um Auge eine Schadensersatzforderung bedeutet; aber die anderen haben uns immer unterstellt, dieser Satz der Tora würde von uns wörtlich verstanden werden, [...] dabei gab es in unserer Geschichte so viele ungesühnte Augen. Nun gut, so mögen unsere Feinde denn künftig das wörtliche Verständnis zu spüren bekommen, sollten sie nach unserem Leben trachten.[34]

Fazit: Ist Rache also eine positive Sache oder nicht?

Meine Ausführungen machen deutlich, dass es auf diese Frage aus religiöser Perspektive keine eindeutige Antwort gibt. Eine Möglichkeit ist, dass Nekama nur dann eine positive Handlung sein kann, wenn sie mit G'tt verbunden ist. G'tt selbst muss manchmal Rache üben, um Gerechtigkeit in der Gesellschaft aufrechtzuerhalten und die Welt zu lehren, dass sich Verbrechen nicht auszahlt. Wenn der Mensch, wie hier Moses, von G'tt den Befehl erhält, darf er Rache üben, aber ansonsten ist es verboten. »Denn«, so erklärt der Chiskuni[35] das Gebot, »du sollst dich nicht rächen« – »der Zorn wird dich

31 Ad loc.

32 Vgl. Sprüche der Väter, in denen Aharon als ein Mann, der den Frieden liebt, bezeichnet wird.

33 Der Titel spielt auf das Hohelied an, in dem G'tt als Liebhaber Israels an das Zelt der Geliebten klopft.

34 Kol Dodi Dofek: https://www.sefaria.org/Kol_Dodi_Dofek?lang=bi, hier in eigener Übersetzung.

überwältigen; nur G'tt ist in der Lage, seinen Zorn zu kontrollieren«. Und der Maharal weist darauf hin, dass es zwar das Gebot, man solle auf »G'ttes Wegen wandeln«, gibt, dieses aber nur in Bezug auf positive Handlungen anwendbar ist. In Bezug auf Nekama oder dergleichen sei der Mensch nicht angehalten, den Ewigen zu imitieren.

Rav Sachs weist in seinem eingangs erwähnten Essay darauf hin, dass gerade das Konzept eines rachsüchtigen G'ttes es den Juden über Jahrhunderte der Verfolgung ermöglicht habe, Leid zu ertragen, ohne sich zu rächen. Denn es ist der Ewige, der in all den Klageliedern[36] angefleht wird, an ihrer Stelle Rache zu nehmen. Da es seit dem Ende der g'ttlichen Prophezeiungen auch keinen Befehl zur Ausübung der Rache mehr geben könne, dürfe der Mensch nur noch auf das g'ttliche Handeln vertrauen.[37]

Überlassen wir Rav Sacks also das Schlusswort:

> In einer Welt ethnischer Konflikte, die von manchmal tödlichem religiösem Eifer angetrieben werden, ist dies eine Wahrheit, die einer Wiedereinsetzung bedarf. Es gibt Dinge, die wir G-tt überlassen müssen. Andernfalls befinden wir uns in einem Zustand wie der der Menschheit vor der Sintflut, als die Welt »voller Gewalt« war und G-tt »betrübt war, dass er den Menschen auf Erden gemacht hatte und sein Herz voller Schmerz war«. Die Rache gehört G-tt. Sie darf nicht von Menschen im Namen G-ttes praktiziert werden.[38]

35 Kommentar zum 3. Buch Mose 19,18.

36 Vgl. Av haRachamim, in dem die Aufforderung zur Rache aus biblischen Zitaten zusammengestellt ist: 5. Buch Mose 32,43; Psalm 79,10; Psalm 110,6–7.

37 Vgl. ad loc. die These von R. Sacks, dass das Konzept eines ausschließlich liebenden G'ttes die Menschen scheinbar eher dazu treibt, die Rache selbst in die Hand zu nehmen.

38 Vgl. Anmerkung 2.

-┤— **Christina von Braun**

Rache und Gabe im Verhältnis von Judentum und Christentum

Der Topos der Rache in der Hebräischen Bibel und die (erst spät entstandene) Unterstellung eines rachsüchtigen Gottes des Judentums wurzeln in unterschiedlichen Traditionen. Ersteres war Teil eines neuen Rechtssystems, das die Hebräische Bibel vorlegte; Letzteres gehört in die Tradition des christlichen Antijudaismus.

Der Substantiv »Rache« leitet sich ab von einem Verb, das »bestrafen«, »vergelten« bedeutet.[1] In archaischen Kulturen war die Rache Teil eines Gerechtigkeitssystems, das den Zusammenhalt der Gesellschaft sicherte. Während sich in späteren Rechtssystemen eine höhere Instanz Strafe und Strafmaß vorbehielt, diente die Rache in diesen Gesellschaften dem individuellen Gerechtigkeitausgleich. Das konnte auch die (gelegentlich erbliche) Pflicht zur Rache implizieren, so dass eine nicht vollzogene Rache einen Fluch nach sich zog. Die Rache entschied so über das Schicksal der handelnden Personen.[2] Von diesem Verhaltenskodex berichten die homerischen Gesänge und die griechischen Tragödien, und er ging ein ins antike Recht.

Die Rache war in diesem sozialen Regelwerk die Kehrseite der Gabe. In Gesellschaften, die durch die Zirkulation von Gaben zusammengehalten werden, wird der soziale Zusammenhalt dadurch gesichert, dass jede Gabe durch eine Gegengabe erwidert werden muss. Geschieht dies nicht, so kommt dies einer Kriegserklärung gleich.[3] Gabe und Rache sind hier Ausdruck eines Prinzips der Gegenseitigkeit. Beleidigung und Verletzung eines Einzelnen werden als Vergehen an einem Kollektiv (dem Dorf, dem Clan usw.) empfunden; sie verpflichten »die ganze Gemeinschaft gegen den

1   Kluge, *Etymologisches Wörterbuch der deutschen Sprache.*

2   Vgl. Ruch, Philipp (2017), *Ehre und Rache. Eine Gefühlsgeschichte des antiken Rechts,* Frankfurt/New York (Campus).

3   Mauss, Marcel (1968/1990), *Die Gabe. Form und Funktion des Austauschs in archaischen Gesellschaften,* übers. v. Eva Moldenhauer, Frankfurt/M.

Beleidiger vorzugehen«.[4] Da sich dieses Rachesystem potentiell unendlich perpetuiert und das Maß für die Abgeltung zumeist nicht festgelegt ist, ersetzten kollektive Autoritäten das Prinzip »Leben gegen Leben« durch eine allgemeine Schuldform: Die Zahlung von Rindern oder Geld substituierte die direkte Rache. Das System bedingte sowohl eine Art von allgemeingültiger Währung (Vieh, Kamele oder Geld) als auch einen gemeinschaftsübergreifenden Konsens:

> Man stellt hier die Entstehung eines öffentlichen Raums fest,
> der immer stärker als Raum der Stadt und ihrer Gesetze bekräftigt werden sollte, die niedergeschrieben, allen bekannt und für
> alle gleich sein müssen.[5]

In der Hebräischen Bibel sind Spuren der Rache als Kehrseite der Gabe noch deutlich zu erkennen. Auf der einen Seite steht der alte Gerechtigkeitsausgleich (Auge um Auge, Zahn um Zahn). Auf der anderen Seite steht aber auch eine höhere Instanz, die sich die Ahndung vorbehält. »Mein ist Rache und Vergeltung«, heißt es im 5. Buch Mose.[6] Das göttliche Gesetz bestimmt über Strafe und Strafmaß: *Ein* ausgestoßener Zahn darf nur durch das Ausstoßen *eines* Zahnes vergolten werden. (Das ist nicht wortwörtlich, sondern bildlich gemeint: Es geht um eine angemessene Begrenzung der Strafe.[7]) Das Prinzip eines höheren Rechts haben alle modernen Staaten übernommen (wenn sich auch Relikte der individuellen Rache bis ins 20. Jahrhundert hielten).[8] Wenn ein Mensch direkt Rache am anderen übt, statt dies einer übergeordneten Instanz zu überlassen, gilt dies als Verstoß gegen das Gewaltmonopol des Staates und seiner Rechtsinstitutionen. Wie schwer die Entscheidung zwischen individuell vollzogener Rache und dem Vertrauen in die göttliche Rache fallen kann, hat Friedrich Torberg kongenial in seiner Novelle »Mein ist die Rache« von 1942 beschrieben, wo es zur Tötung eines besonders sadistischen SS-Mannes kommt. Torberg zeigt, wie der Widerspruch zwischen dem Gehorsam gegenüber Gott und dem Wunsch, selber und sofort für Gerechtigkeit zu sorgen, die Psyche zerreißen kann.

Verschriftete Gesetze tauchen nicht erst mit der Tora auf. Schon um 1800 u. Z. war der »Codex Hammurabi« verfasst worden. Viele seiner Festlegungen bieten eine verblüffende Übereinstimmung mit denen der Tora. Das mag nicht nur der geografischen Nähe der beiden Kulturen, sondern auch der Ähnlichkeit ihrer Schriftsysteme geschuldet sein: Dem »Codex Hammurabi« ging die Entwicklung der Keilschrift, dem Verfassen der Tora die Entstehung des semitischen Alphabets (der Mutter aller Alphabete) voraus. Bei beiden handelt es sich um phonetische Schriftsysteme, die gesprochene Laute (Phoneme) in visuelle Zeichen überführen. Der gesprochene Laut bedurfte des Körpers, das visuelle Zeichen dagegen war körperfern und unvergänglich. Phonetische Schriftsysteme befreiten also das Wort und somit den Gedanken von der menschlichen Sterblichkeit. Ihre Erfindung implizierte einen heute kaum mehr zu ermessenden Abstraktionsschub und schuf damit auch die Voraussetzung für die Entstehung eines unsichtbaren, ewigen Gottes, von dessen Existenz die Heilige Schrift Zeugnis ablegte.[9]

4   Hénaff, Marcel (2009), *Der Preis der Wahrheit. Gabe, Geld und Philosophie,* aus d. Französischen v. Eva Moldenhauer, Frankfurt/M., S. 333.

5   Hénaff, S. 346.

6   5. Mose 32,35. Martin Buber übersetzt diese berühmte Stelle nicht mit »Rache«, sondern mit »Ahndung«, was den Bestrafungscharakter hervorhebt.

7   Zum biblischen Prinzip des ius talionis vgl. den guten Überblick: https://www.uni-heidelberg.de/presse/ruca/ruca03-3/auge.html

8   Ein Beispiel dafür ist das Duell, das sich in Europa bis ins 20. Jahrhundert hielt und dem im deutschen Recht bis zur deutschen Strafrechtsreform von 1969 ein Sonderstatus zugebilligt wurde.

9   Ausführlicher: von Braun, Christina, *Versuch über den Schwindel. Religion, Schrift, Bild, Geschlecht,* München 2000/Gießen 2016, S. 63–75; s. a. dies., *Blutsbande, Verwandtschaft als Kulturgeschichte,* Berlin 2018, S. 81–90.

Um einer Anfechtung ihres Regelwerks vorzubeugen, schrieben die babylonischen Autoren gleich zu Anfang ihres in Stein gemeißelten *Codex*: Dieses Gesetz ist göttlich legitimiert, und der Beweis dafür ist die Tatsache, dass er geschrieben wurde. Die Göttlichkeit der Schrift konnte schon deshalb nicht angezweifelt werden, weil sie, so die babylonische Kosmogonie, als göttliche Erfindung galt. Ein perfekter Zirkelschluss: Ein menschengeschaffenes Werkzeug, die Schrift, diente als Beweis dafür, dass menschengeschaffene Gesetze gar nicht von Menschen, sondern von einer höheren Instanz erlassen wurden. Die Autoren der Tora argumentierten ähnlich. Sie beriefen sich zwar, anders als die Babylonier, auf *einen* Gott, aber auch diese überirdische Autorität offenbarte sich einzig durch die Buchstaben der Schrift: ebenjene Tafeln, die Moses vom Berg Sinai zurückbrachte.

Allerdings gingen die Verfasser der Tora noch einen Schritt weiter: Sie erklärten den Abfall von der göttlichen Bestimmung zu einem Frevel, den Gott mit *maßloser* Rache ahnde (die Sintflut, den Regen von »Schwefel und Feuer« auf Sodom und Gomorra und anderes mehr[10]). Diese Lektion sollte das Volk nicht nur vor den Einflüssen fremder, heidnischer Kulturen, sondern auch vor den eigenen Schwächen bewahren. In der biblischen Erzählung werden die Kanaanäer zur Verkörperung dieser potentiellen Eigenschwächen. Gerade weil sie den Israeliten so nah verwandt waren[11], wurden sie zu den auserkorenen Objekten der Abscheu: Sie repräsentierten das, was es im Ich zu überwinden galt. Das Unheimliche, das dem Heimlichen innewohnte. Mindestens ebenso oft wie von der Rache Gottes erzählt die Bibel aber auch von seiner Liebe und Barmherzigkeit.[12] In Gottes Allmacht bildeten Zuwendung und Ahndung eine Einheit.

Mit der Tora verlagerte sich der alte Mechanismus der Gegenseitigkeit (der sowohl Gabe als auch Rache umschloss) auf ein Rechtssystem, das ein neues Verständnis von Reziprozität implizierte: auf der einen Seite das Volk, das nach dem Gesetz Gottes lebte (darunter das Verbot, mutwillig Rache zu üben[13]); auf der anderen Seite ein allmächtiger Gott, der als Gesetzgeber und Richter auftrat und seinem Volk Schutz bot, solange es sich ihm unterwarf. Diese neue Art der Gegenseitigkeit fußte auf einem Grundgedanken, der alle einzelnen Bestimmungen der Tora durchzog und das völlig Neue an der jüdischen Religion darstellte: Er besagte, dass die Grenze zwischen Gottes Ewigkeit und menschlicher Endlichkeit nie überschritten werden darf. Nur so sind die Allmacht Gottes, die Achtung seines Gesetzes und der Gemeinschaftszusammenhalt gesichert.

200 Jahre nach dem semitischen Alphabet, das den ersten wahrlich transzendenten Gott zu denken erlaubte, entstand das griechische Alphabet, und auch dieses Schriftsystem führte zu einem bedeutenden Abstraktionsschub. In dessen Mittelpunkt befand sich aber kein allmächtiger Gott, sondern der Glaube an Logos, Theorie, Wissenschaft und an ein geschriebenes, irdisch verfasstes Rechtssystem (das später im römischen Recht, Basis des modernen Rechtsstaats, seine deutlichste Ausformulierung finden wird). Wie kam es zu diesen Unterschieden? Das volle Alphabet Griechenlands unterschied sich in einem entscheidenden Punkt vom semitischen Alphabet: Es erfasste

10   Gen 19,24.

11   Finkelstein, Israel/Neil A. Silberman (2015), *Keine Posaunen vor Jericho. Die archäologische Wahrheit über die Bibel*, aus dem Englischen von Miriam Magall, München, S. 135.

12   Um nur einige Stellen zu nennen: 2. Mose 34,6; 4. Mose 14,18–19; 5. Mose 4,31; Nehemia 9,17; Psalm 86,5, 15; 108,5; 145,8; Joel 2,13.

Versuchung, Luca Signorelli (um 1445–1523), Dom von Orvieto, 1499, Fresko, bpk / Scala

alle Laute der mündlichen Sprache, während das semitische Alphabet nur die Konsonanten schrieb. Damit trug das griechische Schriftsystem dazu bei, die orale Kultur zu verdrängen: Einer der Schauplätze dieser Machtverschiebung war das Theater, dessen Dramen uns bis heute von den Transformationsprozessen der griechischen Kultur durch die Schrift erzählen (darunter auch vom Übergang von individueller Rache zu kollektiver Strafe[14]). Mit dem Theater entstand »die erste westliche verbale Kunstform, die völlig von der Schrift kontrolliert war«.[15]

Der griechische Abstraktionsschub implizierte neben der Verdrängung des Hörens durch das Sehen auch ein neues Zeitdenken. An die Stelle der zyklischen trat eine linear ausgerichtete Zeit; sie generierte die ersten utopischen Entwürfe für eine »Verbesserung« der diesseitigen Welt. Platons »Staat« darf als erste Utopie des Abendlandes gelten: ein »Meisterplan«, der ein neues Lebens- und Gesellschaftsmodell vorgab.[16] Zugleich setzte eine Reflexion über die Rolle des Menschen ein. »Man kann sagen, daß sich die ganze athenische ›Aufklärung‹, die die Historiker auf die letzte Hälfte des

13   3. Mose 19,18.

14   So etwa in Aischylos' *Eumeniden*.

15   Ong, Walter (1987), *Oralität und Literalität. Die Technologisierung des Wortes,* aus dem Amerikanischen von Walter Schömel, Opladen, S. 147.

16   Vgl. v. Braun, Christina (1984), *Film: Von Wunschtraum zu Alptraum. Eine Geschichte des utopischen Denkens,* München, BR.

fünften Jahrhunderts datieren, um die Entdeckung des Intellektualismus und des Intellekts als einer neuen Stufe menschlichen Bewußtseins drehte.«[17] Anders ausgedrückt: Kern des Hellenismus war die Selbsterhöhung des Menschen – was nicht zuletzt an der anthropomorphen Gestalt der griechischen Götter abzulesen war. Die Unsterblichen sahen aus wie Menschen, hatten persönlichen Umgang, sogar Geschlechtsverkehr mit ihnen, zeugten Halbgötter und griffen in die Handlungen, Rachefeldzüge und Eroberungen der Sterblichen ein.

Es ist evident, dass der griechische Abstraktionsschub und das Denken, das er hervorbrachte – vor allem die fließende Grenze zwischen Gott und Mensch –, etwas völlig anderes darstellte als der Abstraktionsschub, der sich mit der Hebräischen Bibel vollzog. Das Christentum versuchte zwar, diese beiden Traditionen zu vereinen – doch in Wirklichkeit nahm der Gegensatz nun erst recht explosive Gestalt an. Der jüdische Transzendenzgedanke wurde zurückgedrängt; mit Christus betrat Gott die Welt der Sterblichen. In der Eucharistie zelebrierte die Kirche das Verschwinden der Grenze zwischen Gottes Ewigkeit und menschlicher Vergänglichkeit. Das hatte Auswirkungen auf die Idee (und Funktion) der Rache.

Wie oben beschrieben, hatte das Paar Gabe und Rache in den frühen und antiken Gesellschaften dem sozialen Zusammenhalt gedient. Als der allmächtige Gott des jüdischen Monotheismus beide Aufgaben an sich zog, war das Recht auf Gabe und Rache mit ihm ins Jenseits gewandert. Mit dem Christentum kamen sie zurück zur Welt. Christus, so die Lehre, war die Gabe Gottes an die Welt. Auf Dauer musste damit auch die Rache wieder ins Diesseits rücken.

Das frühe Christentum kannte durchaus die göttliche Rache, anders als die Rede vom liebenden Gott nahelegt. Aber es trennte sie von Gott und verbannte sie in die Unterwelt: Dort herrschte Satan, ein von Gott abgefallener Engel. Die Hebräische Bibel ist nicht sehr explizit, was die Rebellion Satans betrifft, doch die wenigen Details deuten darauf hin, dass er der bedeutendste aller Engel war.[18] Das heißt, er stand Gott ganz nah, war gewissermaßen sein Abbild – und er hatte gegen ihn rebelliert, um sich an seine Stelle zu setzen.[19] Aus dem Vertrauten wurde der Unheimliche. Die Offenbarung des Johannes erweiterte diese Vorstellung für den christlichen Kontext: »Und ein anderes Zeichen erschien am Himmel und siehe: ein großer feuerroter Drache mit sieben Köpfen und zehn Hörnern und auf seinen Köpfen sieben Kronen: und sein Schwanz fegte ein Drittel der Sterne des Himmels hinweg und warf sie auf die Erde.«[20] Der Text wird verstanden als symbolische Umschreibung der Tatsache, dass sich ein Drittel der Engel entschieden hatte, Satan in seiner Rebellion zu folgen. Während in der Hebräischen Bibel nur von *einem* gefallenen Engel die Rede ist, geht es hier schon um eine ganze Armee.

Mit der Verstärkung von Satan erweiterte sich auch sein Machtbereich. In den altorientalischen Vorstellungen repräsentierte die Hölle das Reich der Toten, und als solches kam sie auch in der Hebräischen Bibel vor.[21] Allerdings gab es die Hoffnung, dass nur die Frevler »verstummen zur Hölle«.[22] Eine

17 Havelock, Eric A. (1992), *Als die Muse schreiben lernte,* aus dem Amerikanischen von Ulrich Enderwitz und Rüdiger Henschel, Frankfurt/M., S. 181.

18 Hesekiel 28,12–18.

19 Jesaia 14,12–14.

20 Offenbarung 12,3–4.

21 Etwa in Psalm 115,17.

22 Psalm 31,18.

allgemeine Hölle, wie sie die christlichen Lehren entwickeln werden, kennt die Hebräische Bibel ebenso wenig wie die Vorstellung, dass alle Menschen die »Erbsünde« in sich tragen.

Laut den Evangelien drohte Jesus den Sündern mit Höllenstrafen: »Und sie werden hingehen, diese in ewige Pein, die Gerechten aber in das ewige Leben.«[23] In der Hölle brenne ein »unauslöschliches Feuer«[24], und die Offenbarung des Johannes, die den Sturz Satans beschrieb, lieferte eine drastische Ausmalung der höllischen Qualen: »Und der Teufel, der sie verführte, wurde geworfen in den Pfuhl von Feuer und Schwefel, wo auch das Tier und der falsche Prophet waren; und sie werden gequält werden Tag und Nacht, von Ewigkeit zu Ewigkeit.«[25] Die Vorstellung einer ewigen Verdammnis der Ungläubigen wird im (traditionell Paulus zugeschriebenen) 2. Thessaloniker-Brief aufgriffen[26], die Kirchenväter der ersten Jahrhunderte integrierten sie in die Kirchenlehren, und als dann im frühen Mittelalter auch noch die farbenprächtigen Kirchenbilder der Hölle dazukamen, war ihre Existenz endgültig im Denken und Fühlen des Christenmenschen angekommen.

Die göttliche Rache des frühen Christentums war auch deshalb deutlich bedrohlicher als die des jüdischen Gottes, weil sie eine Verdammnis auf Ewigkeit vorsah.[27] Dieser Ausweglosigkeit wollten christliche Dogmatiker mit der Erfindung des Fegefeuers begegnen. Sie griffen die antike Idee eines reinigenden Feuers auf: so etwa Clemens von Alexandria (ca. 150–215), der griechische Philosophie und christlichen Glauben in Einklang zu bringen versuchte. Im 6. Jahrhundert integrierte Papst Gregor der Große (590–604 u. Z.) die Idee des Purgatoriums in die christliche Lehre.[28] Eine präzise Beschreibung des Fegefeuers nahmen aber erst die Gelehrten des Mittelalters vor: Sie machten daraus eine Art von Zwischenhölle, in der Sünder für eine begrenzte Zeit – proportional zu ihren Sünden – zu leiden hatten, bevor sie dann doch noch Einlass ins Paradies finden konnten.[29]

Durch das Fegefeuer rückten Diesseits und Jenseits näher aneinander: »Zwischen 1150 und 1300 unternahm die Christenheit eine große kartographische Umgestaltung des Jenseits und dieser Welt. Für eine christliche Gesellschaft wie die des mittelalterlichen Abendlandes lebt und wirkt alles im Himmel und auf Erden, im Diesseits und im Jenseits gleichzeitig.«[30] Die Lebenden und die Toten bildeten nun eine »Solidargemeinschaft«, bei der die Lebenden für die Erlösung der Verstorbenen beteten, in der Hoffnung, dass die Seelen der Verstorbenen ihrerseits Strafmilderung für sie erwirken konnten. Doch den größten Verweltlichungsschub brachte der Ablasshandel: Er eröffnete die Möglichkeit, die Zeit im Fegefeuer durch Spenden an die Kirche zu verkürzen. Damit unterstand die Eschatologie einer irdischen »Buchhaltung«, was für den Klerus mit beträchtlichem Machtzuwachs und finanziellem Gewinn verbunden war. Durch das Purgatorium, so der Historiker Jacques Le Goff, festigte die Kirche »ihre (Teil)-Befugnisse über die Seelen« und dehnte »ihr Recht auf Kosten des göttlichen Rechts aus«.[31] Das christliche Konzept der Rache war im Diesseits angekommen.

Indem die Hölle das Jenseits verließ, immigrierte auch die Gestalt des Satans, die vom liebenden Gott abgespaltene Personifikation der Rache,

23 Mt 25,46.

24 Mt 5,22; Mt 3,12, 42; Mk 9,43–48.

25 Offenbarung 20, 10.

26 2. Thess 1,9. Die meisten ExegetInnen bezweifeln heute den paulinischen Ursprung dieses Briefs.

27 Mt 25,46.

28 Gregor der Große, *Dialogi de vita et miraculis patrum Italicorum,* IV, 39: https://bkv.unifr.ch/de/works/150/versions/169/divisions/107077

29 Die Lehre wurde auf den Konzilen von Lyon (1274) und Florenz (1439) als offizielle katholische Lehre formuliert und später auf dem Konzil von Trient (1547) nochmals bestätigt.

30 Le Goff, Jacques (1984), *Die Geburt des Fegefeuers,* aus d. Französischen v. Ariane Forkel, Stuttgart, S. 14.

31 Le Goff, *Fegefeuer,* S. 276, 23.

in die Welt. Um zu begreifen, warum ausgerechnet »der Jude« zur Gestalt dieses irdischen Satans werden konnte, muss man sich noch einmal die etwa zeitgleiche Entstehung von Christentum und rabbinischem Judentum vor Augen führen. (Das rabbinische Judentum entwickelte sich in den Jahrhunderten nach der Zerstörung des Zweiten Tempels im Jahr 70; sein Regelwerk vermittelt den in der Diaspora verstreut lebenden Gemeinden bis heute ein Zusammengehörigkeitsgefühl.[32]) Vor dem Aufkommen des Christentums waren große Teile des Judentums vom Hellenismus durchdrungen; für Denker wie Philo von Alexandrien (20/10 v. u. Z. – 40/50 u. Z.) erschienen die beiden Traditionen durchaus kompatibel. Doch als der Hellenismus den neuen christlichen Glauben zu zeitigen begann, kam es zur Spaltung: Aus den »Zwillingen« wurden Antipoden. Während sich die eine Seite zunehmend auf die alten jüdischen Toralehren besann, verstärkte die andere die Tradition des griechischen Logos. Die eine hielt sich an die unüberwindbare Grenze zwischen Gott und Mensch, für die andere nahm Gott menschliche Gestalt an. Als sich das Christentum ab dem 4. Jahrhundert mit der Staatsmacht zu verbünden begann und die Kirche im Jahr 380 zur Reichskirche erklärt wurde (während das Judentum lernte, mit der Extraterritorialität zu leben), entwickelten sich die Zwillinge zu einem expliziten Gegensatzpaar. Damit rückte die Rache ins Zentrum ihres Verhältnisses.

Die Assimilation von Satan und Jude verlief parallel zur Diesseitsverlagerung der christlichen Lehren. Im 13. Jahrhundert häuften sich die Legenden von angeblichen Ritualmorden und Hostienschändungen: Sie unterstellten vor allem Juden, das Blut christlicher Kinder zu trinken und die heilige Hostie durch Entweihung zum Bluten zu bringen. Die Verbreitung dieser Legenden vollzog sich parallel zur Durchsetzung der Transsubstantiationslehre, laut der Brot und Wein bei der Messe nicht Leib und Blut des Erlösers *symbolisieren*, sondern gegenwärtig machen. Die innerchristlichen Vorbehalte gegen diese neue Lehre waren beträchtlich, auch beim Klerus. Indem jedoch den Juden unterstellt wurde, sich am christlichen Blut zu vergehen und die Heilige Hostie gar bluten zu lassen, verkehrte sich die innere Abwehr der Gläubigen gegen das Trinken von Blut in eine Abscheu gegen jene, denen ebendies unterstellt wurde: Es war der alte Inversionstrick, den schon die Erzähler der Hebräischen Bibel verwendeten, als sie die Kanaanäer zur Verkörperung potentieller Eigenschwächen der Israeliten gemacht hatten. Auch hier diente das Unheimliche der Annäherung an das Heimliche.

Als der Maler Luca Signorelli im späten 15. Jahrhundert dem Antichrist die Gestalt des Heilands verlieh, brachte er diese Inversion auf den Punkt: Nicht nur ist Christus das »Fleisch gewordene Wort« Gottes (seine Gabe an die Welt) – auch Satan, die Personifikation der Rache, hat menschliche Gestalt angenommen. Wie kein anderer vor ihm gab der Maler Signorelli den menschlichen Körper mit anatomischer Präzision wieder. Das galt auch für den Teufel und seine Komplizen aus der Unterwelt; umso irdischer, realer erschien die Rache, die sie verkörperten. Auf den Fresken in der Kathedrale von Orvieto korrespondiert der satanische Heiland mit der danebenstehenden Figur des Juden, der gerade damit beschäftigt ist, sich die Dienste einer

32 Vgl. von Braun, Christina, »Die Zugehörigkeit zur jüdischen Gemeinschaft«, in: dies./Brumlik, Micha (Hg.), *Handbuch Jüdische Studien*, Köln 2018, S. 15–58.

Prostituierten (Verkörperung des Irdischen und der Sünde schlechthin) zu erkaufen. Die Inversion auf diesem Fresko ist also vielfältiger Art: Sie bestand einerseits darin, den Teufel als falschen Heiland zu zeigen. (Der »als Christ verkleidete« Jude wurde seither zu einem immer wiederkehrenden Motiv des Antijudaismus und lag auch der Idee zugrunde, dass »der Jude« markiert werden muss, um überhaupt erkennbar zu sein.) Andererseits verdeckte die Behauptung des jüdischen Sündenhandels aber auch, dass sich eigentlich der Christ durch Geld von seinen Sünden freikauft. Da die Hostie im Spätmittelalter die Form der Münze angenommen hatte[33] und Christus in vielen Texte »als ›Münzabdruck‹ (charaktēr) Gottes« beschrieben wurde[34], steckte in diesem Bild auch eine Anspielung auf den jüdische Hostienfrevel. Solche und ähnliche Umkehrungen trugen erheblich dazu bei, das Bild des Juden allmählich mit dem Bild Satans zu verschmelzen und ihn zur irdischen Verkörperung der Rache zu machen. Ab dem 17. Jahrhundert begannen die christlichen Theologen, vom »rachsüchtigen Gott« des Judentums zu sprechen. Aus dem alten Paar Gabe und Rache machten sie so die Spaltung: den Christen die Gabe, den Juden die Rache!

Der Fixierung des neuzeitlichen Christentums auf den Gott der Liebe eignete freilich ein strukturelles Problem. Jede Gabe muss durch eine Gegengabe erwidert werden.[35] Opfer und Gabe haben aber nur dann einen Wert, wenn sie den Gebenden »enthalten«. Denn bei der Gabe, so Marcel Mauss, gibt man sich selbst, »und zwar darum, weil man sich selbst – sich und seine Besitztümer – den anderen ›schuldet‹«.[36] Ähnlich beim Opfer. Auch hier geht es darum, »etwas von sich selbst als Pfand abzutreten«.[37] In der christlichen Religion bringt jedoch Gott seinen eigenen Sohn (also letztlich sich selbst) als Opfer dar. Auf eine solche göttliche Gabe kann der Gläubige mit keiner angemessenen Gegengabe antworten. Das Gesetz des Tausches ist ausgehebelt. Es entsteht eine Schuld, die niemals zu begleichen ist.

Dieses Schuldverhältnis ließ dem Christen drei Möglichkeiten. Die *erste* war der blinde, gehorsame Glaube. »Die Gabe des Gläubigen ist zuerst die Gabe seiner selbst durch den Glauben, die Geste absoluten Vertrauens.«[38] Da ein göttliches Selbstopfer jede angemessene Reziprozität überstieg, entwickelte die christliche Theologie die Lehre von der Gnade, die den »Überschuss« an göttlicher Gabe bezeichnete. Allerdings berichtet der französische Sprachwissenschaftler Émile Benveniste auch vom Sprachwandel des Begriffs der Gnade, *gratia*: »Anhand von lat. *gratia* lässt sich beobachten, wie ein Begriff mit ursprünglich religiöser Bedeutung auf ein wirtschaftliches Verhalten angewandt wird. Das Wort für ›Gunst‹ und ›Gefälligkeit‹ wird schließlich zum Ausdruck der Unentgeltlichkeit *(gratis)*.«[39] Der Wandel des Begriffs der Gnade vollzog sich in zeitlicher Parallele zum Rückgang des Glaubens. Das Prinzip einer Schuld, die nicht getilgt werden kann (und deshalb auch nicht getilgt werden muss), schuf wiederum den idealen Nährboden für den Kapitalismus.[40]

Die *zweite* Möglichkeit des Christen, mit der Schuld Gott gegenüber umzugehen, bestand im »Ausgang aus der selbstverschuldeten Unmündigkeit«. Allerdings zeigt die Formulierung Kants auch deutlich, dass diese Option ihre

33 Vgl. Shell, Marc, *Art and Money,* Chicago 1995, S. 21, 64, 66.

34 Shell, S. 12.

35 Der menschliche Eingriff in die Schöpfung verlangte nach einer Versöhnung: Der Opferkult tritt erst in sesshaften Gesellschaften auf, die Landwirtschaft betrieben und Tiere domestizierten. Vgl. von Braun, Christina, *Der Preis des Geldes,* Berlin 2012, S. 40–43.

36 Mauss, S. 118.

37 Hénaff, S. 266 f.

38 Hénaff, S. 408.

39 Émile Benveniste, »Unentgeltlichkeit und Dankbarkeit«, in: ders., *Indoeuropäische Institutionen,* Band I, S. 156–159, S. 156.

40 Vgl. v. Braun, *Der Preis des Geldes,* S. 112 ff.

Tücken hat. Denn eine »*selbst*verschuldete Unmündigkeit« setzt voraus, dass sich der Mensch von Anfang an freiwillig in Abhängigkeit begeben hat, das Verhältnis also auch aufkündigen könnte. Was viele Menschen zurückhielt, war offenbar der Verzicht auf die göttliche Gabe. Friedrich Nietzsche war zu diesem Opfer bereit: »ja die Aussicht ist nicht abzuweisen, dass der vollkommene und endgültige Sieg des Atheismus die Menschheit von diesem ganzen Gefühl, Schulden gegen ihren Anfang, ihre prima causa zu haben, lösen dürfte. Atheismus und eine Art zweiter Unschuld gehören zu einander.«[41] Anderen war der Preis zu hoch.

Die *dritte* Möglichkeit des Christen, mit der Schuld Gott gegenüber umzugehen, bestand darin, aus dem Selbstopfer Gottes eine »Schuld« des Juden zu machen und ihn zum »Gottesmörder« zu erklären. Die »Schuld« gegenüber Gott wurde in eine *Be*schuldigung des Juden gewendet. Diese Konstruktion erlaubte es, die Gabe Gottes anzunehmen und zugleich Rache am Juden für den Tod Gottes zu nehmen. In den Beschuldigungen für Ritualmorde, Hostienschändungen oder Vergehen am »Volkskörper« bestehen solche Schuldzuweisungen bis heute fort. Freilich: In den Racheakten, die daraus erfolgten, verstrickte sich die christliche Gesellschaft in eine immer tiefere Schuld. Welche wiederum nach Erlösung verlangte.

Man kann es wenden, wie man will: Wer die Gabe vom Himmel holt, findet immer die Rache in ihrem Gepäck.

41 Friedrich Nietzsche, *Zur Genealogie der Moral,* Zweite Abhandlung, 20, in: *Kritische Studienausgabe,* München 1988, S. 329 f.

—— **Rebekka Voß**

Rote Juden
Eine bildhafte Geschichte der Rache auf Jiddisch

Zu den bekanntesten Legenden in der jiddischen Überlieferung zählt die Geschichte von den Roten Juden. Die Roten Juden sind Superhelden jüdischer Rache. Beschrieben werden sie als ein furchterregender Stamm rothaariger, rotbärtiger jüdischer Krieger in roten Gewändern, die abgeschottet am Rande der bekannten Welt leben. Im Allgemeinen sind sie mit den zehn verlorenen Stämmen Israels gleichzusetzen, die nach einem verbreiteten jüdischen Narrativ an einen unbekannten Ort verbannt wurden, als ihr antikes Nordreich Israel zerstört wurde.[1] Dieses mythische Volk in Rot darzustellen, ist eine einzigartige Erfindung einer gemeinsamen jüdisch-christlichen Vorstellungswelt der spätmittelalterlichen Volkskultur in den deutsch- und jiddischsprachigen Gegenden Europas. In anderen europäischen oder jüdischen Sprachen (einschließlich Latein und Hebräisch) sind die Roten Juden nicht belegt. Sie existieren ausschließlich im Deutschen und Jiddischen.

Doch die Roten Juden sollten nicht nur im Sagenreich vorkommen. In der frühen Neuzeit galten sie als politisch-militärische Kraft wie jede andere; ihre Existenz war praktisch unbestritten. Man findet sie auf mehreren mittelalterlichen und frühen gedruckten Weltkarten, in der Regel in den nordöstlichen Ausläufern Asiens oder den kaspischen Bergen.[2] Zusätzlich zu ihrer traditionellen Verortung geht aus der *mappa mundi* von Hans Rüst aus Augsburg (veröffentlicht im Jahre 1480) ein anderer Aufenthaltsort hervor: In Rüsts Karte ist auch eine Insel im – rot gefärbten – Roten Meer als Heimat der Roten Juden gekennzeichnet. Hier und da berichteten frühneuzeitliche Flugschriften – Vorläufer unserer Zeitungen – über die Westwärtsbewegung

1 Zur Legende der zehn verlorenen Stämme siehe Zvi Ben-Dor Benite, *The Ten Lost Tribes: A World History* (Oxford: Oxford University Press, 2009).

2 Beispiele hierfür in Andrew Gow, »Gog and Magog on ›Mappamundi‹ and Early Printed World Maps: Orientalizing Ethnography in the Apocalyptic Tradition«, *Journal of Early Modern History* 2,1 (1998): S. 61–88.

Das ist die mapa mundi vun alle land vnn kungk reich wie sie ligend in der gantze welt, Hans Rüst, Augsburg, ca. 1480, Pierpont Morgan Library & Museum New York, PML 19921

dieser jüdischen Armee, deren Verlauf zwischen Juden und Christen rege diskutiert wurde.[3] Letztendlich maßen beide Religionen den Roten Juden ganz unterschiedliche Bedeutung bei, sie sahen sie sozusagen in unterschiedlichen Rottönen.[4]

Den Christen galt die physische Färbung der Roten Juden als untrügliches Zeichen für ihren Blutdurst. Nachdem der merkwürdige Begriff »Rote Juden« im späten 13. Jahrhundert erstmals im Deutschen aufgetreten war, schürten Volksmärchen die Angst, diese barbarische Horde könne nicht nur in der apokalyptischen Zukunft einmal als Heer des Antichristen auftreten, sondern zudem gegenwärtig Schaden anrichten. In einem ähnlichen Szenario spielten die Roten Juden auch eine Rolle in der deutsch-jüdischen Volkssprache, dem Jiddischen: Als endzeitliches Heer des Messias würden die Roten Juden der jahrhundertelangen Unterdrückung durch die Christen ein rachevolles Ende setzen. In der Zwischenzeit würde gelegentlich ein Gesandter der Roten Juden aus der Abgeschiedenheit auftauchen, um die Pein der Verbannung zu mildern, sollten ihre Brüder und Schwestern in der Diaspora einmal in arger Bedrängnis sein. Die jüdische Legende machte sich die Roten Juden für ihre eigenen Zwecke zunutze: Sie kehrte die christliche Farbsymbolik um und ließ die Farbe Rot von einer Farbe der Schande zu einer Farbe des Stolzes werden, all dies im Bemühen, den Platz des Diaspora-judentums innerhalb der christlichen Umgebungsgesellschaft zu bestimmen. Während die Roten Juden im Laufe der frühen Neuzeit aus dem christlichen Bewusstsein verschwanden, verbreitete sich ihr Bild in der jiddischen Kultur weiter und bestand dort als visuelles Symbol fort. Bis heute werden die Roten Rächer immer wieder als messianische Helden und gewitzte Außenseiter umgedeutet.

Die Reise der Roten Juden von ihrer mittelalterlichen Entstehung über die altjiddische Literatur der frühen Neuzeit bis hin zur modernen jiddischen Kultur in Osteuropa, Israel und Amerika wird durch bildliche Darstellungen ebenso wie sprachliche Visualisierung vermittelt. Bei der Erschaffung dieser wirkmächtigen Figuren war Farbe ein Kernelement. Wie man den Roten Juden in der christlichen und jüdischen Vorstellungswelt begegnete, beruhte in erster Linie auf dem Wert, den man Menschen mit roter Färbung in der jeweiligen Gemeinschaft beimaß. Rotes Haar war (oft gepaart mit rötlicher, sommersprossiger Haut) fast durchgehend negativ konnotiert. In der Volksphysiognomik des mittelalterlichen und frühneuzeitlichen Europas betrachtete man rotes Haar als äußeres Zeichen eines teuflischen und falschen Charakters, und deshalb galten Rothaarige als gefährlich. Entsprechend den überaus negativen Assoziationen, die rotes Haar bisweilen hervorrief, waren rotes Haar und Bärte europaweit – und ganz besonders in Deutschland – als

Die Roten Juden jenseits der Berge der Finsternis im Uffenbachschen Wappenbuch, Straßburg, ca. 1401–1410, Manuskript, 28 x 21 cm, Staats- und Universitätsbibliothek Hamburg Carl von Ossietzky, Cod. 90 B in scrin., fol. 51r

3   Z. B. *Von ainer grosse meng vnnd gewalt der Juden* (Augsburg 1523).

4   Die Geschichte der Roten Juden in der jiddischen Kultur wird erzählt von Rebekka Voß, »Entangled Stories: The Red Jews in Premodern Yiddish and German Apocalyptic Lore«. *AJS Review* 36, 1 (2012), S. 1–41. Zu den Roten Juden in der deutschen Überlieferung siehe Andrew Gow, *The Red Jews: Antisemitism in an Apocalyptic Age, 1200–1600* (Leiden: E. J. Brill, 1995).

Topos des jüdischen »Anderen« verbreitet.[5] Um die Herkunft des Namens »Rote Juden« zu erklären, bedarf es der Betrachtung weiterer Traditionen. Die Quellen weisen darauf hin, dass dieser Ausdruck im Kontext der traditionellen christlichen Gleichsetzung der Juden mit Israels düsterem Widersacher Edom zu sehen ist, dessen Name dieselbe Wortwurzel hat wie der hebräische Begriff für »rot« (adom). In der Bibel wird Esau, der typologische Zwilling und Stammvater dieser Nation, bei seiner Geburt als »rötlich« (admoni) beschrieben (Genesis 25,25).[6] Dieser zweifache kulturelle Rahmen nährte den deutschen apokalyptischen Mythos eines Stammes der Roten Juden.

Das jiddische Narrativ von den Roten Juden entwickelte sich im Dialog mit der deutschen Erzählung und wetteiferte mit der christlichen Variante in einer polemischen Gegengeschichte. Als das Bild von den Roten Juden in einem eigenen jüdischen Rahmen aus jiddischer Sicht umgestaltet wurde, wurde aus dieser Vorstellung eine tröstende jüdische Heilslegende, die eine antichristliche Haltung transportierte. Die Roten Juden wurden zum Bedeutungsträger für jüdische Tatkraft und Stärke. Dieser jiddische Begriff *rote yudn* und die damit einhergehende Darstellung jener Helden wurde hauptsächlich durch faszinierende jiddische Geschichten geprägt. Die älteste und beliebteste Version der jiddischen Legende von den Roten Juden ist unter dem Titel »Ma'ase Akdamut« (Die Geschichte von Akdamut) bekannt. In »Ma'ase Akdamut« tötet ein böser christlicher Zauberer tausende Juden durch Magie. Als die Juden die Obrigkeit um Schutz ersuchen, erklärt der Zauberer, er werde den Juden dann kein Leid mehr antun, wenn sie jemanden vorweisen könnten, der sich mit seinen magischen Fähigkeiten messen kann. Sollte ihnen dies nicht gelingen, würde der Zauberer sie alle vernichten. Die Juden beginnen verzweifelt, nach einem Wundertäter zu suchen, der es mit dem gefürchteten Zauberer aufnehmen kann. Sie suchen nah und fern, selbst hinter dem Fluss Sambatjon, wohin sie einen Botschafter zu den Roten Juden aussenden. Diese erklären sich bereit, einen der Ihren abzustellen, um den in Not Geratenen zu Hilfe zu kommen. Auf dem Höhepunkt der Erzählung tritt dieser Rote Jude mit dem Christen in einen Zauberzweikampf, besiegt ihn erbarmungslos und rettet seine Glaubensbrüder und -schwestern vor dem Untergang.

Diese jiddische Legende illustriert die im volkstümlichen Kontext gängige Thematik des Schwachen, der den Mächtigen besiegt. In der jüdischen Überlieferung findet dieses asymmetrische Kräfteverhältnis seinen klarsten Ausdruck in der berühmten biblischen Begegnung zwischen David und dem Philisterriesen Goliat. In ihrer Umdeutung der christlichen Erzählung von den Roten Juden zieht die jiddische Variante das Muster »David gegen Goliat« heran. Der mächtige christliche Zauberer hat hier die Rolle des Goliat inne, der die Israeliten herausfordert, einen ihrer Kämpfer herauszuschicken,

Ayn shen vunderlikh mayse ... fun ayn glik rod, fun ayn minkh fun akum un fun ayn rotn yudn un vorum mir Akdomes zogn, Fürth, 1694, Bodleian Library, Oxford, Opp. 8° 1103 (10), fol. 1r

5   Ruth Mellinkoff, »Judas's Red Hair and the Jews«, *Journal of Jewish Art* 9 (1982): S. 31–46. Siehe auch Michel Pastoureau, *Red: The History of a Color* (Princeton: Princeton University Press, 2017).

6   Für die christliche und jüdische typologische Exegese von Esau/Edom und Jakob/Israel siehe Israel Yuval, *Zwei Völker in deinem Leib: Gegenseitige Wahrnehmung von Juden und Christen in Spätantike und Mittelalter* (Göttingen: Vandenhoeck & Ruprecht, 2007), Kap. 1.

um sich mit ihm zu duellieren. Der Rote Jude, der »kleiner Roter Jude« *(rot yudlan)* genannt und als alt und schwach beschrieben wird, ist wie David. Trotz seiner körperlichen Unterlegenheit meistert der kleine Rote Jude die vermeintlich unmögliche Aufgabe, den mächtigen Zauberer zu überwältigen, und erinnert damit an David, der den schwer bewaffneten Goliat mit seiner Steinschleuder besiegt. In unserem jiddischen Mythos gewinnt die Röte der Roten Juden somit neue Vitalität, denn dieser Wesenszug ist nicht wie in der christlichen Identifikation über die Farbe des Blutes von Edom abgeleitet, sondern vom mutigen David. Wie Esau/Edom beschreibt die Bibel auch David als *admoni* (1. Samuel 16,12; 1. Samuel 17,42).

Während die Roten Juden im Mittel- und Westeuropa des späten 18. Jahrhunderts ihre langjährige Popularität einbüßten, da das Jiddische dort seine Kraft als Medium kultureller Kreativität verlor, gewannen sie in der osteuropäischen jiddischen Kultur umso mehr an Präsenz. Jiddische Schriftsteller und Künstler banden das Thema der Roten Juden vom späten 19. bis ins frühe 20. Jahrhundert ganz neu in ihre Werke ein. Sie alle nutzten die Roten Juden als Mittel, um die Exilerfahrung ihrer Generation infolge der verstärkten Ablehnung der Juden durch die entstehenden Nationalstaaten Europas zu verhandeln. Die Vorreiter waren die Väter der modernen jiddischen Literatur, Mendele Moykher Sforim und Sholem Aleichem, die Kurzgeschichten über Rote Juden im russischen Ansiedlungsrayon zu Papier brachten. Der Maler Marc Chagall orientierte sich an diesen Literaturmodellen, als er die Gleichsetzung des osteuropäischen Judentums mit diesem roten Sagenvolk in seinem berühmten Bild »Der Jude in Hellrot«

Der Jude in Hellrot, Marc Chagall (1887–1985), 1915, Öl auf Pappe, 100 x 80,5 cm, State Russian Museum, St. Petersburg

(1915) verewigte. Mendele, Sholem Aleichem und Chagall verschmolzen das stolze Image der Roten Juden mit der ursprünglich antijüdischen Figur des ewigen Juden, der dazu verdammt ist, bis in alle Ewigkeit auf der Welt umherzuziehen. So wurde in der modernen jiddischen Literatur und Kunst der Volksglaube an die mächtigen Roten Juden in Abrede gestellt und diese gesamte Nation als *royte yidlekh* (kleine rote Juden) verniedlicht, weil sie es nicht schaffte, sich an die Strömungen der Moderne anzupassen, in denen Rache keine Lösung für die »Judenfrage« war.

Die Erzählung der Roten Juden ist ein Mythos, der gemeinsam mit der sterbenden Sprache, die lange sein Fundament war, dem Verfall preisgegeben ist. Trotz der Auslöschung der meisten jiddischsprachigen Juden im Holocaust findet sich ein Überbleibsel dieser Figuren an den vereinzelten Orten, wo Jiddisch weiterhin eine lebendige Sprache ist: in ultraorthodoxen Vierteln und ihren

Buchhandlungen, vorwiegend in Israel und den Vereinigten Staaten. Von der ungebrochenen Popularität dieser Racheerzählung in diesen Gemeinschaften zeugt das kontinuierliche Erscheinen jiddischer und hebräischer Ausgaben von »Ma'ase Akdamut« und auch illustrierter Versionen für Kinder durch chassidische Verleger in Jerusalem und Brooklyn. Diese »*Akdamut*«-*Geschichten* sind jedoch Nachdrucke von stark abgeschwächten Fassungen, die im 19. Jahrhundert im Ostjiddischen zirkulierten. Sie sind fast gänzlich um ihre subversive Botschaft aus der altjiddischen Überlieferung bereinigt, wodurch schließlich auch der eigentümliche Name »Rote Juden« wegfiel.

Ein Jude aus dem Land jenseits des Sambatjon beugt während des magischen Wettstreits einen Baum zu Boden, aus dem hebräisch-jiddischen Kinderbuch *Me-ever le-Sambatyon* (Jerusalem, o. J.), The National Library of Israel, Jerusalem, 95 A 4479, S. 16

☞ Nach der Besetzung Prags im Jahr 1939 planten die Nationalsozialisten die Errichtung eines »Jüdischen Zentralmuseums«. Sie zwangen den bekannten Maler und Zeichner Fritz (Bedřich) Lederer, für dieses Museum Zeichnungen jüdischer Rituale anzufertigen. Diese Kreidezeichnung unterscheidet sich von anderen Aufträgen, denen Lederer als vormals jüdisches Mitglied des Deutschen Künstlerbundes nachkommen musste. Sie zeigt einen Golem als geformte, gesichtslose Figur, die auf die Betrachtenden zuläuft. Er wirkt mächtig und hilflos zugleich: Beschützt er Prag vor den Nationalsozialisten? Greift er sie gar an? Oder flieht er vor ihnen?

Golem, Fritz (Bedřich) Lederer (1878–1949), Prag, 1944, Kreide, 23 x 16 cm, Židovské muzeum v Praze / Jüdisches Museum in Prag, 063.748

Diese Zeichnung entstand in Reaktion auf die rechtsextremen Aufmärsche im August 2017 in Charlottesville, bei denen die Gegendemonstrantin Heather Heyer getötet wurde. Die in Berlin lebende Künstlerin Shoshannah Brombacher gestaltete mit ihr eine »jüdische Antwort« auf den Mord. Im Zentrum der Zeichnung steht eine Golem-Figur, die Seite an Seite mit denjenigen Menschen kämpft, die sich gegen den nationalistischen, weißen Suprematismus auflehnen. In der Figur kommt nicht nur der Gedanke von Rache, sondern auch ihr Bewusstsein für die Bedeutung von Allianzen zum Ausdruck.

The Golem of Charlottesville. A Jewish Answer to the Riots, Shoshannah Brombacher, Berlin, 2020, Kreide und Tinte auf Papier, 42 x 28 cm, Jüdisches Museum Frankfurt, Foto: Herbert Fischer

☞ S. 74 Dieser Druck soll dem Schutz des frisch geborenen Kindes und seiner Mutter dienen. Es handelt sich um ein Amulett, das mit Psalmen und rabbinischen Formeln die Dämonin Lilith abwehren soll. Der Legende nach schwor die erste Frau Adams mit Namen Lilith, ihm und seiner neuen Frau Eva sowie allen Nachgeborenen Schaden zuzufügen, um sich so für ihre Vertreibung aus dem Garten Eden zu rächen. Eingelassen ist der Druck in einen versilberten Rahmen, der mit Inschriften versehen ist, die Lilith als Dämonin vertreiben sollen.

Amulett für Wöchnerinnen zur Abwehr von Lilith, Papier, gedruckt; Metall, versilbert und gegossen auf dem Rahmen, Budapest, 1875–1922, Jüdisches Museum Frankfurt, Foto: Herbert Fischer

☞ S. 75 Die israelische Performerin, Sängerin und Klangkünstlerin Victoria Hanna bringt in einer akustischen Auftragsarbeit das »Amulett für Wöchnerinnen zur Abwehr von Lilith« zum Sprechen. Die Auseinandersetzung mit Lilith und Amuletten zur Abwehr von ihr sind ein zentrales Thema der Künstlerin in Auseinandersetzung mit jüdischen Traditionen und Legenden.

Victoria Hanna, Foto: David Adika

⊸⊢ **Daniel Laufer**

Der Golem zwischen jüdischer Selbstermächtigung und Zuschreibung

Für meine intermediale Rauminstallation »Redux«, die 2016 im Jüdischen Museum Berlin gezeigt wurde, beschäftigte ich mich mit der Golem-Legende. Während der Zeit des Nationalsozialismus soll es einen Golem auf dem Jüdischen Friedhof Weißensee in Berlin gegeben haben, der die Nazis davon abhielt, diesen Ort wie so viele andere zu zerstören. Ob das stimmt oder nicht, können wir Heutigen nicht mehr beurteilen. Überliefert ist jedoch, dass auf diesem Friedhof noch bis kurz vor Ende des Zweiten Weltkriegs Bestattungen nach jüdischem Brauch stattfanden. In den Mausoleen des Friedhofs sollen außerdem einige verfolgte Juden Schutz gefunden haben. Auch der Großteil von über 500 Torarollen, die von Mitgliedern der jüdischen Gemeinde aus Furcht vor einer Konfiszierung durch die nationalsozialistischen Behörden in der alten Trauerhalle versteckt worden waren, überdauerten hier den Zweiten Weltkrieg (das ist auch darum erstaunlich, da im zunächst sich ausweitenden nationalsozialistischen Machtgebiet Judaika systematisch konfisziert und in großen Mengen nach Prag ins Jüdische Zentralmuseum geschafft wurden, um dort Adolf Eichmanns Gründung des »Museums einer untergegangenen Rasse« voranzutreiben).

Über die Gründe der Duldung der Selbstverwaltung des Jüdischen Friedhofs in Berlin-Weißensee durch die nationalsozialistische Herrschaft lässt sich aus heutiger Perspektive nur noch spekulieren. Gab es – wie Gerüchte es wollen – unter den verantwortlichen Nationalsozialist*innen Berlins tatsächlich eine abergläubische Angst oder zumindest einen gewissen Respekt vor einem als bedrohlich empfunden Golem, der möglicherweise als jüdischer Rachegeist auf dem Friedhof zu befürchten war? Jedenfalls fungierten die Sets in meinem Film als erweiterte Projektionsräume, in denen sich unterschiedliche Verzweigungen der Geschichte und Entwicklung der Golem-Figur überlagern und neu erzählen.

Wie viele jüdische Held*innen hat auch die Figur des Golems eine doppelte Rolle gespielt. Während der Golem für Antisemiten das Symbol jüdischer Produktion seelenloser Artefakte ist, der Inbegriff zersetzender jüdischer Intellektualität und Weltbeherrschung, war er für Jüdinnen und Juden ein Sinnbild der Selbstermächtigung. Für sie verkörperte der Golem eine Chance, in der oftmals feindlichen Umgebung zu überleben, beschützt zu werden oder sich gar zur Wehr zu setzen. Heutzutage taucht der Golem in unterschiedlichen Formen in der Populärkultur auf. Beispielsweise in Quentin Tarantinos »Inglourious Basterds«, wo man Hitler angsterfüllt klagen hört:

> Do you know the latest rumor they've conjured up, in their fear-induced delirium? The one that beats my boys with a bat. The one they call »the Bear Jew« ... is a golem.[1]

Aber eins nach dem anderen. Das Wort »Golem« findet sich erstmals in Psalm 139,16 und bedeutet dort schlicht »formloses Wesen«.[2] Im Talmud (Sanhedrin 65b) tritt der Golem dann zum ersten Mal als belebtes, aber stummes Wesen auf.[3] Der talmudische Text zeigt hier an, dass die Schaffung eines künstlichen Wesens aus religiöser Perspektive akzeptabel wäre, gibt aber keine Hinweise darauf, wie eine technische oder rituelle Umsetzung aussehen würde. Konkrete Anleitungen zur Erschaffung eines Golems finden sich dann erst im Mittelalter in den Kommentaren zum »Sefer Yezira«, dem Buch der Schöpfung, das die Permutation (Vertauschung) von Buchstaben zur Belebung unbelebter Materie empfiehlt.[4] Die älteste und noch sehr rudimentäre Version der Golem-Legende findet sich in folgender knapper, ursprünglich hebräischer Beschreibung des Chelmer Golems aus dem 17. Jahrhundert:

> Und ich habe auf bestimmte Weise von mehreren angesehenen Personen ausdrücklich gehört, dass ein Mann, der in zeitlicher Nähe zu uns in der heiligen Gemeinde von Chelm (lebte), namens Rabbi Eliyahu, der Meister des Namens, ein Geschöpf aus Materie (Golem) und Form (zura) geschaffen hat; es leistete über einen langen Zeitraum harte Arbeit für ihn, und der Name Emet hing um seinen Hals; schließlich entfernte er aus einem bestimmten Grund den Namen von seinem Hals, so dass es [das Geschöpf] wieder zu Staub wurde.[5]

Der Sohn des Rabbi Eliyahu von Chelm, Chacham-Zvi, widmete sich dem Status des Golems beim Gebet – etwa, ob man den Golem zum *Minjan* (dem Quorum von zehn erwachsenen Männern zum Gebet) zählen kann. In der »Megilat Sefer« berichtet Jacob Emden über seinen Großvater Rabbi

1 Quentin Tarantino, *Inglourious Basterds*, USA 2009.

2 Tehilim Schma Kolenu, Psalm 139,16, Verlag Morascha, Basel, S. 421.

3 Babylonischer Talmud, Sanhedrin, 65b.

4 Sefer ha-Gematriot (Buch der Buchstabenkombinationen), in: Abraham Epstein, *Beiträge zur jüdischen Alterthumskunde*, Ch. D. Lippe, Wien 1887, S. 122–123.

5 Übersetzung nach Moshe Idel, *Golem*, Jüdischer Verlag im Suhrkamp Verlag, S. 303–304.

Redux, Jüdisches Museum Berlin, »Golem«, 2016, © Daniel Laufer

Eliyahu von Chelm, dass dieser für die Erweckung kein Amulett, sondern ein Pergament verwendet habe, das er dem Golem an der Stirn befestigte. Als dieser immer größer geworden sei, habe der Großvater ihm das Pergament von der Stirn gerissen und dabei einen Kratzer im Gesicht davongetragen, bevor der Golem zu Staub zerfiel.[6] Hier zeigen sich schon Grundzüge der Erzählung, die die jüdische Golem-Legende bis in die Gegenwart ausmachen.

Auf der nichtjüdischen Seite waren es vor allem deutsche christliche Romantiker, die die Golem-Legende aufgriffen. So wurde die Chelmer Golem-Legende 1674 durch Christoph Arnold in einem Brief bekannt gemacht.[7] Aber im Gegensatz zur hebräischen Version stirbt der Rabbiner von Chelm bei der Vernichtung des Golems. Diese Version wurde von Johann Jacob Schudt in seiner Anthologie »Jüdische Merkwürdigkeiten« 1714[8] popularisiert und 1808 von Jakob Grimm[9] aufgegriffen, gefolgt von Achim von Arnim 1812[10] und von E. T. A. Hoffmann (1822)[11]. Nicht zuletzt aufgrund des herrschenden Antisemitismus wurde der Golem in den Versionen der Romantiker vorwiegend negativ dargestellt, wobei das Golem-Motiv zunehmend zum Inbegriff jüdischer Fremdheit wurde. In einer Zeit, als der jüdischen Minderheit zunehmend Bürgerrechte zugestanden wurden, half diese negative Charakterisierung des angeblichen fremden »jüdischen Wesens« den Romantikern, ein positives Gegenbild des »Deutschen« zu entwerfen.

Ab Mitte des 19. Jahrhunderts trat der Golem in Verbindung mit der auch heute noch populären Figur des Rabbi Yehuda Löw aus Prag in Erscheinung und wurde auch für jüdische Autoren ein Bezugspunkt, um sich kreativ mit

6   Jakob Emden, *Megilat Sefer,* hg. von David Kahana, Warschau 1896, S. 4.

7   Wilhelm Ernst Tentzel, *Monatliche Unterredungen von allerhand Büchern,* 1. Jahrgang 1689, S. 145 f.

8   Jakob Schudt, *Jüdische Merkwürdigkeiten,* Band II, Buch IV, Frankfurt 1714, S. 206–208.

9   Jakob Grimm, in: Zeitung für Einsiedler, April 1808 (Nr. 7, S. 56), *Kleinere Schriften,* Bd. IV, Berlin 1869, S. 22.

10   Achim von Arnim, *Isabella von Ägypten, Kaiser Karl des Fünften erste Jugendliebe,* Stuttgart 1997.

11   E. T. A. Hoffmann, Die Geheimnisse, Frankfurt a. M. 1996.

den eigenen Traditionen und Überlieferungen auseinanderzusetzen. Warum die Erschaffung des Golems gerade Rabbi Yehuda Löw zugeschrieben wird, lässt sich dabei nicht eindeutig nachvollziehen.[12] Eine bemerkenswerte Wechselwirkung zwischen literarischer Fiktion und religiöser Praxis findet sich aber im Falle der Altneu-Synagoge in Prag, wo man in Reaktion auf die Golem-Legende, die Arnold Auerbach in seinen Roman »Spinoza« (1837)[13] aufgenommen hatte, am Schabbat Psalm 92 wiederholte – ebenjenes »Shabbatliche Brautlied« aus folgendem Zitat:

> Jedes Mal am Freitagabend nahm ihm sein Herr das Pergament aus dem Kopfe, dann war er wieder Lehm bis Sonntagmorgens. Einst hatte der Rabbi diese Vorrichtung vergessen. Alles war in der Synagoge, man hatte soeben das Shabbatliche Minnelied begonnen, da stürzten Frauen und Kinder in die Versammlung und schrien: der Golem, der Golem zerstört alles. Sogleich befahl der Rabbi dem Vorsänger, mit dem Schlusse des Gebetes innezuhalten, jetzt sei noch Rettung möglich, später aber könne er nicht wehren, dass die ganze Welt zerstört würde. Er eilte nach Hause und sah, wie der Golem eben die Pfosten seines Hauses erfasst hatte, um das ganze Gebäude einzureißen; er sprang hinzu, nahm ihm das Pergament und toter Lehm lag wieder vor seinen Füßen. Von dieser Zeit an betet man in Prag das Shabbatliche Brautlied stets zweimal.[14]

Im Jahr 1909 publizierte der chassidische Rabbi Yehudah Yudel Rosenberg in seiner auf Hebräisch verfassten Sammlung »Die Wundertaten des MaHaRal von Prag« die wohl populärste Version der Legende von Golem und Rabbi Löw.[15] Rosenberg gab an, sich auf ein Manuskript von 1538 zu beziehen, das er in der Bibliothek von Metz entdeckt habe und das die »wahre Geschichte« von Rabbi Löw wiedergebe. Es ist unklar, welche Bibliothek und welche Quelle Rosenberg meint. In dieser Version rettet der Golem die Juden im Prager Ghetto vor ihren Feinden und etabliert so das fortan zunehmend populäre Beschützermotiv. In der positiven Darstellung kann man aber auch die Absicht des Autors erkennen, in Zeiten jüdischer Aufklärung (Haskala) einer jüngeren Generation traditionelle jüdische Werte zu vermitteln. Diese scheinen ihm wichtiger als die historischen Ungenauigkeiten, aus denen man erkennen kann, dass der Autor Prag nie gesehen hat.

Charakteristisch für diese modernen und modernisierten Versionen der Golem-Legende ist, dass sie dem aggressiven Antisemitismus der damaligen Zeit den Golem als Retter entgegensetzten, dem das spezielle Verhältnis von Gott und Juden durch das Wort Emet (תמא, »Wahrheit«) in seine Stirn eingeschrieben ist. In dieser Schöpfung wird der Golem durch das Wort Emet belebt. Seine Aufgabe ist es, die jüdische Bevölkerung vor seinen Feinden zu schützen, die ganz unzweideutig in der Umgebung ihrer Wohnstätten leben – die nichtjüdischen europäischen Gesellschaften. Entfernt man den Buchstaben Alef, so entsteht das Wort Met (תמ, »Tod«) – und der Golem wird wieder zu lebloser Materie.

12   Moshe Idel, *Golem,* Jüdischer Verlag im Suhrkamp Verlag, S. 361.

13   Bertold Auerbach, *Spinoza,* Stuttgart 1837, S. 18–20.

14   Ebd.

15   Yudel Rosenberg, *Niflaòt Maharal mi-Prag* (Die Wundertaten des Rabbi Löw von Prag), Piotrkow 1909.

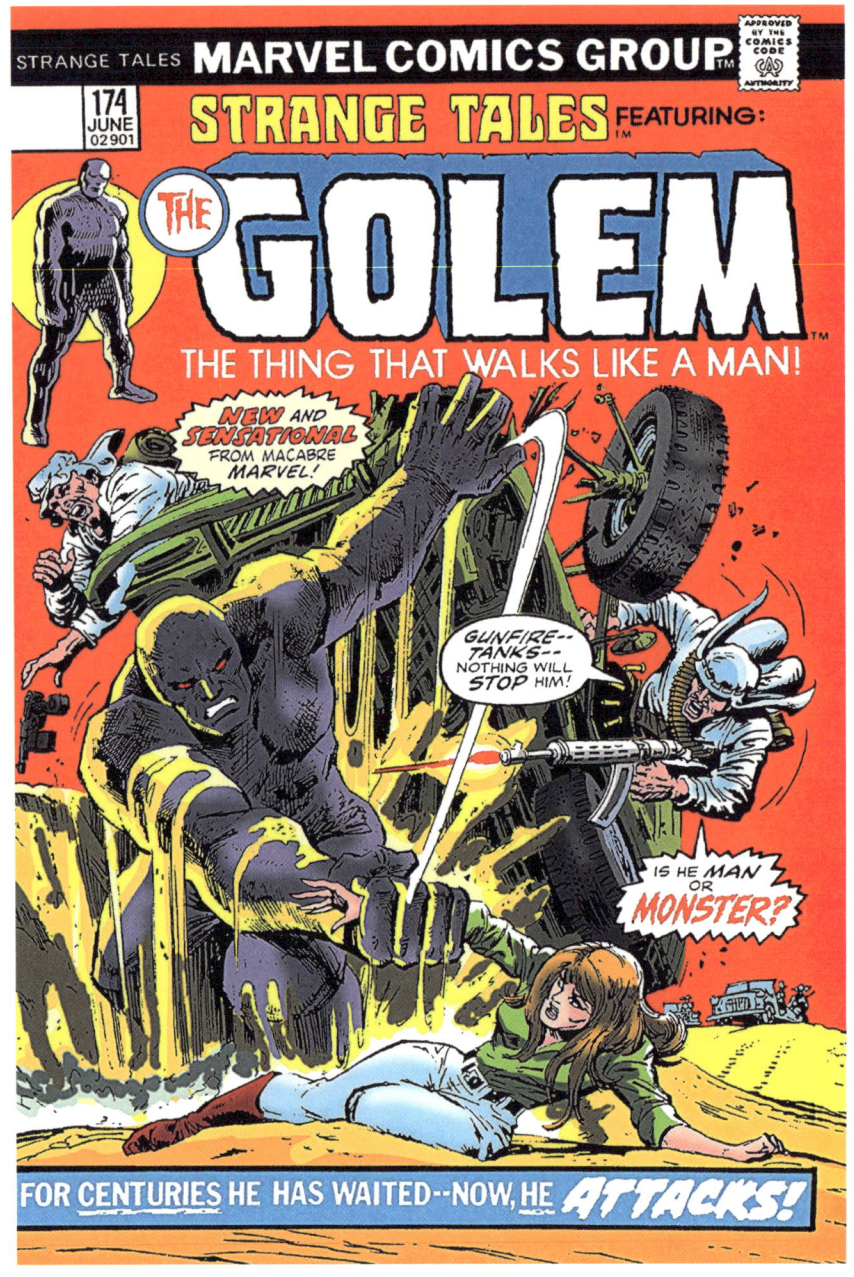

Der Golem auf dem Cover von Strange Tales #174, Gil Kane, Dick Giordano, Tony DeZuniga, Johan Romlita, 1974, Marvel Comics

Zeitgleich zur jüdischen Umdeutung des Golems als Retter ging auch die nichtjüdische Um- und Fortschreibung der Legende weiter. Gustav Meyrinks Roman »Der Golem« (1915)[16] machte die Figur einer breiten Öffentlichkeit bekannt. Es überrascht wenig, dass der Text zugleich von vielen antisemitischen Klischees durchdrungen ist und den Golem als eine Figur gespenstischer Erinnerung in Form des ewig wandernden Ahasver literarisierte. Der Golem wird hier zum Ausdruck der Unheimlichkeit der Juden zu Beginn des 20. Jahrhunderts.

Die Popularität des Golems, angeheizt auch durch einen grassierenden Antisemitismus, zeigt sich noch deutlicher in Paul Wegeners Golem-Film (1920).[17] Wegener verband die Golem-Legende mit dem goethischen Faust-Motiv und bediente sich eindeutiger antisemitischer Klischees: Rabbi Löw wird in dem Film als Schwarzmagier mit Judenhut dargestellt, der Golem wird nicht durch Buchstabenkombinationen der heiligen Sprache belebt, sondern über Teufelsbeschwörung und über die Zwischentitel erfährt der Zuschauer des Stummfilms, dass der Golem von einem tessalischen Zauberer hergestellt worden sei, was den Golem sogar noch aus der jüdisch-religiösen Tradition herauslöst. Es sollte außerdem angemerkt werden, dass das Kostüm des Golems die zukünftigen Darstellungen so weitgehend prägte, dass es uns selbst in einem Gastauftritt bei den »Simpsons« 2006 wiederbegegnet.[18]

Es wäre allerdings ein Fehler, zu glauben, dass die jüdische Erzählung damit überschrieben wäre. So drehte Julien Duvivier 1936 den Film »Le Golem«[19], der auf Rosenbergs Golem-Legende Bezug nimmt und als Film gegen die zunehmende Verfolgung der jüdischen Bevölkerung in Nazideutschland gelesen werden kann. Hier erscheint der Golem am Ende des Films mit Cape und läutet damit das Zeitalter der Superhelden ein, so wie wir sie heute kennen. Es waren nämlich vor allem jüdische Comic-Pioniere, die in den späten 1930er und 1940er Jahren Motive des Golems aufgriffen und als übermächtige Rache-Figur neu erfanden: die Superman-Erfinder Jerry Siegel und Joe Shuster oder Joe Simon und Jack Kirby, die mit Captain America den Grundstein der Avengers und des Marvel-Universums legten, in denen der Golem mehrfach auftrat. Diese Figuren können als mehr oder weniger hilflose Formen der künstlerischen Rache verstanden werden. So fingen Superman und Batman an, Nazis zu jagen. Und das erste Cover von

16 Gustav Meyrink, *Der Golem,* Leipzig 1915.

17 Paul Wegener, *Der Golem, wie er in die Welt kam,* PAGU-Ufa 1920.

18 The Simpsons, Episode *Treehouse of Horror XVII,* 2006.

19 Julien Duvivier, *Le Golem,* Frankreich/CSSR 1936.

20 Joe Simon and Jack Kirby, *Captain America,* Captain America Comics, 1941.

21 Michael Chabon, *The Amazing Adventures of Kavalier & Clay,* Random House 2000.

22 Doron Paz, Yoav Paz, *The Golem,* Israel 2018.

»Captain America« zierte gar eine Szene, bei der der Superheld Adolf Hitler einen saftigen Faustschlag verpasst.[20] Zugleich sind die Comics auch Gegenentwürfe zum antisemitisch geprägten Stereotyp des wehrlosen, passiven Schtetl-Juden. Diese Nachricht kam an. So ließ Propagandaminister Joseph Goebbels die Verbreitung dieser Action-Comics verbieten und vermerkte, Superman sei »ein Jude«. 1941 legte die deutsche Botschaft Protest gegen das Cover der ersten Ausgabe von »Captain America« ein. In dieser Zeit spielt auch der lesenswerte Roman »The Amazing Adventures of Kavalier & Clay« (2000) von Michael Chabon.[21]

Nach der Schoa nahmen sich jüdische Künstler*innen und Autor*innen vermehrt des Golems an. Endlich tauchen auch weibliche und von Frauen geschaffene Golems auf, wie in dem Folk-Horror und Creature-Feature »The Golem« (2018)[22] von Doron und Yoav Paz. Die Hautdarstellerin Hannah erschafft hier einen Golem in Kindergestalt. Er erscheint in einer Form, die den jüdischen Golem in seinem Wesen ausmacht: als Emanzipationsfigur, als Verbindung zum jüdischen Kollektivgedächtnis, als Zeichen der Zerstörung jüdischen Lebens, als Dekonstruktion nichtjüdischer Zuschreibung und als Erneuerung jüdischer Kultur und Selbstermächtigung. Die konkrete Form ist dabei Ergebnis der Umstände, in denen die unbelebte Masse des Golems zum Leben erweckt wird. Und damit ist der Golem auch ein Symbol für die Kunst selbst, die zu jedem Zeitpunkt neu auf die Herausforderungen und Bedrohungen der Gegenwart reagiert. Wenn es sein muss, auch mit Rache.

☞ S. 82 Hoyum Moyses kam als 14-Jähriger als Holz- und Wasserträger nach Frankfurt am Main. Ein Fleischer vermittelte ihn auf das Jesuitenkollegium nach Ingolstadt, wo Hoyum Moyses zwei Jahre später getauft wurde und eine Schneiderlehre begann. Er schlug eine kriminelle Laufbahn als Dieb und Einbrecher ein. 1724 wurde er zu einer Zuchthausstrafe verurteilt, die aber erlassen wurde, als er sich der brandenburgischen Armee anschloss. Nach Desertion und erneuter Verhaftung wurde er 1736 hingerichtet.

Hoyum Moyses, vulgo Johan Ingolstädter ein Erz-Dieb, Kupferstich aus: Paul Nicolaus Einert, Entdeckter Jüdischer Baldober, Oder Sachsen-Coburgische Acta Criminalia Wider eine Jüdische Diebs- und Rauberbande, Coburg, 1737, Foto: Universitätsbibliothek Freiburg i. Br.

☞ S. 83 Abraham Picard (um 1775–1807), der „König der Mitternacht" genannt wurde, war einer der Anführer einer großen Räuberbande mit überwiegend jüdischen Mitgliedern, die in Deutschland, Nordfrankreich und Belgien aktiv war. Der Comic zeichnet die Begegnung zwischen Abraham Picard und dem latent antisemitischen „Schinderhannes" Johannes Bückler nach. Der gemeinsam durchgeführte Raubzug, bei dem sich die Räuber als französische Marodeure tarnen, verläuft erfolgreich. Danach betrügt allerdings der Schinderhannes, der von der Zeichnerin als eitler Hasenfuß karikiert wird, den jüdischen Räuberhauptmann um seine Beute.

Tine Fetz, *Abraham Picard*, Comic für den Sammelband *„Nächstes Jahr in"*, Mainz, Ventil Verlag 2021, Tine Fetz, Berlin

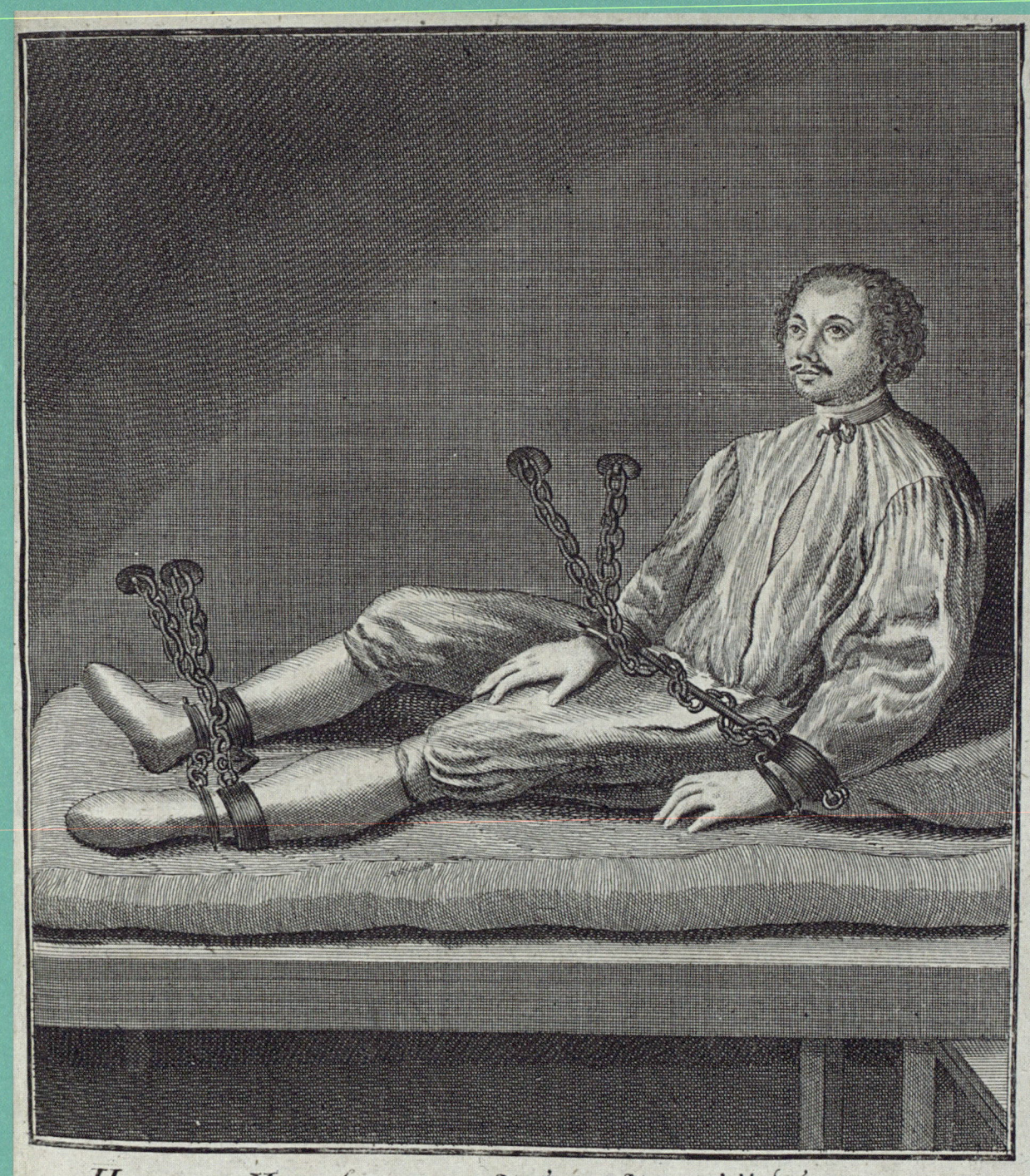

Hoyum Moyses, *vulgo* Johann Ingolstädter,
ein Ertz-Dieb.
8. Köpff lang

SMYRNA MIHI PATRIA EST:IVDÆA EX GÉTE PARÉTES
PYRATAM EMENSI ME TVLIT VNDI SALI.

SINAN

CŒFVT.

DVM REDVCEM OPTATIS COMPLEXIB'IMPLICO NATVM
ME .SVBITA EXTINXIT MORS FERA LÆTITIA.

To Aunt Minnie +
Uncle Rube
Sid
2E RYANT
N.J.
Nat Arno

NAT ARNO
NEWARK'S LIGHTWEIGHT CONTENDER
Direction GIDDY GELTZEILER
68 Bank Street, Newark, N.J. -- Phone: Market 8704

S. 84 Sinan Reis (= Kapitän Sinan, auch: Sinan der Jude, Cifut Sinan) wurde in Smyrna als Nachkomme sephardischer Flüchtlinge aus Spanien geboren. Er segelte als Pirat unter der osmanischen Flagge und stieg zum Befehlshaber unter Großadmiral Khair ad-Din Barbarossa auf. Sinan nahm 1538 an der Seeschlacht von Preveza teil, bei der die vereinigte päpstliche, spanische und venezianische Flotte eine entscheidende Niederlage erlitt. Später unternahm er Raubzüge an der italienischen und sizilianischen Küste.

Sinan Reis, Kupferstich aus: Jean Jacques Boissard, Leben vnd Contrafeiten der Türckischen vn[d] Persischen Sultanen von Osmane an, biß auff den jetztregierenden Sultan Mahumet II. ..., Frankfurt, 1596, Universitätsbibliothek Marburg

S. 85 In den 1930er Jahren gewann die nationalsozialistische Bewegung auch in den USA an Boden. Einer der bekanntesten Sympathisanten war der *Amerikadeutsche Bund,* der in verschiedenen Städten Amerikas agierte. Einen Ableger fand die Gruppierung in Newark, New Jersey. Für die dortige jüdische Gemeinschaft stellten ihre Aktivitäten eine Bedrohung dar. Da von staatlicher Seite keine Einschränkungen erfolgten, ergriff eine Gruppe rund um den ehemaligen professionellen Boxer Nat Arno selbst die Initiative. Die Gruppe nannte sich *Minutemen.*

Signierte Fotografie von Nat Arno, eigentlich: Sidney Nathaniel Abramowitz, (1910–1973), Organisator der »Minutemen«, 1926, The Arnold Family, Kalifornien

Bugsy Siegel ist neben Meyer Lansky einer der bekanntesten jüdischen Gangster, der in den 1920er und 1930er Jahren aktiv war. Siegel wird der *Kosher Nostra,* einer Vereinigung mehrheitlich jüdischer Verbrecher, zugeordnet. In den 1930er Jahren wurde Siegel aber auch dafür bekannt, gegen den amerikanischen Nazismus zu kämpfen. So bat etwa Nathan Perlman, ein jüdischer Anwalt aus New York, die Gangster rund um Lansky und Siegel um Hilfe, um die antisemitischen Kundgebungen und Aufmärsche zu sabotieren.

FBI-Fahndungsposter von Bugsy Siegel, 1939, The Mob Museum, the National Museum of Organized Crime & Law Enforcement, 2013.015.037

WANTED

Benjamin "Bugsy" Siegel

On December 1, 1939, WILLIAM F. MURPHY, Attorney General of the United States, under the authority vested in him by an Act of Congress approved on November 28, 1939, offered a reward of

$6,000⁰⁰

for the capture of Benjamin Siegel or a reward of

$3,000⁰⁰

for information leading to the arrest of Benjamin Siegel.

All claims to any of the aforesaid rewards and all questions and disputes that may arise as among claimants to the foregoing rewards shall passed upon by the Attorney General and his decisions shall be final and conclusive. The right is reserved to divide and allocate portions of any of said rewards as between several claimants. No part of the aforesaid rewards shall be paid to any official or employee of the Department of Justice.

If you are in possession of any information concerning the whereabouts of Benjamin Siegel, communicate immediately by telephone or telegraph collect to the nearest office of the Federal Bureau of Investigation, United States Department of Justice.

The apprehension of Benjamin Siegel is sought in connection with the murder of Harry "Big Greenie" Greenberg on November 22, 1939.

JOHN EDGAR HOOVER, DIRECTOR
FEDERAL BUREAU OF INVESTIGATION
UNITED STATES DEPARTMENT OF JUSTICE
WASHINGTON, D.C.

DECEMBER 1, 1939

Christoph Ostermann

Loser und Kriminelle
Ein Blick auf die anderen Juden

Wer kennt sie nicht, die »berühmten Juden« wie Hans Rosenthal, Hannah Arendt, Nelly Sachs, Franz Kafka, Max Liebermann, Albert Einstein, Theodor Herzl, Gustav Mahler, Moses Mendelssohn, Joseph Süß Oppenheimer, Jesus oder Moses? Bei Glikl bas Judah Leib, bekannt auch als »Glückel von Hameln«, wird es schon schwieriger, und das, obwohl von ihr als einer der ersten Frauen in Europa eine Autobiografie vorliegt. Aber wie erging es den anderen Jüdinnen und Juden ihrer Zeit, die nicht die Gelegenheit hatten, entsprechende Selbstzeugnisse zu hinterlassen? Wie erging es den größtenteils in bitterer Armut lebenden jüdischen Familien? Wie hielten sie sich, am Rande der christlichen Gesellschaft lebend, über Wasser? Nicht wenige von ihnen taten das, was auch viele ihrer ebenfalls darbenden christlichen Nachbarn taten: Sie zogen umher und baten um Almosen oder wurden kriminell[1] und schlossen sich Diebesbanden an.

In der Geschichtswissenschaft werden jüdische Delinquenten nur gelegentlich zum Objekt des Interesses erhoben. Und doch erzählen sie – sowohl als Minderheit in der Randgruppe der Kriminellen als auch als eine Subkultur in der Minderheit der Juden – von einer Lebensrealität, die einer genaueren Betrachtung auch im Kontext einer Ausstellung zur Geschichte der jüdischen Rache mehr als würdig ist. Unter Berücksichtigung der doppelten Marginalisierung als Juden und Kriminelle gelingt es auch, ein wenig Licht in die

1 Zu den Begriffen »delinquent« und »kriminell« vgl. Kühn, Christoph: *Jüdische Delinquenten in der Frühen Neuzeit*, Potsdam 2008, S. 13 f.

Lebenswirklichkeit der unerhört realen Juden in den Medinot Aschkenas[2] zu bringen, auf die Gershom Scholem 1959 hinwies:

> Man behandelte grundsätzlich nicht, was im Keller vorging;
> man betrachtete nur, worum es sich im Salon, zwischen der
> Bibel und Luther, zwischen Hermann Cohen und Kant, zwi-
> schen Steinthal und Wilhelm von Humboldt handelte. Daß es
> aber auf den verschiedensten Gebieten »im
> Untergeschoß« genau die gleichen Beziehungen
> gab, Beziehungen unerhört realer Natur, in einer
> allerdings nicht immer, oder überhaupt nicht im
> »Salon« zulässigen oder vertretbaren Art, das
> übersah man.[3]

Nach Rudolf Glanz, Daniel J. Cohen und Monika Richarz sind nur wenige andere Forscher*innen in den »Keller« der europäisch-jüdischen Geschichte gegangen und doch gibt es dort einiges zu entdecken.[4] Da wäre von der veränderten Siedlungsstruktur der Juden in der Frühen Neuzeit, der Entstehung des Landjudentums, zu berich-ten. Das Leben auf dem Lande wurde zur Lebensform der meisten Jüdinnen und Juden. Dieses hatte mit den »Landjudenschaften« neue innerjüdische Organisations-strukturen hervorgebracht, die vielerorts das Fehlen von jüdischen Gemeinden kompensieren sollten. Daran hat-ten auch die spätmittelalterlichen Vertreibungen aus den deutschen Städten teil, mit denen für die meisten Jüdin-nen und Juden ihre urban geprägten Erwerbsstrukturen verlorengegangen waren. Die obrigkeitlichen Berufs-restriktionen gegenüber den Jüdinnen und Juden in der Frühen Neuzeit hatten obendrein dazu geführt, dass nichtzünftische Berufe wie die Pfandleihe oder der Geldverleih die Haupterwerbszweige unter den Juden geworden waren. Mobilität und überregionale Verbindungen bildeten Grundbedingungen dieses Wirtschaftsgebarens. Dennoch muss unterstri-chen werden, dass der ökonomische Niedergang weiter Teile der jüdischen Einwohnerschaft in Aschkenas zu einer großen Armut führte.

Die Schwierigkeiten, mit denen sich die Landjuden tagtäglich konfrontiert sahen, waren nicht nur wirtschaftlicher und politischer Natur, sondern rühr-ten auch von antijüdischen Ressentiments der Christen her. Der Hausierer Ascher Lehmann (1769–1858) aus Oberfranken schildert in seiner Autobio-grafie eine entsprechende Begebenheit:

> Aber wie ich zu meines Vaters Bekanntschaft kam und meine
> Ware anbot, da hieß es einstimmig von den katholischen
> Bauern und ihren Frauen und Töchtern: »O du hübscher
> Mensch, es ist doch schade, daß du in die Hölle und das Fege-
> feuer kommst, laß dich taufen!« Ich packte meine Ware ein und
> verließ ihr Haus. So ging es mir in vielen Häusern und Dörfern

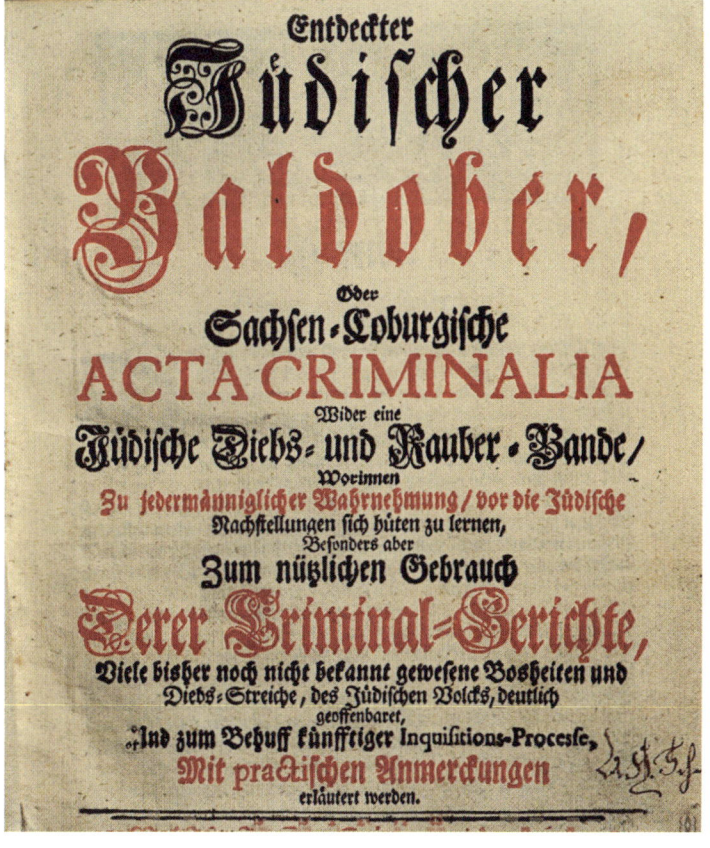

Entdeckter Jüdischer Baldober, oder Sachsen-Coburgische Acta Criminalia, Coburg, 1737, Joh. Georg Steinmarck, privil. Buchh., München, Bayerische Staatsbibliothek – Res/4 Crim. 7 t

2 Damalige hebräische Bezeichnung für »deutschsprachige Länder«.

3 Scholem, Gershom: »Wissenschaft vom Judentum einst und jetzt«, in: *Judaica 1*, Frankfurt/M. 1997, S. 157.

4 Glanz, Rudolf: *Geschichte des niederen jüdischen Volkes in Deutsch-land. Eine Studie über historisches Gaunertum, Bettelwesen und Vaganten-tum*, New York 1968; Cohen, Daniel J.: *Die Landjudenschaften in Deutschalnd als Organe jüdischer Selbstverwaltung von der frühen Neuzeit bis ins neun-zehnte Jahrhundert*, 3 Bände, Jerusalem 1996–2003; *Jüdisches Leben auf dem Lande. Studien zur deutsch-jüdischen Geschichte*, hg. von Monika Richarz und Reinhard Rürup, Tübingen 1997.

unterwegs. Jungen, die Kühe oder Schweine hüteten, riefen mir zu: »Jud, mach Mores!« Wenn ich nicht gleich meinen Hut abnahm, warfen sie mit Steinen nach mir. Ich kam nach Hause, weinte und sagte: »Dieses Benehmen halte ich nicht aus, ich gehe nicht wieder aufs Land zu den Reschoim.« Sie waren aber nicht eigentlich Judenfeinde. So ging ich in eine andere Gegend, wo mehr Lutheraner waren. Da war aber nichts zu verkaufen. (…) So schlenderte ich bis Schawuot herum, ohne daß ich einen Taler verdienen konnte.[5]

Anhand von Quellen aus den Landjudenschaften kann gezeigt werden, inwiefern die große Zahl der jüdischen Armen die jüdische Gemeinschaft belastete oder auch überforderte. So ergibt sich der Befund, dass oftmals die Versorgung von Bedürftigen, wie sie die Zedaka[6] gebietet, nicht mehr gewährleistet werden konnte. Bereits in der zweiten Hälfte des 17. Jahrhunderts war die Versorgung der Bedürftigen für die jüdischen Gemeinden eine immer größere Last geworden, da durch die vor den Chmelnyzkyj-Pogromen aus Osteuropa ins Reich flüchtenden Juden die ärmste Schicht stark angewachsen war.

Welche Ursachen konnten dazu führen, dass ein Jude im frühneuzeitlichen Deutschland aus legalen Lebensumständen heraustrat und mittels delinquenter Tätigkeiten für seinen Unterhalt sorgte? Vermutlich waren weder allein die eingeschränkte Berufswahl noch die Armut der alleinige Grund für einen Lebenswandel, der sowohl von der christlichen wie auch von der jüdischen Gesellschaftsordnung abwich. Vielmehr scheint gerade das Zusammenspiel von ökonomischen und sozialen Faktoren das Leben jenseits des Gesetzes inspiriert zu haben. Die bisher am besten untersuchten Quellen über jüdische Delinquenten handeln zum größten Teil von Bandenkriminalität, dabei machten Eigentumsdelikte – wie insbesondere die Hehlerei – entsprechend der Handelstätigkeiten vieler Juden den überwiegenden Anteil der Delikte aus. Der Begriff Bande suggeriert zwar eine festgefügte Organisationsstruktur, eine solche ging dem Räuberwesen des Ancien Régime jedoch in der Regel ab. Vielmehr handelte es sich um locker gewebte soziale Beziehungsnetze, die eventuell einen harten Kern von wenigen Männern aufwiesen, die sich in verschiedenen Konstellationen zu verabredeten Vorhaben zusammenfanden.[7]

Diebstahl als Rache?

Neuere Untersuchungen konnten bei jüdischen Delinquenten – ob als Einzelperson oder als Bande – weder ein gegen die Gesellschaft gerichtetes Handeln noch eine Rebellion feststellen, wie dies in Teilen der Forschung angenommen wurde.[8] Politische oder ideologische Aussagen von jüdischen Delinquenten, die derartige Motive belegen könnten, sind nicht überliefert. Als Hauptursache für die Delinquenz erscheint die große wirtschaftliche

5   *Jüdisches Leben in Deutschland. Selbstzeugnisse zur Sozialgeschichte*, Bd. 1: 1780–1871, hrsg. von Monika Richarz, Stuttgart 1976, S. 91.

6   Hebräisch für Gerechtigkeit. Darüber hinaus eine Mitzwa (Gebot), die besagt, dass Gerechtigkeit im Sinne von Hilfe gegenüber Bedürftigen verpflichtend ist.

7   Vgl. Danker, Uwe: *Räuberbanden im Alten Reich um 1700. Ein Beitrag zu Geschichte von Herrschaft und Kriminalität in der Frühen Neuzeit*, Frankfurt/M. 1988; Rohrbacher, Stefan: »Räuberbanden, Gaunertum und *Bettelwesen*, in: *Köln und das rheinische Judentum. Festschrift Germania Judaica 1959–84*, hg. von Jutta Bohnke-Kollwitz [u. a.], Köln 1984, S. 117–124; Ulbrich, Claudia: Weibliche Delinquenz im 18. Jahrhundert. Eine dörfliche Fallstudie«, in: *Von Huren und Rabenmüttern. »Weibliche Kriminalität in der Frühen Neuzeit*, hg. von Otto Ulbricht, Köln [u. a.] 1995, S. 281–311.; Schwerhoff, Gerd: »Kriminalitätsgeschichte im deutschen Sprachraum«, in: *Kriminalitätsgeschichte. Beiträge zur Sozial- und Kulturgeschichte der Vormoderne*, hg. von Andreas Blauert und Gerd Schwerhoff, Konstanz 2000, S. 40.

8   Vgl. dazu die Diskussion in: Kühn, Christoph: *Jüdische Delinquenten in der Frühen Neuzeit*, Potsdam 2008, S. 88.

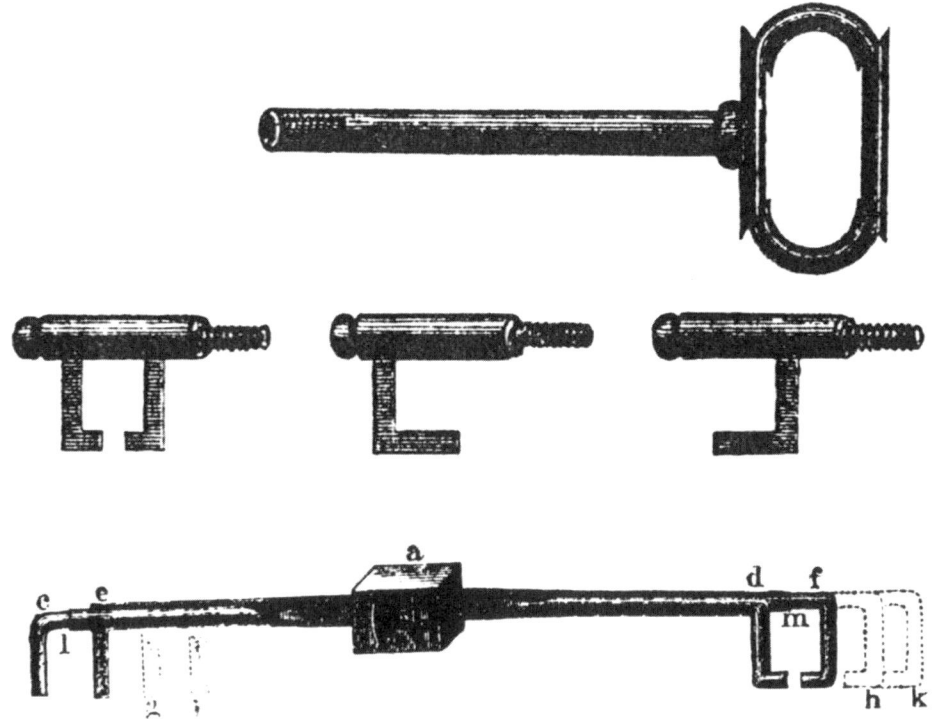

Ein Klamonitz (von hebr. Kli für Gerät und Omanut für Kunst), d. h. ein Kunstschlüssel bzw. ein Dietrich, Abbildung aus: Das deutsche Gaunertum in seiner sozialpolitischen, literarischen und linguistischen Ausbildung zu seinem heutigen Bestande, Leipzig 1858, Druck, Avé-Lallemant, Friedrich Christian Benedict

Notlage, daraus ergab sich unmittelbar der Zweck delinquenten Verhaltens, der darin bestand, diese Notlage zu mindern. Die jüdischen Delinquenten können allenfalls als Rächer oder Rebellen gelten, insofern sie die Not nicht resignierend erduldeten, sondern deviante und illegale Wege für ihren Broterwerb gingen. Grenzen zu überschreiten – auch jene christlicher oder jüdischer Gesetze – gehörte zum Leben jüdischer Delinquenten ebenso dazu wie die Matzen zu Pessach.

Die jüdischen Banden sind in der Forschung bisweilen mit einem leicht heroisierenden und romantisierenden Tenor beschrieben worden. Ob jüdische Delinquenten wirklich »von jeder Unterordnung gegenüber Personen« frei blieben, und ob die erforschten Quellen das Bild einer historischen »subversiven Aktivität ganzer Volksschichten gegen die depressiven Aspekte angedrohter Vernichtung« darstellen, muss indes bezweifelt werden.[9]

Obwohl sich vagierende jüdische und christliche Delinquenten auf der Landstraße begegneten und sich – wie auch unter anderen Fahrenden üblich – gegenseitig halfen oder sich zu Kleingruppen von zwei oder drei Personen zusammentaten, nahmen jüdische Banden nur in wenigen Ausnahmefällen christliche Delinquenten auf. Sie galten ihnen als nicht geschickt und verschwiegen genug und stellten somit ein Sicherheitsrisiko dar, das man seitens der jüdischen Banditen möglichst ausschließen wollte. In den polizeilichen Protokollen des Paul Nicol Einert von 1737 findet sich dazu folgende aufschlussreiche Passage:

> Ein böser Christ, welcher vom Stehlen Profession macht, wird selten ueber 4. bis 5. Jahr ohne gefangen und gehangen zu werden, bey solcher gottloser Lebens-Art sich zu konservieren wissen, da gegenueber unter denen Diebsjuden sehr viele von ihrer Jugend bis in das spaeteste Alter ihre Diebs-Streiche ganz

9 Rudolf Glanz hat diese Einschätzung unter dem Eindruck des Völkermords an den Juden Europas nach dem Zweiten Weltkrieg niedergeschrieben. Deborah Hertz erkennt in einer solchen Sichtweise die Tendenz zu einem »retroactive pessimism«, der möglichst vermieden werden müsse. Vgl. Glanz (wie Anm. 4), S. 115 und 261; Hertz, Deborah: »Contacts and Relations in the Pre-Emancipation Period – A Comment«, in: *In and Out of the Ghetto. Jewish-gentile relations in late medieval and early modern Germany,* hg. von R. Po-Chia Hsia und Hartmut Lehmann, Cambridge 1995, S. 153.

verdeckt und ohne Gefahr auszuueben, und endlich als ehrliche u. unverdaechtige Juden auf dem Bette boeckern[10] pflegen.[11]

Durch die sorgfältige logistische Vorbereitung und die technisch versierte Durchführung von Einbrüchen oder Raubzügen durch die jüdischen Banden wurde das Risiko einer gewalttätigen Konfrontation mit den Opfern oder den Strafverfolgern gering gehalten. Wenn somit kräftezehrende Verfolgungen, gefährliche Verletzungen oder Gefängnisaufenthalte vermieden wurden, erhöhte dies auch die Lebenserwartung. Und sicherlich ließe sich der darin zum Ausdruck kommende Überlebenswille auch als eine Art Rache an den Umständen verstehen.

Fromm oder nicht fromm?

Zur Frage nach der Religiosität jüdischer Delinquenten in den Medinot Aschkenas kann man festhalten, dass die in einigen geschichtswissenschaftlichen Studien angenommene Frömmigkeit jüdischer Delinquenten nur teilweise durch die Quellen belegt wird. Die verschiedentlich anzutreffende Behauptung, die jüdischen Banditen hätten »im Einklang mit ihren religiösen Normen«[12] gelebt, ist von der neueren Forschungsliteratur revidiert worden. Denn die Quellen berichten sowohl von jüdischen Delinquenten, die den Schabbat oder die jüdischen Speisegesetze achteten, wie auch von solchen, die dies nicht taten. Die Verbundenheit mit der jüdischen Gemeinschaft war zwar von elementarer Bedeutung, sie war die Grundlage jüdischer Existenz im vormodernen Deutschland. Jedoch musste diese Verbundenheit nicht in jedem Fall mit großer Frömmigkeit einhergehen. Ebenso muss eine traditionelle Verteilung der Geschlechterrollen nicht unbedingt als ein Indiz für ein Gaunerleben in halachischer Observanz angesehen werden.[13]

Diese Verwirrung kommt nicht von ungefähr. Selbst für die jüdischen Gemeinden bzw. die Landjudenschaften war es nicht immer einfach, zwischen ehrbaren und delinquenten Vaganten zu unterscheiden. Die Übergänge zwischen Legalität und Illegalität waren fließend. Dabei war die Grenze der kollektiven Solidarität in vielen jüdischen Gemeinden spätestens dann erreicht, wenn es sich eindeutig um Kriminelle handelte. So beschloss die Landjudenschaft Kleve am 25. August 1700 – mit Unterstützung der Vorsteher und des Rabbiners – einen Aufruf gegen fremdes Gesindel. Die Zielgruppe wird beschrieben als einige, von denen man nicht weiß, ob sie Juden sind und die achber roschim[14] genannt werden und die dem Hörensagen nach verdächtigen oder gar üblen Händeln nachgehen.[15]

Den Gemeindemitgliedern wird sogar der Cherem Chamur (Große Bann) angedroht, falls sie mit besagten »achber roschim« Geschäfte machten, ihnen Unterkunft böten oder Lebensmittel zukommen ließen.

Ungeachtet dessen versuchten die Gemeinden auch in diesen schweren Zeiten, die Versorgung der nichtsesshaften Juden im Sinne der Zedaka zu verwirklichen. Die Sozialeinrichtungen wie das Plettenwesen[16] waren mit der

10   boeckern: im angegebenen Kontext im Sinne von »prahlen« zu verstehen. Siehe im Grimm'schen Wörterbuch die Erklärungen zu »bockern« (»wie bockenzt er von reuberei, von diebstal und finanzerei«) und zu »boch«.

11   Einert, Paul Nicol: *Entdeckter Jüdischer Baldober*, 2. Auflage, Coburg 1758, zitiert nach: Glanz (wie Anm. 4), S. 123.

12   Danker (wie Anm. 7), S. 274.

13   Kühn (wie Anm. 1), S. 56 f.

14   »achber roschim« (Aramäisch, Rotwelsch) steht für: Diebe, Spitzbuben.

15   Cohen (wie Anm. 4), Bd. 1, Dok. 3:4 (Orig. in Jiddisch, eigene Übersetzung), S. 48 f.

16   Institutionalisierte Armenfürsorge im frühneuzeitlichen Judentum in Deutschland. Plette bzw. Blette kommt vom französischen »billet« (Eintrittskarte).

großen Anzahl jüdischer Armer überfordert. Es wurden nun oftmals die Ortseingänge bewacht, oder es wurde sogar der Bann angedroht, um Vaganten und besonders etwaige Delinquenten von einer Inanspruchnahme jüdischer Fürsorge abzuhalten.

In der Praxis der jüdischen Rechtsprechung gab es in der Frühen Neuzeit keine einheitlich organisierten Institutionen. Rabbinatsgerichte waren nur an wenigen Orten vorhanden, sodass insbesondere die Landgemeinden meist auf auswärtige Rabbiner angewiesen waren. Dennoch kann festgehalten werden, dass die jüdischen Gemeinden über eine gewisse juristische Autonomie verfügten. Seit der Mitte des 18. Jahrhunderts erfolgte dann eine zunehmende Einschränkung der jüdischen Gerichtsautonomie auf »Ceremonialsachen«, d. h. auf Angelegenheiten des religiösen Kultus durch die Landesherrschaften. Für jüdische Delinquenten bedeutete dies, dass sie bei geringfügigen Strafsachen sowohl von einem christlich-obrigkeitlichen als auch von einem jüdischen Gericht verurteilt werden konnten. Je nach Institution der Rechtsprechung – Beit-Din, Landjudenschaft, staatliche Gerichte – wurde abweichendes Verhalten als strafbar eingestuft oder nicht. Kriminalität war damit auch hier eine Konstruktion, die vom Strafrecht abhängig war. Die jüdischen und christlich-obrigkeitlichen Rechtssphären waren zwar jeweils eigene Systeme, deren Grenzen sich überschnitten; Jüdinnen und Juden lebten tagtäglich in beiden gleichzeitig.

Obwohl mittlerweile mehr als 60 Jahre vergangen sind, seit Gershom Scholem eine wissenschaftliche Auseinandersetzung mit jüdischer Armut und Delinquenz angemahnt hat, sind wir noch am Anfang. Ich habe gezeigt, dass der thematische Bezug zur Rache punktuell und vor allem als Akt des Überlebens sinnvoll scheint, welches die Gesetze überschritt, weil die Gesetze ein solches Überleben unmöglich machten. Viele Zeugnisse, die uns an dieser Stelle helfen könnten, sind zweifelsohne mit den jüdischen Gaunern und Banden untergegangen. Zugleich möchte ich hoffnungsvoll schließen, dass auch unter dem vorliegenden Quellenmaterial Zeugnisse zu finden sind, die Licht in das »Untergeschoss« der deutsch-jüdischen Geschichte bringen können, jenen Keller, von dem auch Scholem schrieb.

◆── **Michael Studemund-Halévy**

Auf der Suche nach koscheren Piraten

Grabstein auf dem Jüdischen Friedhof in Altona, Hamburg, Foto: Jürgen Faust

Auf dem jüdischen Friedhof Willemstadt in Curaçao weisen mindestens fünf Grabsteine mit Darstellungen von Schiffen auf einen maritimen Beruf der Verstorbenen hin[1], die als Kapitäne oder Seeleute, als Schiffseigner oder Reeder, auf eigene oder andere Rechnung agierten. Theatralisch in Szene gesetzte Totenköpfe und Knochenmänner, mit schwarzen Augenhöhlen und grinsenden Zahnreihen, mit oder ohne gekreuzten Knochen, von einer Sanduhr begleitet, schmücken die Grabsteine der aus Spanien und Portugal vertriebenen Neuchristen, die als zwangsgetaufte Juden in der Alten und Neuen Welt zum Judentum zurückgefunden haben.[2] Ob sie indes Piraten waren, ist ungewiss.

Jüdische Piraten und Freibeuter gibt es seit der Antike, ihre Anzahl dürfte gering sein[3], ihre Namen sind mit wenigen Ausnahmen unbekannt – zu ebendiesen Ausnahmen gehören diese drei Personen:

Samuel Pallache – Diener mehrerer Herren

Nach dem Besuch einer niederländischen Delegation in Marokko ernennt Sultan Muley Zaydan 1608 den wohlhabenden, polyglotten und diplomatisch erfahrenen Kaufmann Samuel Pallache (Palache, Palacci, Palaggi, Pliaji, de Palacios) zu seinem Gesandten und Handelsagenten in Den Haag und Amsterdam, mit dem erklärten Ziel, eine Allianz gegen Spanien und die Freibeuter in den Barbareskenstaaten zu schmieden. Samuel Pallache,

1   Siehe dazu Isaac S. Emmanuel & Suzanne Emmanuel, *History of the Jews of the Netherlands Antilles* (Assen: Van Gorcum, 1970), Bd. 1, Abb. 14, S. 230–233; Michael Studemund-Halévy, »The Persistence of Images: Reproductive Success in the History of Sephardi Sepulchral art«, in: *The Dutch Intersection*, S. 123–147, hg. v. Yosef Kaplan (Leiden-Boston: Brill, 2008); idem, »More than Images: The Iconography of Sefardi Gravestones in the Jewish Cemetery, Bridgetown, Barbados«, in: *A Sefardic Pepper-Pot in the Caribbean*, S. 429–488, hg. v. Michael Studemund-Halévy (Barcelona: Tirocinio, 2016).

Sohn des Rabbiners Isaac, dessen Vorfahren angeblich aus Cordoba stammen und als Rabbiner seit dem 10. Jahrhundert erwähnt werden[4], soll in den Vereinigten Provinzen eine Flotte von Piratenschiffen zusammenstellen. Er ist ein *judío de permiso*, also ein privilegierter Jude, der im Auftrag des Sultans als Handelsagent oder Diplomat tätig ist.[5] Der sprachbegabte Pallache agiert dabei im Auftrag der marokkanischen Seite, will es sich aber auch nicht mit den Spaniern verderben. Er signalisiert die Bereitschaft, zum Christentum zu konvertieren, wenn die Spanier bereit seien, ihn in ihren Geheimdienst aufzunehmen. Fortan unterhält er enge Verbindungen zum spanischen Hof und lässt ihm geheime Informationen über die niederländisch-marokkanischen Beziehungen zukommen. Gleichzeitig übermittelt er Informationen über die Spanier an die Niederländer und Marokkaner. Er arbeitet für und gegen drei Länder: Marokko, Holland und Spanien, und bewegt sich zeitlebens in vier religiösen Welten: der jüdischen, der muslimischen, der katholischen und der protestantischen.

Grabstein auf dem jüdischen Friedhof Willemstadt in Curaçao, in: Isaac S. Emmanuel & Susanne Emmanuel, History of the Jews of the Netherlands Antilles, Assen: Van Gorcum, 1970

Am 24. Dezember 1610 unterzeichnen der Statthalter Fürst Moritz von Oranien, die Generalstaaten und Samuel Pallache ein Bündnis zur gegenseitigen Unterstützung, mit dem erklärten Ziel, Spanien politisch und wirtschaftlich zu schwächen. In diesem Vertrag räumen der Sultan und Moritz von Oranien ihrem Agenten Samuel Pallache überdies die Befugnis ein, Kaperfahrten zu unternehmen. Die erbeuteten Waren darf dieser entlang der marokkanischen Küste verkaufen. Diese Gewährung weitreichender Privilegien gilt als das erste Handelsabkommen zwischen einem europäischen und einem nichtchristlichen Staat.

Der in den jüdischen Traditionen aufgewachsene Pallache legt als Botschafter und Gelegenheits-Pirat großen Wert auf die koschere Zubereitung der Speisen und einen regelmäßigen Besuch der Synagoge.[6] So verwundert es nicht, dass er bei seiner Ankunft in Amsterdam rituelle Gegenstände, wie zum Beispiel eine Torarolle für den Gottesdienst, im Gepäck hat, die zunächst in sein Stadthaus gebracht werden, in dem die ersten Gottesdienste stattfinden. Wenige Jahre später finden sie Verwendung in der zweiten Amsterdamer Synagoge Neve Salom.[7]

Samuel Pallache ist nicht nur als Diplomat für fremde Herren erfolgreich, sondern auch als Freibeuter in eigener Sache. Auf einer Rückreise von Asfi

Grabstein auf dem jüdischen Friedhof Willemstadt in Curaçao, in: Isaac S. Emmanuel & Susanne Emmanuel, History of the Jews of the Netherlands Antilles, Assen: Van Gorcum, 1970

nach Rotterdam kapert er 1614 vor den Azoren eine portugiesische Karavelle und ein spanisches Schiff, lässt die Besatzungen auf der Azoreninsel Santa Maria zurück und übernimmt die Ladung. Wenig später eignet er sich die Fracht des englischen Segelschiffs *Penelope* an. Als ein schwerer Sturm ihn jedoch zwingt, in Plymouth Zuflucht zu suchen, wird er dort auf Verlangen des spanischen Botschafters Diego de Cuna gefangen genommen und ins Gefängnis gesperrt. Der Botschafter behauptet,

2   Natalie Zeldin, *Skulls, Shields, and Narratives: Using sepulchral imagery in Beth Chaim Cemetery to understand the degrees of acculturation in the Portuguese Sephardic community in Amsterdam in the seventeenth century* (Ms.).

3   *Pirates: The Skull and Crossbones. Exhibition Catalogue*, S. 216–222, hg. v. Ruthi Gertwagen und Avshalom Zemer (Haifa: National Maritime Museum, 2002); Studemund-Halévy, Michael, »Piraten«, in: *Enzyklopädie jüdischer Geschichte und Kultur*, Bd. 4, S. 547–549, hg. v. Dan Diner (Stuttgart/Weimar: Metzler, 2012).

4   Abraham I. Laredo, *Les noms des Juifs du Maroc* (Madrid: Hebraica Ediciones, 2008 [1978]); »The Palache (pliaje) Family«, in: H. Z. Hirschberg et al., *A History of the Jews in North Africa: From the Ottoman conquests to the Present Time* (Leiden: Brill, 1974–1981), Bd. 2, S. 212–218; Mercedes García-Arenal & Gerard A. Wiegers, *Un hombre en tres mundos. Samuel Pallache, un judío marroquí en la Europa protestante y en la católica* (Madrid, 2006).

5   Ein *judío de permiso* ist ein praktizierender Jude, der nach der Vertreibung von 1492 die Erlaubnis bekam, sich in Spanien aufzuhalten, vorausgesetzt, er oder sie trägt ein Zeichen an der Kleidung, das ihn als Juden ausweist.

6   Mercedes García Arenal & Gerard Wiegers, *A Man of Three Worlds. Samuel Pallache, a Moroccan Jew in Catholic and Protestant Europe* (Baltimore: Johns Hopkins University, 2003), S. 85.

7   Miriam Bodeian, *Hebrews of the Portuguese Nations: Conversos and Community in Early Modern Amsterdam* (Bloomington: Indiana University Press, 1997), S. 46.

Mann in orientalischem Gewand (angeblich Samuel Pallache), um 1635, Rembrandt van Rijn (1606–1669), Öl auf Leinen, National Gallery of Art, Washington, D. C., Andrew W. Mellon Collection, Inv.-Nr. 1940.1.13

dass Pallache ein zum Judentum konvertierter Pirat sei. Dank der Zahlung eines hohen Lösegelds und mithilfe von Bestechungen englischer Beamter kann Pallache nach Amsterdam zurückkehren.[8] Die Prise wird aufgeteilt zwischen ihm, dem Kapitän und der Mannschaft. Kurz nach dem Prozess erkrankt Pallache; er stirbt, zwei Jahre später, am 4. Februar 1616 in Den Haag.

Samuel Pallache, der acht Jahre zuvor das Niederlassungsrecht für die Juden in Amsterdam, aber nicht für sich selbst durchsetzen konnte, findet seine letzte Ruhe auf dem Portugiesenfriedhof *Beth Haim* in Ouderkerk aan de Amstel bei Amsterdam, wo er in Anwesenheit von Moritz von Oranien und der Ständeversammlung beigesetzt wird. Seine Grabinschrift lautet:

> Dies ist der Stein der Ruhestätte des gelehrten, frommen und angesehenen Mannes, der seine Pflichten gegen Gott und Menschen erfüllte, der ehrwürdige Samuel Pallache, Ehre sei seiner Ruhe! Der zum himmlischen Sitz abberufen wurde am 6. Tag, dem 16. des Monats Shevat des Jahres [5]376 nach der kleinen Zählung[9]

Grabstein von Samuel Pallache, ca. 1550–1616, Stein, beschlagen, Portugiesenfriedhof Beth Haim, Ouderkerk aan der Amstel

Benjamin Franks – Pirat wider Willen

Der dänische Staatsbürger und Juwelenhändler Benjamin de Aaron Franks[10] macht in seinem stürmischen Leben immer wieder Bekanntschaft mit Piraten und Freibeutern. Er begibt sich in die englische Kolonie Jamaica und betreibt in dem berüchtigten Piratennest Port Royal einen einträglichen Juwelenhandel.[11] Nach dem Verlust seines beträchtlichen Vermögens durch das verheerende Erdbeben im Juni 1692 verbringt er einige Jahre auf Barbados und St. Thomas und zieht dann nach New York weiter, wo sich Mitglieder seiner Familie niedergelassen haben.

Da die Geschäfte schlecht laufen, entschließt sich Franks zu einer Reise ins indische Surat, damals ein bekanntes Zentrum der Edelsteinindustrie, um dort erneut sein Glück als Juwelenhändler zu suchen. Am 6. September 1696 heuert er auf der *Adventure Galley* als Steuerbordwächter an.[12] Als Passagier hat er kein Anrecht auf Prisengeld, muss aber im Angriffsfall zu Enterhaken und Gewehr greifen. Der kurz zuvor im englischen Deptford vom Stapel gelassene Dreimaster steht unter dem Kommando des tyrannischen Kapitäns William Kidd, den King William III. seinen »treuen und geliebten Freund« nennt.[13] Mit offiziellen Kaperbriefen *(letters of mark)* versehen und

8   David Corcos-Abulafia, Samuel Palache and his Trial in London, *Zion* 25, 2, 1960, S. 122–133 [hebr.].

9   D. Henriques de Castro Mz., *Keur van grafsteenen op de Portuguees-Israelitische begraafplaats te Ouderkerk aan de Amstel* (Ouderkerk aan de Amstel, 1999), S. 91–94; L. Alvares Vega, *Het Beth Haim van Ouderkerk* (Ouderkerk aan de Amstel, ⁴2005), S. 27.

10   Zur Biografie siehe Samuel Oppenheim, Benjamin Franks, Merchant, and Captain Kidd, Pirate, *Publications of the American Jewish Historical Society* 31, 1928, S. 229–234; Fritz Heymann, »Der Mann, der mit Kapitän Kidd segelte«, in: idem, *Der Chevalier von Geldern* (Amsterdam: Querido, 1937), S. 182–208; Matt Goldish, »The Strange Adventures of Benjamin Franks, an Ashkenazi Pioneer in the Americas«, in: *Jews in the Caribbean*, hg. v. Jane Gerber (Oxford: Littman Library, 2014), S. 311–318; Stanley Mirvis, *The Jews of Eighteen-Century Jamaica. A Testamentary History of a Diaspora in Transition* (New Haven-London: Yale University Press, 2020), S. 50–51.

11   Robert Marx, *Pirate Port: The Story of the Sunken City of Port Royal* (Cleveland: World, 1967).

12   Lincoln P. Paine, *Warships of the World to 1900* (Boston: Houghton Mifflin, 2000), S. 1.

Quod ad ad Coronē spectat. Romæ pauci dies fuē nūciatū est, principem Andreā Doriā cōrsore factū esse Judeū illū famosu pyratam, no invalida classē comparasse, ut Triremibus hispaniensibꝰ occurreret qui uehunc dicebat, ut eū ijs Triremibꝰ Principis Doriē que xviiij. sut con iungeret. Qui et p nuncios quosdam accepit classe Turcar. ampliorē uiginti circiter nauibꝰ factā, ob idꝗ no putabat e statione mouere ad subsidiū hredū Coroni, nisi una cū Hispaniensibꝰ Triremibus.

Brief des englischen Botschafters in Rom an Henry VIII., 16. August 1533

mit Billigung der East Indian Company darf Kidd Schiffe der spanischen und französischen *Bucaneers* (Freibeuter) kapern. Ferner wird ihm gestattet, Piratenschiffe auf den profitablen Handelsrouten des Indischen Ozeans anzugreifen.

Die Reise steht jedoch unter einem unglücklichen Stern. Auf der Fahrt fallen Mitglieder der Mannschaft der Cholera zum Opfer und als im Roten Meer kein Piratenschiff auftaucht, das mit der Hoffnung auf gute Prise gekapert werden kann, meutern die Seeleute. Nach mehreren Zwischenfällen mit englischen und portugiesischen Schiffen sowie mit einem Schiff der muslimischen Pilgerflotte geht Captain Kidd im Arabischen Meer und in der Nähe von Goa in Carwar vor Anker, um Wasser und Lebensmittel aufzunehmen. Hier entdecken ihn Agenten der East India Company, die das Schifffahrtsmonopol im Indischen Ozean besitzt und für die Kidd nun ein Pirat ist, der gejagt werden muss, nicht aber der Piratenjäger, für den er sich ausgibt.

Mit einer List gelingt es Benjamin Franks, das Schiff heimlich zu verlassen. Er schlägt sich nach Bombay durch. Von hier aus berichtet er am 20. Oktober 1697 nach London von seiner ebenso beschwerlichen wie abenteuerlichen Reise. In einer eidesstattlichen Erklärung bezeichnet er sich als *privateer*, also als Freibeuter, und schwört als Jude auf die Hebräische Bibel, dass er als Mitglied der Mannschaft von Kidd zu keiner Zeit an Piraterie beteiligt gewesen sei.[14] Diese Erklärung bringt Kidd später in einem unfairen Prozess, der am 23. Mai 1701 in London stattfindet, an den Galgen.

Auch wenn Benjamin Franks, der schon vor dem Prozess nach England gereist ist, von der Anklage der Piraterie freigesprochen wird, macht er zumindest noch einmal unfreiwillig Bekanntschaft mit Piraten. Als er sich nach dem Prozess in London von Bristol aus nach Philadelphia begibt, wird auf der Überfahrt sein Schiff, die *Pennsylvania Merchant*, von dem französischen Piratenschiff *La Paix* gekapert, Franks gerät in Gefangenschaft. Am 29. April 1700 wird die *La Paix* unter dem Kommando des berüchtigten französischen Piraten Louis Guittar auf der Höhe der virginischen Küste seinerseits von dem englischen Kampfschiff *Shoreham* angegriffen. Er ist nun endlich frei[15] und begibt sich nach New York, wo er nach 1716 stirbt.

Sinan der Jude[16]

Sinan, mit dem zunamen Cœfut, das ist Jude auß der Statt Smyrna bürtig, ein ertzmeerrauber, eines vortrefflichen Verstandes und Geschicklichkeit sonderlich in Schiffarten – so nennt der französische Kupferstecher und Schriftsteller Jean-Jacques Boissard in seinem 1596 erschienenen Buch »Leben und Contrafeiten der Türkischen und Persischen Sultanen« den sagenumwobenen Piraten Sinan.[17]

Seine wagemutigen Unternehmungen beim »Raub zur See« machen ihn rasch bekannt und gefürchtet.

Sinan gehört zu jenen jüdischen und christlichen Renegaten, denen die osmanischen Herrscher gesellschaftlichen Aufstieg als Berater, Ärzte und

13 Robert C. Ritchie, *Captain Kidd and the War against the Pirates* (Cambridge: Harvard University Press, 1986); Richard Zacks, *The Pirate Hunter: The True Story of Captain Kidd* (New York: Hyperion, 2002).

14 »Deposition of Benjamin Franks October 20, 1697«, in: John Franklin Jameson, (Hg.), *Privateering and Piracy in the Colonial Period: Illustrative Documents* (New York, 1970), S. 190–191; Samuel Oppenheim, Benjamin Franks, Merchant, and Captain Kidd, Pirate, *Publications of the American Jewish Historical Society* 31, 1928, S. 231–234; Fritz Heymann, »Der Mann, der mit Kapitän Kidd segelte«, in: idem, *Der Chevalier von Geldern* (Amsterdam: Querido, 1937), S. 191–197.

15 Mark P. Donnelly & Daniel Diehl, *Pirates of Virginia: Plunder and High Adventure on the Old Dominion Coastline* (Mechanicsburg: Stackpole, 2014), S. 74–80.

16 *Sinan der Jude* wird häufig verwechselt mit *Sinanüddin Yusuf Pasha*, einem osmanischen Admiral des 16. Jahrhunderts, der 1553 in Konstantinopel stirbt und in Üsküdar bestattet wird, oder mit *Sinanüddin Fakih Yusuf Pasha*, einem osmanischen Großwesir des 14. Jahrhunderts. Über Sinan den Juden siehe Samuel Tolkowsky, »Sinan ›the famous Jewish Pirate‹«, in: idem, *The Took to the Sea. A Historical Survey of Jewish Maritime Activities* (New York: Yoseloff, 1964), S. 172–183; Edward Hamilton Currey, *Flag of the Prophet: The Story of the Muslim Corsairs* (Tucson: Fireship Press, 2008); Edward Kritzler, *Jewish Pirates of the Caribbean. How a Generation of Swashbuckling Jews Carved out an Empire in the New World in Their Quest for Treasures, Religious Freedom – and Revenge* (New York: Anchor Books, 2009).

17 *Leben vnd Contrafeiten der|| Türckischen vn[d] Persischen|| Sultanen / von Osmane an / biß|| auff den jetzt-regierenden Sultan|| Mahumet II. Auch vieler anderer für=||trefflicher Helden vnd Heldinen Hi=||storische Beschreibung / vnd|| eigentlicher Abriß.|| Alles dem Leben nach von vralten|| Metalien künstlich fürgerissen / vnd an=||fangs Röm. Keys. Mt. Ferdinando auß|| Constantinopel offerirt: Nachmals|| von dem Hochgelertern H.|| I.I. Boyssardo V. in Latein beschrieben / || vnd mit kurtzen Carminibus gezieret / || jetzo aber in Teutsch bracht.|| Alles zierlich in Kupffer gestochen / vnd von|| newem an Tag geben / durch Diterich|| von Bry Leodien (Frankfurt: Kollitz, 1596), S. 267–273.*

Finanzminister, aber auch militärische Karrieren ermöglichen. In zahllosen, meist fantasiereichen Schilderungen macht der Renegat als Sinan der Jude (*Sinão o Judeu, Çifut Sinan, Sinan Cœfvt,* etc.) Karriere. So nennt ihn der englische Botschafter in Rom in einem Schreiben vom 16. August 1533 einen »furchtlosen Juden«[18] und der protestantische Theologe Johann Jacob Schudt beschreibt ihn 1734 in seinen »Jüdischen Merckwürdigkeiten« als einen jüdischen Renegaten, der *bey dene Türcken zu großen Ehren kommen seyn wie sonsten die abgefallene Christen wohl zu hohen Würden und Ehren=Ambtern befördern.*[19]

Sinan ist die rechte Hand des gefürchteten ehemaligen Piraten Hayreddin Barbarossa, später Großadmiral der osmanischen Flotte und Staatengründer in Nordafrika.[20] Mit ihm macht er Jagd auf die Schiffe der Spanier und des Heiligen Römischen Reiches, angeblich um sich an den Spaniern für die Inquisition und

Sinan der Jude und Hayreddin Barbarossa, ca. 1535, Heritage Image Partnership Ltd / Alamy Stock Foto

die Vertreibung aus Spanien zu retten. Im Auftrag des Sultans belagern sie mit über einhundert Schiffen am 16. August 1534 Tunis, können die Stadt aber nicht erobern. Vier Jahre später besiegt Sinan am 28. September 1538 zusammen mit den Admirälen Hayreddin Barbarossa und Turgut Reis in der Seeschlacht von Preveza die Heilige Liga – eine von dem kaiserlichen genuesischen Admiral Andrea Doria befehligte und von Papst Paul III. sowie der Republik Venedig unterstützte kaiserliche Armada. Diese Seeschlacht gilt bis heute als der größte Erfolg der osmanischen Marinegeschichte. Der jüdische Pirat Sinan soll in den 1540er Jahren gestorben sein.

Piraterie heißt im Griechischen »sein Glück auf einer Seeunternehmung suchen«, Piraten sind also glückssuchende Kämpfer zur See. Ihre Taten beflügeln die Fantasie ihrer Opfer und die ihrer Bewunderer und legen damit einen Schleier über Individuen, die selten einen bürgerlichen Namen tragen und ihrem abenteuerlichen Beruf als Bukaniere, Flibustiers, Freibeuter, Kaperfahrer, Korsaren, Piraten oder *privateers* nachgehen. Es sind dubiose Nebenfiguren der Geschichte, deren Biografie schwer zu dokumentieren oder zu rekonstruieren ist. Dass sich unter diesen Nebenfiguren der Geschichte auch Juden befunden haben, ist zumindest im Fall von Samuel Pallache, Benjamin Franks und Sinan in historischen Zeugnissen belegt. Ob es darüber hinaus noch weitere jüdische Glückssuchende auf See gegeben haben mag, liegt im Bereich der Fantasie.

18 Samuel Tolkowsky, »Sinan ›the famous Jewish Pirate‹«, in: idem, *The Took to the Sea. A Historical Survey of Jewish Maritime Activities* (New York: Yoseloff, 1964), S. 172.

19 Johann Jacob Schudt, *Jüdische Merckwürdigkeiten* (Franckfurt und Leipzig, 1734), I. Buch, 6. Cap., S. 55–56.

20 Aldo Galotta, Khayr al-Dîn Pasha Barbarossa, *The Encyclopaedia of Islam.* New Edition (Leiden-Brill, 1978), Bd. IV, S. 1135–1138.

—— **Robert Rockaway**

Jüdische Gangster und jüdische Rache in Amerika

Die Gangster-Ära in Amerika war eine Zeit der Gewalt und des Verbrechens. Sie war jedoch auch eine Zeit der Rache und der Ermächtigung. Alles begann am 16. Januar 1920 um Mitternacht, als ein von der Regierung der Vereinigten Staaten erlassenes Gesetz in Kraft trat, das die Herstellung, den Transport und den Verkauf alkoholischer Getränke verbot. Von diesem Zeitpunkt an wollte offenbar jeder Amerikaner einen Drink.

Um den großen Durst zu löschen, schossen plötzlich im ganzen Land 200.000 nicht lizenzierte Kneipen aus dem Boden, die illegal Whiskey verkauften. Unter der Führung einiger knallharter, skrupelloser Söhne irischer, italienischer und jüdischer Einwanderer, die es mit dem Gesetz nicht so genau nahmen, entstanden kriminelle Vereinigungen, die diese Kneipen mit dem heißersehnten Alkohol versorgten und damit Abermillionen von Dollar einnahmen.

Als das Prohibitionsgesetz in Kraft trat, lebten etwa 3,6 Millionen Jüdinnen und Juden in Amerika, bei einer Gesamtbevölkerung von 105 Millionen (3,4 %). 40 Prozent von ihnen lebten in New York City.

Jüdische Verbrecher und jüdische Gangs gab es in den Vereinigten Staaten bereits vor dem Ersten Weltkrieg, doch erst die Prohibition sorgte dafür, dass jüdische Mobster nationale Bedeutung erlangten. 50 Prozent der

Schmuggler zu dieser Zeit waren Juden, und in einigen der größten amerikanischen Städte wie New York, Detroit, Newark, Cleveland und Philadelphia wurde der Schwarzhandel von jüdischen Gangs kontrolliert.

Der Mann, der als Drahtzieher des illegalen Alkoholschmuggels galt, war jedoch alles andere als ein Gangster. Er war ein professioneller Glücksspieler namens Arnold »The Brain« Rothstein (1882–1928).

Besser bekannt als der Mann, der 1919 angeblich die World Series der amerikanischen Baseball-Liga manipuliert hatte, gilt Rothstein heute als Pionier des organisierten Verbrechens in den Vereinigten Staaten. Mit viel Energie, Einfallsreichtum und Verstand verwandelte er die amerikanische Verbrecherszene in einen lukrativen Geschäftszweig. Rothstein wurde 1928 im Alter von nur 46 Jahren beim Kartenspiel erschossen. Zu dem Zeitpunkt war er bereits eine amerikanische Legende, der F. Scott Fitzgerald in seinem Roman »Der große Gatsby« (1925) in Person des Spielers Meyer Wolfsheim ein Denkmal setzte. Er diente auch als Inspiration für die Figur des Nathan Detroit im 1950 uraufgeführten Musical »Guys and Dolls«.

In den 1920er und 1930er Jahren stellten Juden die größte Bevölkerungsgruppe im organisierten Verbrechen. Jüdische Mobster waren in den illegalen Alkohol- und Drogenhandel, Prostitution, Entführung, Erpressung, Gewerkschaftskorruption und Auftragsmorde verwickelt.

Sieht man sich die Lebensläufe dieser Männer näher an, so kommen die meisten von ihnen aus Familien der amerikanischen Arbeiterklasse. Zuhause war man zwar jüdischen Traditionen verhaftet, folgte jedoch selten den religiösen Praktiken des orthodoxen Judentums. Die meisten von ihnen hatten bereits mit 15 oder 16 Jahren die Schule verlassen und waren häufig die Einzigen in der Familie, die sich dem organisierten Verbrechen zuwandten.

Sie hatten weder Beruf noch Handwerk erlernt und keine Lust, ihren Lebensunterhalt in Läden oder Fabriken zu verdienen. Solcherlei Arbeit war ihnen zu langweilig und nur etwas für Dummköpfe, und sie sahen sich nicht als Dummköpfe. Gleichzeitig lag ihnen viel an Geld, eleganter Kleidung, teuren Autos und schönen Häusern. Durch das organisierte Verbrechen kamen sie in den Genuss von Wohlstand, Macht und Ruhm. Auf verquere Weise erlaubte die kriminelle Laufbahn diesen Männern, den amerikanischen Traum auf ihre ganz eigene Art zu verwirklichen. Es war eine Möglichkeit, es in der damaligen Gesellschaft zu etwas zu bringen. Das organisierte Verbrechen wurde für sie zu dem, was einige als »krumme Leiter« des wirtschaftlichen Aufstiegs bezeichneten.

Mickey Cohen, ein Mobster, der an der amerikanischen Westküste sein Unwesen trieb, erklärte einmal, was die kriminelle Laufbahn für ihn so attraktiv machte: »Ich habe nie eine Schulbildung genossen, wie also hätte ich all die Menschen treffen können, die mir in meinem Leben begegnet sind? Wie hätte sich der Lebensweg einer ungebildeten Person wie mir mit dem jener Menschen kreuzen können? Ich spreche hier von Prominenten, Politikern, Angehörigen der höheren Gesellschafts- und Bildungsschichten. Wo sonst hätte ich solche Menschen kennenlernen können, hätte ich stattdessen in einem anderen Bereich gearbeitet?«

Die Vorsteher der jüdischen Gemeinden machten sich Sorgen wegen dieser Männer und schämten sich für sie. Sie fragten sich, was wohl Nichtjuden darüber denken könnten. Ihre Befürchtungen waren berechtigt, schließlich verzeichnete Amerika in den 1920er Jahren eine deutliche Zunahme an antisemitischen Aktivitäten. Der zeitweise inaktive Ku-Klux-Klan erwachte zu neuem Leben und propagierte öffentlich seine antisemitischen Standpunkte und Ziele. 1924 erließ die US-Regierung ein restriktives Einwanderungsgesetz, das insbesondere auf jüdische Einwanderer abzielte. Renommierte private Hochschulen wie Harvard, Yale, Princeton und Dartmouth führten Quoten für jüdische Studierende ein. Und unter dem Deckmantel sogenannter »Gentlemen's Agreements« wurde Jüdinnen und Juden der Umzug in gewisse Wohnviertel und der Zutritt zu bestimmten Vereinen verwehrt.

Die 1930er Jahre waren sogar noch stärker vom Antisemitismus geprägt. Während dieser Zeit entstanden über 100 antisemitische Gruppierungen wie der Amerikadeutsche Bund und William Dudley Pelleys faschistische Silver Shirt Legion. Zur selben Zeit verteufelte ein katholischer Priester in Detroit namens Charles Coughlin die Juden jeden Sonntagabend in seinen Radiopredigten, die Millionen von Zuhörer anzogen.

Die Ära der jüdischen Gangster wäre möglicherweise als eine Zeit des Verbrechens und der Bereicherung in die Geschichte eingegangen, wäre ihre Reaktion auf die zunehmenden antisemitischen und faschistischen Bedrohungen nicht so außergewöhnlich gewesen. Diese Männer rächten sich offen und furchtlos für solche Angriffe und zogen ihre Verursacher zur Rechenschaft. Sie zahlten es ihren Gegnern knallhart mit gleicher Münze heim und waren nicht bereit, antisemitische Beleidigungen und Angriffe zu tolerieren.

Insbesondere in großen Städten mit einem hohen deutschstämmigen Bevölkerungsanteil, wie etwa New York und Chicago, war der Amerikadeutsche Bund in den späten 1930er Jahren sehr aktiv. In New York kontaktierte der jüdische Richter Nathan Perlman daraufhin Meyer Lansky, einen der führenden Köpfe der organisierten Kriminalität, und bat um Hilfe. Lansky willigte ein. Er pflegte immer zu sagen, dass er sich niemandem beugen würde, insbe-

Fahndungsfoto der New Yorker Polizeidienststelle von Meyer Lansky (1902–1983), 1930er Jahre, USA; New York, Granger Historical Picture Archive / Alamy Stock Photo

sondere keinem Christen. Er heuerte ein paar seiner Geschäftspartner sowie einige knallharte jüdische Profiboxer an, und gemeinsam zerschlugen sie überall in New York antisemitische Versammlungen, auch Kundgebungen des Amerikadeutschen Bundes. Auf der anderen Seite des Flusses, in Newark, New Jersey, mischten Mobster Max »Puddy« Hinkes und seine jüdischen Kameraden ebenfalls Nazi-Kundgebungen und antisemitische Versammlungen auf und prügelten die Teilnehmer windelweich. Hinkes sagte später, dies sei die beste Zeit seines Lebens gewesen.

Parade des Amerikadeutschen Bunds in Camp Siegfried auf Long Island am 29. Juli 1937, Shawshots/ Alamy Stock Photo

Selbst jüdische Mobster, die ihrerseits nicht sonderlich religiös oder mit der jüdischen Gemeinde verbunden waren, fühlten sich verpflichtet, gezielte Angriffe gegen Juden zu rächen. Sie taten dies, weil sie sich als Verteidiger ihres Volkes sahen. In jedem von ihnen steckte offenbar trotz ihres Lebenswandels ein Fünkchen dessen, was man auf Jiddisch als »Pintele Jid« bezeichnet – ein Hauch von jüdischer Seele als Teil ihrer Identität. Sie begriffen die Angriffe gegen Juden als Angriffe gegen sich selbst. Und sie waren wild entschlossen, sich an all jenen zu rächen, die Juden attackierten oder verunglimpften.

Es gibt noch viele weitere Beispiele jüdischer Gangster, die direkt gegen amerikanische Nazis vorgingen: Meyer Lansky organisierte im New York der späten 1930er Jahre Angriffe auf den Amerikadeutschen Bund, Max »Puddy« Hinkes tat das Gleiche in Newark, und Mickey Cohen verprügelte Antisemiten in Los Angeles. Doch trotz dieser Ereignisse fand dieser Teil der amerikanisch-jüdischen Geschichte bis in die 1980er Jahre nur selten Eingang in die Bücher jüdischer Geschichtsschreiber. Einer der Gründe mag die Befürchtung sein, diese Männer und ihre Umtriebe könnten das Image beschädigen, das Juden gegenüber amerikanischen Nichtjuden aufrechterhalten wollten: Juden sind Ärzte, Anwälte, Filmemacher, Wissenschaftler und Nobelpreisträger, keine Verbrecher.

Berichte über jüdische Kriminelle, so der Gedanke, würden den Judenhassern nur zusätzlich Munition liefern. Diese Ängste hatten einen realen Hintergrund. Die jüdische Führung blickte zurück auf amerikanischen Antisemitismus und Henry Ford, Zulassungsquoten an Universitäten und Einwanderungsbeschränkungen in den 1920er Jahren, Father Charles Coughlin, den Amerikadeutschen Bund und die Silver Shirts in den 1930er Jahren sowie eine weitreichende gesellschaftliche Diskriminierung bis hinein in die 1960er Jahre. In der Folge kam es in der jüdischen Gemeinde zu einer Art Zensur, einer allgemeinen Übereinkunft, nicht über jüdische Kriminalität zu schreiben.

Diese Zensur existierte auch in Hollywood. Während der 1930er, 1940er und 1950er Jahre wurden in Hollywood eine ganze Reihe Gangsterfilme produziert, die zu Zeiten der Prohibition spielten. Doch jüdische Charaktere tauchten darin nur selten auf. Es gab zwar jüdische Schauspieler in diesen Filmen, diese spielten jedoch italienische Mobster: Edward G. Robinson (geboren als Emanuel Goldenberg) spielte in dem Film »Little Caesar« (1930) den italienischen Ganoven Rico. Und Paul Muni (geboren als Muni Weisenfreund) spielte in dem Gangsterklassiker »Scarface« (1932) den an Al Capone erinnernden Gangster Tony. So werden die Gangsterfilme über die Prohibition hauptsächlich von irischen und italienischen Helden und Bösewichten bevölkert.

Dies änderte sich in den 1970er Jahren. Die meisten jüdischen Amerikaner waren nun Juden der dritten oder vierten Generation. Sie fühlten sich als Amerikaner wesentlich sicherer und gefestigter, als dies noch bei ihren Eltern der Fall gewesen war. Das Klischee »die dritte Generation will sich an das erinnern, was die zweite Generation zu vergessen suchte«, trifft in diesem Fall sicherlich zu. Für diese jungen Juden waren die Geschichten jüdischer Gangster so etwas wie volkstümliche Erzählungen, die sich vor langer Zeit zugetragen hatten. In ihren Augen waren sie einfach anders, aufregend und fast schon etwas, auf das man stolz sein konnte. Schließlich waren diese Männer knallharte Typen, die es ihren Gegnern mit gleicher Münze heimzahlten. Sie ließen sich von Diskriminierung und antisemitischen Angriffen nicht einschüchtern.

Die jüdischen Mobster waren ein Phänomen, das nur eine einzige Generation überdauerte. Keiner von ihnen wollte, dass ihre Kinder in ihre Fußstapfen traten. Sie waren sich dessen bewusst, dass sie mit ihrem Verhalten Schande über ihre Familien und die jüdische Gemeinde brachten. Anders als bei der italienischen Mafia gab es keine familiären Nachfolger. In ihrer Hochphase verübten sie nicht nur eine Reihe schwerer Verbrechen, sie spielten auch eine entscheidende Rolle bei der Verteidigung der jüdischen Gemeinden in den Vereinigten Staaten gegen antisemitische und faschistische Angriffe. In den 1950er Jahren war die Ära der jüdischen Gangster mehr oder weniger vorbei, ebenso wie die Ära jüdischer Racheakte gegen Antisemiten.

☞ Mit dem Mord an Wilhelm Gustloff in Davos 1936, dem Landesgruppenleiter der NSDAP-Auslandsorganisation in der Schweiz, war Frankfurter einer der ersten Juden, der sich mit einer Waffe gegen den Nationalsozialismus zur Wehr setzte. Kurz nach Kriegsende legte er Zeugnis ab. Nakam, hebräisch für Rache, nannte er die erste Veröffentlichung seiner Memoiren. Heute sind Frankfurters Tat und seine Memoiren in Deutschland kaum bekannt. Das deutsche Manuskript, das in verschiedenen Archiven zu finden ist, wurde nie veröffentlicht.

Erste Seite des von David Frankfurter korrigierten Manuskripts: »Ich toetete einen Nazi ...«, in Zusammenarbeit mit Schalom Ben-Chorin, Jerusalem, 1946, Deutsches Literaturarchiv Marbach, © Schalom Ben-Chorin Rechtsnachfolger

DAVID FRANKFURTER

ICH TOETETE EINEN NAZI...
===
~~erzählt und~~ bearbeitet v.Schalom Ben=Chorin

"Du sollst das Böse ausrotten aus deiner Mitte..."

Deuteronomium 13,6

"Gedenke,was dir Amalek angetan hat..."

Deuteronomium 25,17

"Wer niemals um seiner Rasse willen gehasst wurde,
kann das nicht begreifen..."

Franz Werfel,Die vierzig Tage des
Mussa Dagh.

Inhalt:

I. Jugend und Krankheit . . . . S. 1
II. Studentenjahre in Deutschland . . . . ". 10
III. Die Tat reift . . . . ". 18
IV. Schüsse in Davos . . . . ". 26
V. Ich stelle mich selbst der Polizei . . . . ". 40
VI. Der Prozess . . . . ". 69
VII. Hinter Zuchthausmauern . . . . ". 79
VIII. Orbe . . . . ". 95
IX. Wieder in Chur . . . . ". 102
X. Begnadigung 109
XI. Freiheit 120
XII. Alijah 125
Nachwort 129

Anhang:
Briefe David Frankfurters aus dem
Gefängnis.

JERUSALEM ~~XXXX~~ 1946
Begonnen am 3 März — 6. März.

1. April — 13. April.
15. April — 26. Juni 1946
28. Juni — 28. Juli '46 Korrektur
Frankfurter

»Nirgends und nie war man als Jude im Nazireich sicher«, schreibt David Frankfurter in seinen Memoiren. Nachdem er in die Schweiz zog, besuchte er 1934 seinen Onkel Salomon in Berlin. Ein Erlebnis schockierte ihn nachhaltig: Während des Besuchs soll sein Onkel, der Rabbiner war, von der Hitlerjugend angepöbelt und gewalttätig angegangen worden sein. Mit zunehmender Entrechtung von Jüdinnen und Juden in Deutschland entschließt sich Frankfurter zu handeln: »Ich wollte das Gewissen der Welt aufrütteln, aber sie schlief weiter.«

Tatwaffe von David Frankfurter, mit der er 1936 Wilhelm Gustloff erschoss, 1930er Jahre, Pistole Kaliber 6.35, Kantonspolizei Graubünden

☞ »Ich muss protestieren, dass die ganze Welt meinen Protest erhört, und das werde ich tun«, schreibt Herschel Grynszpan seinen Eltern, als er erfuhr, dass sie Opfer der sogenannten »Polenaktion« wurden. Während er hier von Protest schreibt, sind in weiteren Quellen andere Motive Grynszpans zu finden: »Sie sind ein schmutziger Deutscher (sale boche)«, soll er zu Ernst vom Rath gesagt haben, »und nun übergebe ich Ihnen im Namen von 12.000 schikanierten Juden das Dokument.« Die Karte ließ er extra in einem Pariser Fotostudio anfertigen.

Kopie der Abschiedspostkarte von Herschel Grynszpan, die er bei seiner Verhaftung bei sich trug, 1938, Politisches Archiv des Auswärtigen Amtes (R 46854)

Meine lieben Eltern!
Ich konnte nicht anders
tun, sollt ihr mir verzei-
hen das Herz blutet mir
wenn ich eure er
Tragödie und 12000 anderer
Juden hören muß. Ich
muß protestieren das
die ganze Welt meinen
Protest erhört, und das
werde ich tun, und:
verzeiht mir. Herman

Maison
Albert

7363 1939

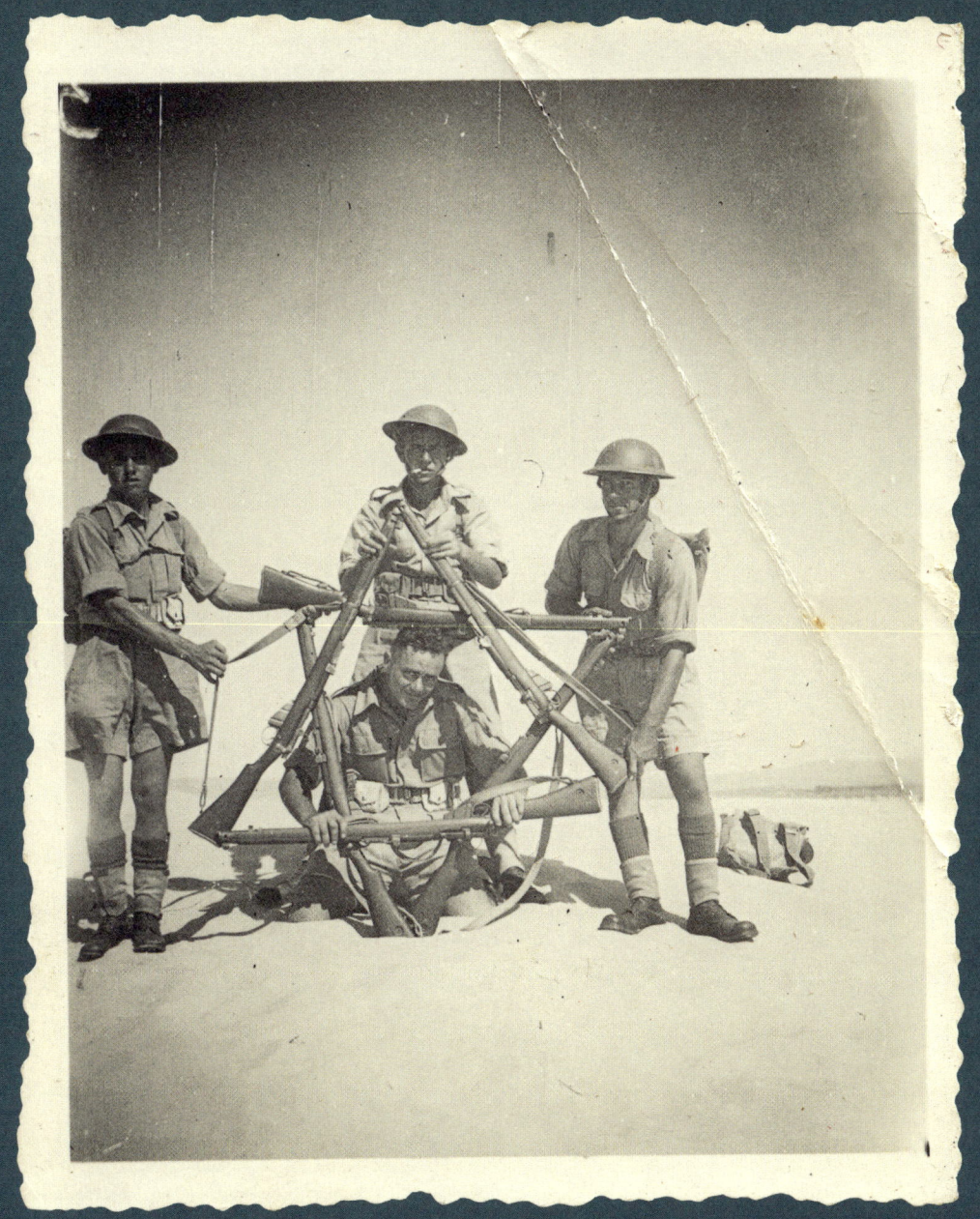

☞ S. 108/109 Shmuel Gafni wanderte in den 1930er Jahren nach Eretz Israel (Britisches Mandatsgebiet Palästina) aus und meldete sich gegen Ende des Krieges freiwillig zum Kampf gegen die Nationalsozialisten in einem Bataillon der Jüdischen Brigade der Britischen Armee. Nach der Befreiung versuchte er vergeblich, das Schicksal einer seiner Schwestern in Erfahrung zu bringen, die während des Krieges in Kaunas zurückgeblieben war. Auf dem Foto aus dem Jahr 1944 ist er rechts neben weiteren Soldaten der Jüdischen Brigaden zu sehen.

Abzeichen und Erkennungsmarken der Jüdischen Brigade von Shmuel Gafnavicius (später Gafni) aus Kaunas, Litauen, sowie Foto von ihm und drei weiteren Soldaten, © Yad Vashem Museum Artifacts Collection, Courtesy of Leah Prais, Petach Tikvah, Israel

☞ S. 111 1945 schloss sich eine Gruppe von 50 jungen Überlebenden der Schoa um Abba Kovner zusammen, mit dem Plan, sich an sechs Millionen Deutschen zu rächen. Die Gruppe nannte sich DIN, Dam Israel Noter, hebräisch für »Das Blut Israels ist rachsüchtig«. Besser bekannt waren sie unter Nakam, hebräisch für Rache. Kovner, der schon im Ghetto von Wilna und in den litauischen Wäldern als Partisane Widerstand geleistet hatte, prägte im Kampf gegen die Nationalsozialisten den Aufruf »Lasst Euch nicht wie Schafe zur Schlachtbank führen«. Seine Zeugenaussage im Gerichtsverfahren gegen Adolf Eichmann fand international Beachtung.

Abba Kovner (1918–1987) während des Eichmann-Prozesses, Jerusalem, 1961, National Photo Collection of Israel

Der Selbsterhaltungstrieb ist jetzt oft größer, der Wille
zum Leben stärker geworden, je näher der Tod naht.
Wir möchten so gerne leben. Möchten die Rache sehen
für so viel Millionen Opfer, für so viel unschuldiges, so
viel Blut, so viel unermessliches Leid.

Leider, die Rache werden wir nicht mehr erleben.

Meine Teueren! Ihr müßt Rache nehmen,
ihr müßt was tun und zwar tausendmal so viel Mengenheiten
solche unmenschliche Barbareien zu rächen.

Eigentlich gibt es überhaupt keine Rache. Was auch
geschehen wird, ist viel zu wenig, nichts gegenüber
unserem Schicksal. Das was mit uns gemacht wurde
ist nicht zum Begreifen.

Ach, ich kann nicht mehr, kann nicht mehr schreiben.
Könnte noch viel viel Bogen hinschmieren und Ihr würdet
es so wie so nicht verstehen. Will Schluß machen.

Meine Lieben! David liegt am jüdischen Friedhof,
meine Mutter weiß ich nicht so, sie wurde nach Belzec
verschleppt, wo ich begraben sein werde, weiß ich nicht
ob in Petikow, oder Zagrobela, Sarnaki, ich weiß es
so nicht. Wenn Ihr vielleicht nach dem Kriege her-
kommt, dann werdet Ihr bei Bekannten erfahren,
wo die Transporte des Lagers hingerichtet wurden.

Es ist nicht leicht, Abschied für immer
zu nehmen, aber wir gehen schon lebend in den Tod.

Lebet wohl, lasset es Euch recht gut gehen
und wenn Ihr könnt, dann nehmt unsere
Rache.

Adios.

✄ S. 112 Im April 1943 verfasst Salomea Ochs einen Brief an ihre Verwandten in Tel Aviv. Darin beschreibt sie die Verfolgung, Ghettoisierung und Ermordung der Jüdinnen und Juden in Tarnopol. Eindrücklich geht sie auf ihr persönliches Umfeld ein, den Tod ihrer Verwandten und die Sicherheit, dass auch sie bald nicht mehr leben würde: »Und die ganze Welt weiß, daß wir so umkommen, und es geschieht nichts.« Welches Bedürfnis die Schilderungen in ihr hervorruft, ist auf der letzten Seite deutlich zu lesen: »Rache«.

Letzte Seite des Abschiedsbriefs von Salomea Ochs mit der Aufforderung zur Rache, insgesamt 12 Seiten, Tarnopol, 7. und 26. April 1943, Ram Ben-Shalom, Tel Aviv, Israel

✄ S. 113 1912 kam Salomea Ochs in Lemberg zur Welt. Während des Ersten Weltkriegs zog die Familie nach Wien, wo sie das Gymnasium besuchte. Nach ihrem Abschluss kehrte sie nach Tarnopol zurück und arbeitete als Musiklehrerin. 1939 heiratete sie David Ochs. 1941/42 wurde ein Großteil ihrer Familie ermordet. Kurzzeitig arbeitete sie als Sekretärin in einem von Nationalsozialisten geführten Bauunternehmen, bevor sie sich bei polnischen Bekannten versteckte. Salomea wurde denunziert und am 20. Juli 1943 ermordet.

Porträt von Salomea Ochs, 1936, Ram Ben-Shalom, Tel Aviv, Israel

Laura Jockusch

Zu viel oder zu wenig?

Jüdische Rache nach dem Holocaust

Am 25. Juli 1943 schrieb Margarete Bolchower aus ihrem Versteck in Galizien: »Die Wenigen aber, die bleiben werden, müssen ihre ermordeten Brüder rächen! Rächen, dass die Welt in ihren Grundfesten erbebt. Sonst werden die in den Massengräbern keine Ruhe finden.«[1] Im nationalsozialistisch besetzten Europa waren solche Aussagen weitverbreitet unter Juden, die den Mord an ihren Familienangehörigen und die Zer-

Die jiddischen Worte »Rache der Juden!« wurden mit Blut auf den Fußboden der Wohnung eines im Slobodka-Pogrom ermordeten Juden geschrieben, 26.1.1941, United States Holocaust Memorial Museum (04640), Foto: George Kadish / Zvi Kadushin

störung ihrer Gemeinden miterlebt hatten und ihren eigenen Tod kommen sahen. In Briefen, Testamenten, Tagebüchern, Liedern, Gedichten und Wand- und Bodeninschriften brachten sie Hilflosigkeit, Leid, Entsetzen, Verzweiflung und Zorn zum Ausdruck und riefen zu Rache auf. Sich an ihre Lieben im Ausland oder an eine imaginäre Gemeinschaft von Juden, die den Tag von Deutschlands Niederlage erleben würden, wendend, forderten sie Vergeltung für den Genozid an den europäischen Juden.

Viele verstanden Rache als eine von den Toten den Lebenden auferlegte Pflicht. So schrieb Eliezer Unger am 2. Juni 1943: »Ich selbst habe es Hunderte Male aus den Mündern jener Heiligen gehört, die ich sah [...] in dem Moment, als ihre Seele sie in Heiligkeit und Reinheit verließ, und ihre letzten

1   Alexandra Garbarini: *Numbered Days: Diaries and the Holocaust.* New Haven, Connecticut: Yale University Press 2006, Endnote 63, S. 220.

Worte waren, Brüder, gedenket, nehmt Rache, rächt unser Blut.« Da sich die Verfolgten in ihrer Ohnmacht nicht an ihren Verfolgern rächen konnten, oblag die Vergeltung der Verbrechen den Überlebenden. »Doch uns, Brüder, ist eine heilige Pflicht auferlegt«, sagte Unger – unter der Annahme, er und die von ihm Angesprochenen würden überleben–, »und unser Auftrag ist – Rache.«[2]

In ihrer Verzweiflung und Hilflosigkeit im Angesicht des Massenmords wünschten manche Juden gar, allein um der Vergeltung willen zu überleben. So auch Szmuel Winter, Mitglied des Judenrats in Warschau und Mitbegründer des Untergrundarchivs des Warschauer Ghettos, *Oneg Schabbat*, in einem nicht datierten Tagebucheintrag: »Ich will die Welt nicht verlassen, wenn sich in der Ferne schon [...] die Möglichkeit abzeichnet, [...] dass wir die Rache gegen die Mörder erleben werden.«[3] Ähnliches schrieben Mosche Wald und sein Sohn Benjamin in einem Brief vom Juni 1942: »Unser Leben ist sehr bitter, aber wir möchten den Krieg überleben, damit wir das Schicksal unseres Volkes an den Deutschen und auch an den meisten Polen rächen können.« Weiterhin äußerte Wald, »die Rache an unseren Feinden« müsse »sehr groß sein, [...] wenn es [das Volk Israel] leben will, und wenn es nicht will, dass ein zweites Mal geschieht, was uns geschieht.«[4] Andere forderten, die Antwort auf den Genozid möge sich in Hass und Mord an Deutschen äußern. Ende Januar 1943 schrieb Ascher Schwarz seiner Schwester in Palästina, von den ehemals 15.000 Jüdinnen und Juden aus ihrer litauischen Heimatstadt seien weniger als hundert noch am Leben, und sie und ihre Kinder sollten »das vergossene reine jüdische Blut rächen. Du musst Deine Kinder im Geiste des Kampfes und des Hasses auf das deutsche Volk erziehen.« An »alle Juden« wandte er sich mit den Worten:

> Sucht nicht die Geschäfte oder die Beförderung, nehmt nur die
> Waffe in die Hand, ermordet jeden (aus dem deutschen Volk),
> der Euch unter die Hände kommt, Männer, Frauen und Kinder,
> denn so sind sie mit uns verfahren. Der größte Schriftsteller
> ist nicht in der Lage, die Grausamkeit zu beschreiben, die sie
> Euren Brüdern angetan haben. Daher müsstet Ihr aus sein auf
> nichts als Rache! Rache! Rache![5]

Laut Wald und Schwarz konnte nur die Rache an den nationalsozialistischen Verbrechern und ihren Kollaborateuren einen zweiten Massenmord an Juden verhindern. Diese Aufgabe fiel den Überlebenden zu. »Die Pflicht, uns zu rächen, ist Euch auferlegt«, schrieb die Partisanin und Anführerin der zionistischen Dror-Bewegung Zipora Birman, die im August 1943 im Aufstand von Białystok ums Leben kam. »Es komme kein Mensch unter Euch zur Ruhe, niemand schlafe, noch finde Rast. So wie es uns im Schatten des Todes ergeht, so sollt Ihr leben, in der Heiligkeit der Rache für das vergossene Blut.«[6] Ihre Botschaft an diejenigen, die dem nicht nachkommen würden, war eindeutig:

Titelseite der NS-Zeitschrift »Der Stürmer« mit einer antisemitischen Karikatur, die Herschel Grynszpan als Kreuziger von Ernst vom Rath darstellt. Die Schlagzeile lautet: »Jüdischer Rachescheri! Schauerliche Bekenntnisse eines Juden«, Nürnberg, Januar 1939, United States Holocaust Memorial Museum (31520), courtesy of Virginius Dabney

2   Walter-Zwi Bacharach (Hg.): *Dies sind meine letzten Worte ...: Briefe aus der Shoah.* Göttingen: Wallstein 2006, S. 258. Aus dem Hebräischen von Maurice Tszorf.

3   Zitiert nach Samuel D. Kassow: *Who Will Write Our History? Emanuel Ringelblum, the Warsaw Ghetto, and the Oyneg Shabes Archive.* Bloomington: Indiana University Press 2007, S. 157 [eigene Übersetzung].

4   Bacharach: *Dies sind meine letzten Worte ...*, S. 256.

5   Ebd., S. 111.

6   Zitiert nach Max Czollek: *Desintegriert euch!,* München 2018, S. 159.

7   Ebd., S. 159–160.

8   Zitiert nach Berel Lang: »Holocaust Memory and Revenge: The Presence of the Past«. In: *Jewish Social Studies,* Bd. 2, Ausg. 2 (1996), S. 1–20, hier S. 7 [eigene Übersetzung].

Verflucht sei, wer diese Zeilen liest, seufzt, und seiner täglichen Arbeit nachgeht; verflucht, wer sich damit begnügt, Tränen zu vergießen, denn er vergisst unsere Seelen. Wir rufen Euch zur Rache auf, Rache ohne Mitleid, ohne Gefühle und ohne Gerede über »gute« Deutsche.[7] [...] Das fordern wir von euch. Die verstreute Asche aus den Öfen wird nicht in Frieden ruhen, bis diese Rache vollzogen ist. Denkt immer daran, denn dies ist unser Wunsch und eure Pflicht.[8]

Die meisten der überlebenden europäischen Jüdinnen und Juden – zwei bis drei Millionen aus einer Vorkriegsbevölkerung von neun Millionen – lebten diese Rache jedoch nicht, wie in diesen Aufrufen gewollt, in direkter, gewaltsamer oder öffentlicher Form aus. Warum nicht? Und warum konzentrierten sich deutsche Nachkriegsängste dennoch auf »jüdische Rache«?

»Jüdische Rache« in der deutschen Imagination

Die meisten Deutschen sollten weder jemals von diesen Racheaufrufen erfahren noch konkrete, von Juden verübte Racheakte erleiden. Doch die nationalsozialistische Propaganda hatte Juden jahrelang als »Aggressoren«

Überlebende des KZ Dachau beschimpfen einen von US-Truppen gefangen genommenen SS-Aufseher, im Hintergrund exekutieren amerikanische Soldaten Lagerwächter, Dachau, 29.4.1945, United States Holocaust Memorial Museum (82952), courtesy of National Archives and Records Administration, College Park

Eine Gruppe von Überlebenden und zwei Soldaten der 11. Armored Division der U.S. Army blicken auf den Leichnam eines KZ-Aufsehers. Er wurde nach der Befreiung von Gusen von ehemaligen Insassen getötet, Österreich; Gusen, 12.5.1945, United States Holocaust Memorial Museum (82868), courtesy of Wilfred McCarty

9   Jeffrey Herf: »The ›Jewisch War‹: Goebbels and the Antisemitic Campaigns of the Nazi Propaganda Ministry«. In: *Holocaust and Genocide Studies*, Bd. 19, Ausg. 1 (2005), S. 51–80, hier S. 69 [eigene Übersetzung].

10   Frank Bajohr: »The ›Folk Community‹ and the Persecution of the Jews: German Society under National Socialist Dictatorship, 1933–1945«. In: *Holocaust and Genocide Studies*, Bd. 20, Ausg. 2 (2006), S. 183–206, hier S. 188 [eigene Übersetzung]. David Bankier: *The Germans and the Final Solution: Public Opinion under Nazism.* Oxford: Basil Blackwell 1992, S. 133–134, S. 140, S. 146, S. 148–151.

dargestellt, die vermeintlich eine »Selbstverteidigung« des NS-Regimes erforderten, und so waren die deutschen Ängste vor »jüdischer Rache« ein Zeichen für tief sitzenden Antisemitismus, verinnerlichte nationalsozialistische Propaganda und Fantasien von jüdischer Macht und Aggressivität.

Am 30. Januar 1939 machte Adolf Hitler das »Weltjudentum« dafür verantwortlich, Deutschland in den Krieg getrieben zu haben, und kündigte an, »der Jude« würde ausgelöscht, sollte dieser Krieg wieder zu einem Weltkrieg werden. Als Deutschland dabei war, den Krieg zu verlieren – und die Mehrzahl der europäischen Jüdinnen und Juden bereits ermordet war–, schrieb Joseph Goebbels Niederlage und Leid der Deutschen dem »jüdischen Krieg« gegen Deutschland zu.[9] Mithin verstanden die Deutschen die Bombardierungen ihrer Städte durch die Alliierten als »jüdische Rache«, worin vielleicht auch eine implizite Anerkennung der Schuld an Verbrechen gegen die europäischen Juden lag – Verbrechen, von denen die meisten später behaupteten, sie hätten sie weder begangen noch von ihnen gewusst.[10] Nach dem Krieg interpretierte die deutsche Öffentlichkeit die militärische Niederlage, die alliierte Besatzung und die Militärtribunale ebenfalls als »jüdisches Komplott« gegen Deutschland.[11]

Vergeltungsakte waren bei Kriegsende und unmittelbar danach weit verbreitet, jedoch waren diese nicht *jüdisch* motiviert. Deutsche waren Gewalt, Mord, und Vergewaltigung durch befreite KZ-Häftlinge, Zwangsarbeiter, bewaffnete Untergrundkämpfer der ehemals deutsch besetzten Länder sowie alliierte Soldaten ausgesetzt.[12] Doch spielten jüdische Akteure dabei eine weitaus geringere Rolle, als die deutschen Ängste vermuten lassen.[13] Einige Wissenschaftler zeigten sich gar überrascht vom Ausbleiben von Racheakten. Der Philosoph Berel Lang kommentierte: »Am bemerkenswertesten an der Rache nach der Schoa ist, dass, sie gar nicht erst in Erscheinung trat – weder als Diskussionsthema noch zuvor als ausgeübte Tat.«[14] Der Historiker Mark Roseman stellte allerdings fest, dass obschon nur wenige Juden Rache nahmen, der Wunsch nach Rache weit verbreitet war.[15] Natürlich gilt es zu unterscheiden zwischen tatsächlich ausgeübter Gewalt einerseits und Sehnsüchten, Fantasien und gewaltfreien, symbolischen Handlungen anderseits.

Mitglieder der Nakam-Gruppe in Italien, nachdem sie aus Deutschland geflohen waren und bevor sie illegal nach Palästina immigrierten, Italien, April–Juni 1946, United States Holocaust Memorial Museum (34188), Foto: George Kadish / Zvi Kadushin

11   Frank Biess: *German Angst: Fear and Democracy in the Federal Republic of Germany.* New York: Oxford University Press 2020, S. 25–65; Ulrike Weckel: »›Jüdische Rache‹?: Wahrnehmungen des Nürnberger Hauptkriegsverbrecherprozesses durch Angeklagte, Verteidiger und die deutsche Bevölkerung 1945/46«. In: *Jahrbuch für Antisemitismusforschung.* Bd. 22 (2013), S. 57–78.

12   Siehe z. B. Abhandlungen der Nachkriegszeit, die sich mit Rache als einen Teil des Übergangs vom Krieg zum Frieden befassen: Richard Bessel: *Germany 1945: From War to Peace.* New York: Harper Collins 2009, S. 148–168; Ian Buruma: *Year Zero: A History of 1945.* New York: Penguin Books 2014, S. 75–130; Tony Judt: *Postwar: A History of Europe since 1945.* New York: Penguin Books 2005, S. 41–62; Lowe: *Savage Continent*, S. 75–184.

13   Keith Lowe: *Savage Continent: Europe in the Aftermath of World War II.* New York: St. Martin's Press 2012, S. 88–93, S. 181.

14   Lang: »Holocaust Memory and Revenge«, S. 1.

15   Mark Roseman: »›... but of revenge not a sign‹: Germans' fear of Jewish revenge after World War II«. In: *Jahrbuch für Antisemitismusforschung*, Bd. 22 (2013), S. 79–95.

16   Siehe das fiktionalisierte Konto des Beteiligten Chanoch Bartov: *The Brigade.* London: Macdonald & Co 1968. In der Übersetzung von David Segal.

Direkte Rache

Es gab vereinzelte Versuche von jüdischen Gruppen, Deutsche in großer Zahl umzubringen. So töteten Teile der in Norditalien stationierten Jüdischen Brigade angeblich 50 bis 150 ehemalige SS-Angehörige in Österreich.[16] Die von dem Dichter und Partisanen Abba Kovner ins Leben gerufene Gruppe Nakam (»Rache«) plante, sechs Millionen Deutsche durch die Vergiftung der Wasserversorgung von vier Großstädten zu töten und Brot für SS-Leute in einem amerikanischen Internierungslager zu vergiften. Selbst wenn die Briten Kovner nicht im Dezember 1945 festgenommen hätten, wäre zu bezweifeln, dass die Nakam-Gruppe auch nur einen Bruchteil der Deutschen hätte töten können, auf die sie es abgesehen hatte. Obgleich der Plan mit

Männer und Frauen gehen über den Hauptplatz des Bergen-Belsen Displaced Persons Camp und schieben Kinderwägen. Der Mann im Zentrum ist Elias Rosengarten, Bergen-Belsen, ca. 1945–1948, United States Holocaust Memorial Museum (51606), courtesy of Aaron Rosengarten

17   Jim G. Tobias und Peter Zinke: *Nakam: Jüdische Rache an NS-Tätern*. Hamburg: Konkret Literatur Verlag 2000; Dina Porat: *Vengeance and Retribution are Mine: Community, the Holocaust, and Abba Kovner's Avengers* (in Hebräisch). Haifa: Pardes Publishing 2019; und Tom Segev: *The Seventh Million: Israelis and the Holocaust*. New York: Henry Holt 2000, S. 140–152.

18   Henning Sietz: *Attentat auf Adenauer: Die geheime Geschichte eines politischen Anschlags*. München: Siedler 2003.

19   Berel Lang: »Forgiveness, Revenge, and the Limits of Holocaust Justice«. In: ders., *Post-Holocaust: Interpretation, Misinterpretation, and the Claims of History*. Bloomington und Indianapolis: Indiana University Press 2005, S. 17–31, hier S. 20 [eigene Übersetzung].

dem vergifteten Brot im April 1946 tatsächlich ausgeführt wurde, rief er bei den Insassen des Lagers lediglich Symptome einer Lebensmittelvergiftung hervor.[17] Fast sechs Jahre später, im März 1952, versuchten fünf Mitglieder von Menachem Begins rechtsnationalistischer Cherut-Partei, den damaligen Bundeskanzler Konrad Adenauer während der Reparationsverhandlungen zwischen Westdeutschland und Israel zu töten. Die Absicht war, die Toten zu rächen und die Ehre des jüdischen Volkes zu retten.[18] Insgesamt waren diese organisierten Racheaktionen jedoch amateurhaft, fanden jüdischerseits keine breite Unterstützung und richteten nicht den beabsichtigten Schaden an.

Im Zwielicht der Befreiung hat es möglicherweise mehr Tötungen von Deutschen durch einzelne Juden gegeben, als die Geschichtsschreibung und Erinnerungen von Überlebenden vermuten lassen.[19] Grund dafür sind Selbstzensur[20], die Angst vor Strafverfolgung oder der Glaube, das Ausüben von Rache gäbe sozusagen der nationalsozialistischen Propaganda und antisemitischem Gedankengut recht. Gerade in den späteren Nachkriegsjahrzehnten, als Überlebende in der öffentlichen Wahrnehmung zu moralischen Autoritäten geworden waren, gab es keinen Raum, Rachegefühle zu äußern.[21] Stattdessen sublimierten sie solche Gedanken durch Narrative von heroischem jüdischen Widerstand gegen das NS-Regime und vom Streben nach Recht und Gerechtigkeit in der Nachkriegszeit.[22]

Ein komplexes Gefüge von Beweggründen scheint Überlebende von Racheakten abgehalten zu haben. Abgesehen von einem kurzen Moment, in dem die alliierten Befreier wegsahen oder guthießen, wenn befreite Häftlinge ehemalige Wachen schlugen oder ermordeten, kehrte mit der Stabilisierung der Nachkriegszeit auch die Rechtsstaatlichkeit wieder ein. Selbstjustiz wurde zur Straftat. Wozu hätten die Überlebenden nach jahrelanger Verfolgung und Inhaftierung eine Gefängnisstrafe für die Ermordung eines NS-Täters riskieren sollen?

Eine weitere Rolle spielten der Gesundheitszustand der Überlebenden und deren Grundbedürfnisse wie Nahrung, Unterkunft und Kleidung. So bemerkt Elie Wiesel in seinem autobiografischen Buch »Die Nacht zu begraben, Elischa«, die ersten Tage nach der Befreiung aus Buchenwald seien vor allem vom Drang der Befreiten nach Essen und sexueller Befriedigung bestimmt gewesen:

> Unsere erste Handlung in der Freiheit: Wir stürzten uns auf den Proviant. Man dachte an nichts anderes. Weder an Rache noch an die Eltern. Man dachte nur an Brot. Auch als der erste Hunger gestillt war, dachte keiner an Rache. Am nächsten Morgen liefen einige junge Leute nach Weimar, um Kartoffeln und Kleider zu erbetteln – und um mit Mädchen zu schlafen. Aber keine Spur von Rache.[23]

Zudem standen Planer von Racheakten, insbesondere von Massentötungen, vor ganz banalen praktischen Schwierigkeiten – wie etwa hätten sie unter militärischer Besatzung Waffen oder Gift beschaffen wollen?

Es gab auch ethische Hürden. Für viele Überlebende hätten Hass und Gewalt gegen nationalsozialistische Täter bedeutet, sich auf deren Stufe hinab zu begeben. Deshalb sahen sie bewusst von Gewaltanwendung ab. Als der Auschwitz-Überlebende Primo Levi zum Beispiel gefragt wurde, ob er die Deutschen hasse, gab er zurück:

> In meinen Augen ist Hass grausam und primitiv. Lieber ist mir, wenn meine Handlungen und Gedanken weitestmöglich der Vernunft entspringen. Noch viel weniger akzeptiere ich einen Hass, der sich kollektiv gegen eine Volksgruppe richtet, zum Beispiel gegen alle Deutschen. Würde ich ihn akzeptieren, wäre mir, als würde ich mich den Grundsätzen des Nationalsozialismus verschreiben, der ja gerade auf Völker- und Rassenhass gegründet war. Ich gebe zu: Wenn ich einen unserer Peiniger jener Tage vor mir hätte – gewisse bekannte Gesichter, gewisse alte Lügen –, wäre ich versucht zu hassen, auch Gewalt anzuwenden; aber genau deshalb, weil ich kein Faschist oder Nazi bin, weigere ich mich, dieser Versuchung nachzugeben.[24]

Andere Überlebende fürchteten, sie könnten Unschuldigen Schaden zufügen. Wie der Historiker Yehuda Bauer kommentierte, »hatten die Überlebenden weder die Mittel, die Täter aufzuspüren, noch, ein geheimes Tribunal

20 Einige Überlebende gestanden in Interviews, Gewalt angewendet zu haben. Siehe z. B. Michael Bar-Zohar: *The Avengers*. London: Barker 1968; Michael Elkins: *Forged in Fury*. New York: Ballantine Books 1971; John Sack: *An Eye for an Eye: The Untold Story of Jewish Revenge Against Germans in 1945*. New York: Basic Books 1993; Levi Arieh Sarid: »Irgun Ha-Nakam«. In: *Yalkut Moreshet*. Bd. 52 (1992), S. 35–106; Jim G. Tobias und Peter Zinke: *Nakam*.

21 Siehe Annette Wieviorka: *The Era of the Witness*. Ithaca, New York: Cornell University Press 2006; und Carolyn J. Dean: *The Moral Witness*. Ithaca: Cornell University Press 2019.

22 Simon Wiesenthal betonte zum Beispiel, sein Motto auf der Jagd nach den nationalsozialistischen Kriegsverbrechern sei nicht Rache, sondern Gerechtigkeit gewesen. Siehe Simon Wiesenthal: *Recht, nicht Rache*. Erinnerungen. Frankfurt am Main/Berlin: Ullstein 1988.

23 Elie Wiesel: *Die Nacht zu begraben, Elischa*. Frankfurt am Main 1992, S. 153. In der Übersetzung von Curt Meyer-Clason. Wie Naomi Seidman anmerkt, wurde im jiddischen Original das Wort »Vergewaltigung« statt »mit ... schlafen« verwendet, was Gewalt suggeriert. Dieses wurde aus der französischen Übersetzung des Texts entfernt. Naomi Seidman: »Elie Wiesel and the Scandal of Jewish Rage«. In: *Jewish Social Studies*. Bd. 3, Ausg. 1 (1996), S. 1–19.

24 Siehe »Interview with Primo Levi on Survival in Auschwitz«. In: *New Republic* (17. Februar 1986) [eigene Übersetzung].

Die jiddische Inschrift an der Wand im Gefängnis in Vilnius lautet »Für Ponary werden wir uns rächen!«. Ponary war ein Platz, an dem es Massenerschießungen gab, bei denen deutsche Truppen und litauische Hilfstruppen zwischen 1941 und 1944 100.000 Juden ermordeten, Litauen; Vilnius, 1944–1945, United States Holocaust Memorial Museum (29932), Foto: George Kadish / Zvi Kadushin

einzurichten; bestenfalls konnten sie sich gegen Tätergruppen wie internierte SS-Leute richten. Jedoch, so scheint es, ließen sich die Rächer vor allem von der Tatsache abhalten, dass sie Einzelne angreifen würden, deren Schuld unbewiesen war.«[25] Letzten Endes setzten sich diese moralischen Bedenken durch, und viele Überlebende ergingen sich stattdessen in Fantasien und vollzogen symbolische Handlungen.

Symbolische Rache

Für viele Jüdinnen und Juden war Rache ein dehnbarer, schwer fassbarer Begriff, und etwas zutiefst Persönliches. Sie lag in indirekten, symbolischen Handlungen: etwa darin, dass man Reisen nach Deutschland ablehnte, keine Produkte aus deutscher Herstellung kaufte, keine Musik von deutschen Komponisten hörte oder die deutsche Sprache nicht verwendete. Rache bedeutete, die ideologischen und politischen Ziele des NS-Regimes zunichtezumachen, beispielsweise indem man überlebte oder als Mitglied

25 Yehuda Bauers Kommentar in: *She'erit Hapletah, 1944–1948: Rehabilitation and Political Struggle*, hg. v. Israel Gutman / Avital Saf. Jerusalem, Yad Vashem 1990, S. 527 [eigene Übersetzung].

der alliierten Armeen das »tausendjährige« Reich besiegte und besetzte. Rache konnte sich auch in geschlechtlichen Beziehungen zu deutschen Frauen äußern, was die von den Nationalsozialisten verordnete »Rassentrennung« unterminieren sollte.[26] Für jüdische Displaced Persons (DPs) in Deutschland bestand die Rache darin, im besetzten Deutschland zu leben und ihre Rechte einzufordern. Wie die Historikerin Atina Grossmann schrieb, »hatte das Bild jüdischer Mütter, die ihre Babys demonstrativ in die Höhe hielten, etwas Provokatives, ähnlich wie die zionistischen Banner, die von ehemaligen deutschen Amtsgebäuden wehten, oder die Plakate, die man auf Prozessionen und Paraden durch deutsche Städte trug«.[27]

Zahlreiche jüdische Überlebende gründeten Familien und nahmen so eine symbolische »reproduktive Rache«. Dem Babyboom unter den jüdischen DPs im Nachkriegsdeutschland stand eine rückläufige Geburtenrate nichtjüdischer Deutscher gegenüber.[28] Die Überlebenden sahen auch in der politischen Souveränität für Juden in Palästina eine Rache für den Versuch der Nationalsozialisten, die Juden von der Erde zu tilgen.[29]

Wieder andere suchten Rache für die millionenfachen Tode, indem sie über die Gräueltaten der Nationalsozialisten berichteten oder die Erinnerungsdokumente der Opfer in Sicherheit brachten, um damit jenen zuvorzukommen, die danach trachteten, Beweise zu vernichten und die Identitäten der Opfer auszulöschen.[30] So schrieb ein Chronist aus dem Warschauer Ghetto im Herbst 1942:

> Ich betrachte es als heilige Pflicht eines jeden, ob geübt oder nicht, alles aufzuschreiben, was er von den Taten der Deutschen gesehen oder durch andere gehört hat [...] Alles muss festgehalten werden, kein noch so kleines Detail darf fehlen. Und wenn die Zeit gekommen ist – denn sie wird kommen–, lasst die Welt lesen und wissen, was die Mörder getan haben. Was die Gepeinigten über diese Zeit schreiben, wird ihr wichtigstes Gut sein. Wenn unsere Rächer dereinst zur Abrechnung kommen, können sie sich auf eure Schriften berufen.[31]

Ein weiterer Weg führte geradewegs in den Gerichtssaal.[32] Für Überlebende standen Rache und ausgleichende Gerechtigkeit – gemeinhin als Gegensätze wahrgenommen – nicht in antithetischem, sondern intrinsischem Zusammenhang: Zu sehen, wie Nationalsozialisten vor nationale und internationale Gerichte und Militärtribunale gebracht und schließlich für schuldig befunden, verurteilt und gehängt wurden, war durchaus eine Form der symbolischen Rache. Der jiddische Dichter und Partisan Abraham Sutzkever, einer der drei jüdischen Zeugen beim internationalen Militärtribunal in Nürnberg, machte seine Aussage am 27. Februar 1946 für die sowjetische Anklagevertretung. Er sprach über die Ermordung seines neugeborenen Sohns im jüdischen Krankenhaus im Wilnaer Ghetto und die Massenerschießungen von etwa 80.000 Jüdinnen und Juden in Ponar. Ursprünglich hatte Sutzkever geplant, Hermann Göring im Gerichtssaal zu erschießen. Doch der Schriftsteller Ilja Ehrenburg, dem sich Sutzkever anvertraut hatte, überzeugte ihn, dass das Erbringen von

26 Siehe z. B. das autobiografische Buch von Roman Frister: *The Cap: The Price of a Life*. New York: Grove Press 1999. In der Übersetzung von Hillel Halkin. Siehe auch Atina Grossmann: *Jews, Germans, and Allies. Close Encounters in Occupied Germany.* Princeton, New Jersey: Princeton University Press 2007, S. 61–68.

27 Grossmann: *Jews, Germans, and Allies*, S. 226.

28 Zum Babyboom unter den jüdischen Vertriebenen und zur rückläufigen Geburtenrate unter Deutschen siehe Grossmann: *Jews, Germans, and Allies*, S. 188–193, S. 195–196, speziell zu »symbolischer Rache«: S. 230–234. Zur Bedeutung von Kindern für die Überlebenden siehe auch Sharon Kangisser-Cohn: »Survivors of the Holocaust and their children«. In: *Journal of Modern Jewish Studies*. Bd. 9, Ausg. 2 (2010), S. 165–183.

29 Siehe z. B. Bar-Zohar: *The Avengers*, S. 85–88.

30 Siehe z. B. Laura Jockusch: *Collect and Record! Jewish Holocaust Documentation in Early Postwar Europe.* New York: Oxford University Press 2012, und Garbarini: *Numbered Days*, S. 51.

31 Zitiert nach Samuel D. Kassow: *Who Will Write Our History?*, S. 154 [eigene Übersetzung].

32 Siehe z. B. Laura Jockusch, »Justice at Nuremberg? Jewish Responses to Nazi War-Crime Trials in Allied-Occupied Germany«. In: *Jewish social studies* 19.1 (2013): S. 107–147.

Beweisen eine wirkungsmächtigere Rache war. »Meine Pistole mit den sechs Kugeln nahm ich nicht mit zum Nürnberger Prozess«, merkte Sutzkever später an. »Es war nicht vorbestimmt, dass ein jiddischer Dichter Rache an dem deutschen Reichsmarschall üben sollte – der sich stattdessen mit Gift selber richtete.«[33] Die Zeugenaussage hatte für Sutzkever eine tiefe Bedeutung. »Ich spüre eine ungeheure Verantwortung und ich bete, dass die Seelen der Märtyrer mit meinen Worten ihr Klagelied anstimmen mögen«, schrieb er in sein Tagebuch, bevor er in den Zeugenstand trat. Zwar fiel es Sutzkever schwer, seinen Fuß auf deutschen Boden zu setzen und Deutschen in die Augen zu sehen, doch der Anblick des in Trümmern liegenden Landes und der Umstand, dass es besetzt war und für seine Verbrechen zur Verantwortung gezogen wurde, verschaffte ihm Genugtuung. »Der Name Nürnberg wird sich für alle Ewigkeit in die Geschichte einbrennen«, führte er aus. »Nürnberger Gesetze – Nürnberger Prozesse. Es ist symbolisch: Dort, wo die Pläne zur Vernichtung der Juden geschmiedet wurden, wurden die Täter verurteilt. Und ich, vielleicht der einzige jiddische Dichter im besetzten Europa, komme zum Prozess nach Nürnberg nicht nur, um Zeugnis abzulegen, sondern auch als lebender Zeuge für die Unschuld meines Volkes.«[34]

Zusammenfassend lässt sich sagen: Während und nach dem Holocaust gaben europäische Jüdinnen und Juden einem weitverbreiteten Drang nach Vergeltung Ausdruck. Mögen deutsche Nachkriegsängste auch ein besonders großes Maß an jüdischer Rache vermuten lassen, so gingen tatsächlich nur wenige Gewaltakte gegen Deutsche von Juden aus. Das Streben nach Vergeltung war allgegenwärtig und Teil der gesellschaftlichen und psychologischen Rehabilitationsprozesse der Nachkriegszeit, fand seinen Niederschlag jedoch vorwiegend in Rachefantasien und symbolischen Handlungen. Für viele Überlebende waren das Verlangen nach Rache und die Vorstellung des Auslebens von Rachefantasien eine Art Ausgleich für ihre vollkommene Ohnmacht und gaben ihnen eine gewisse emotionale Genugtuung. Dennoch blieb stets das Gefühl der Vergeblichkeit, da weder direkte noch symbolische Rache den millionenfachen Verlust von Menschenleben während des Holocaust aufwiegen konnte.

33 Zitiert nach Joseph Leftwich: *Abraham Sutzkever: Partisan Poet*. New York: T. Yoseloff 1971, S. 11 [eigene Übersetzung].

34 Abraham Sutzkever: »Mayn eydes zogn in Nirnberg«. In: *Di goldene keyt*. Bd. 54 (1966), S. 9 [eigene Übersetzung].

Kalte Rache

Yehuda Maimon konnte erst über seine Rachelust reden, als er keine mehr hatte.

Wir trafen uns in den verregneten Tel Aviver Wintertagen, als in Auschwitz der 75. Jahrestag der Befreiung des Konzentrationslagers gefeiert wurde. Steinmeier flog für die Deutschen hin. Angela Merkel besuchte in den Monaten zuvor zum ersten Mal die Gedenkstätte. Auch der deutsche Außenminister war gerade nochmal da gewesen, Heiko Maas, ein Mann, der, wie er in seiner Antrittsrede betont hatte, wegen Auschwitz in die Politik gegangen war.

Yehuda Maimon blieb zuhause in Giv'atajim, in dem kleinen Apartment einer Seniorenresidenz, das er seit zehn Jahren bewohnte. Er war 95 Jahre alt, als der 75. Jahrestag der Befreiung von Auschwitz gefeiert wurde. Er war 19 als sie ihn nach Auschwitz brachten.

Er hat zwei Jahre im Lager überlebt, aber er wurde selten zu Gedenkfeierstunden eingeladen. Seine Geschichte konnte den Frieden stören. Dem Mann allerdings sah man das nicht an. Ein freundlicher älterer Herr mit einem lachenden Gesicht. Auf Kommoden und in Regalen standen Fotos der Kinder, Enkel und Urenkel. In seinem Zimmer hingen farbenfrohe Gemälde, eines zeigte Aviva, seine Frau, die fünf Jahre zuvor gestorben war. Die Liebe seines Lebens. Als sie sich kennenlernten, nannte man sie Fretka, er selbst wurde damals Poldek genannt. Das war im Herbst 1945 in Treviso, in Norditalien, wo Poldek an dem Plan arbeitete, sechs Millionen Deutsche umzubringen.

»Wollen Sie Wasser?«, fragte er gleich zu Anfang.

»Sie sprechen Deutsch?«, fragte ich.

»Ein bisschen«, sagte Yehuda Maimon. »Aber ich habe es seit 50 Jahren kaum mehr gesprochen.«

»Schreckt Sie die Sprache?«

»Manchmal. Ja. Manchmal braucht man nur ein Wort und man ist in Auschwitz«, sagte er. Und dann: »Nehmen Sie ein bisschen Schokolade.«

Er schob die Schüssel mit Schokoladenkugeln zu mir, ich nahm eine, wickelte sie langsam aus, steckte sie in den Mund und dachte, während sie dort zerging, was für eine Pointe es wäre, jetzt noch vergiftet zu werden. Der aufgeschlossene, ein wenig späte deutsche Gast. Pünktlich zum 75. Geburtstag der Befreiung.

Yehuda Maimon wurde 1924 als Leopold Wassermann in Krakau geboren. Sein Vater importierte Delikatessen, vor allem Schokolade. Die Wassermanns gehörten zur Mittelklasse. Sie wohnten nicht im jüdischen Viertel der Stadt, aber Leopold, den alle Poldek nannten, besuchte eine jüdische Schule. Er hatte einen älteren Bruder, Moishe, der damals schon auf der Universität war. Deutschland schien weit weg. Ein Viertel der Bevölkerung von Krakau waren Juden. Im Sommer 1939, als die Faschisten Polen angriffen, war Poldek in einem Ferienlager in der Hohen Tatra. Er war 15 Jahre alt. Die Deutschen brauchten sechs Tage bis nach Krakau. Die Panik auf dem Bahnhof, von dem aus er und die anderen Jugendlichen zurück nachhause fuhren, war das erste Anzeichen der Katastrophe. In Krakau schlossen die Synagogen, dann auch seine Schule, aber richtig veränderte sich das Leben erst, als sie ins Ghetto mussten, sagte Yehuda Maimon. Das war 1941. Die Familie Wassermann lebte nun zu viert in einem Zimmer. Sie beschlossen nach Israel auszureisen, wenn der Krieg vorbei war. 1942 holten sie Poldeks Vater und brachten ihn nach Bergen-Belsen, seine Mutter und sein Bruder wurden ins Konzentrationslager Plaszow verschleppt. Poldek schloss sich der Jugendbewegung im Krakauer Untergrund an, sie nannten sie »Kämpfende Pioniere«. Er dachte nun, mit 18, dass er sowieso sterben würde, sagte er. Weihnachten 1942 war er am Anschlag auf ein Café beteiligt, in dem Wehrmachtsoffiziere feierten. Es war der erste große Widerstandsakt der polnischen Juden. Im Frühjahr 1943 wurde er bei einem Überfall auf polnische Kollaborateure verhaftet und zum Tode verurteilt. Sie verlegten ihn aus der Todeszelle des Krakauer Gefängnisses Montelupich nach Auschwitz.

»Warum?«, fragte ich und Yehuda Maimon sagte: »Das haben sie mir doch nicht erzählt.«

Dann lachte er.

Einmal sagte er: »Schau in den Archiven nach. Die Deutschen waren doch so gründlich. Die haben doch alles aufgeschrieben.«

Was er aus Auschwitz erzählte, klang seltsam hoffnungsvoll. Keine Schwäche, keine Depression, keine Klagen. Es waren Geschichten von Freundschaft und Solidarität. Der polnische Chef des Lagerhospitals fälschte seine Krankenakte, sodass ihn die Deutschen nicht zur Hinrichtung ausmusterten, im Strafbataillon half ihm ein Dieb zu überleben, zu seinem 20. Geburtstag schenkte ihm der Chef des kommunistischen Untergrunds des Konzentrationslagers einen Davidstern.

Auf dem Todesmarsch traf Yehuda Maimon in einem Nachtquartier in Gliwice seinen Bruder wieder. Moishe. Ihre Eltern waren in den Konzentrationslagern ermordet worden. Yehuda schlug dem Bruder vor, zu fliehen, aber dem war das Risiko zu groß, so kurz vor Schluss. Maimon aber floh in der Nacht, schlug sich Richtung Osten durch, zurück nach Krakau, das von der Roten Armee befreit worden war. In seinem Elternhaus wohnte eine polnische Familie. Als er dort stand, ausgehungert und zerlumpt, sagte ihm der neue Hausherr, bevor er die Tür schloss: Erstaunlich, wie viele von euch überlebt haben. Poldek ging nach Südosten, er wollte nach Palästina ausreisen. In Bukarest traf er auf Abba Kovner, einen litauischen Poeten und Partisanen, der um sich eine Gruppe junger Überlebender versammelt hatte, die sich rächen wollten für das Weltverbrechen. Poldek schloss sich ihnen an.

»Uns war doch klar, dass es keine wirkliche Bestrafung der Täter geben würde. Und so kam es ja auch. Die meisten kamen davon. Weil die Zeugen tot waren. Oder schuldig«, sagte Yehuda Maimon. »Wir wollten unser Urteil sprechen.«

Und wen vertraten sie?

»Das jüdische Blut.«

Sie beschlossen, so viele Deutsche wie möglich zu töten. Irgendwann kamen sie auf sechs Millionen. Eine symbolische Zahl. Es ging ihnen nicht um den einzelnen deutschen Mörder, sie wollten der Monstrosität der Tat etwas entgegensetzen, der ganzen antisemitischen Geschichte. Das musste natürlich ein Riesenzeichen sein. Durch die Wasserversorgung großer deutscher Städte sollte Gift fließen. Sie waren 50 junge Überlebende. Die meisten gingen in deutsche Städte, wo sie die Wassersysteme studierten. Poldek schickten sie nach Norditalien. Er sollte Geld besorgen und den Rückzug nach der Tat organisieren. Kovner, ihr Anführer, fuhr nach Palästina, um die Jüdische Brigade und ihren Sicherheitsdienst, die Hagana, die Führung des künftigen Staates Israel, über ihre Pläne zu informieren und auch, um das Gift zu besorgen.

Abba Kovner kam nie zurück. Er wurde von der britischen Besatzungsarmee auf dem Rückweg gefangen genommen und in Ägypten für ein paar Monate ins Gefängnis gesteckt. Die künftigen Führer des neuen Staates waren nicht begeistert von den Racheplänen. Ein millionenfacher Mord würde die internationale Gemeinschaft abstoßen, deren guten Willen sie jetzt brauchten, um ihren Staat gründen zu können, Israel. Ben-Gurion, der wenig später erster Ministerpräsident wurde, sagte Kovner: Ich hätte lieber sechs Millionen Juden zurück als sechs Millionen tote Deutsche. Geh in einen Kibbuz. Da hilfst du dem jüdischen Volk am meisten.

Die jungen Attentäter wurden ungeduldig, manche schwermütig, andere wütend. Sie besorgten sich Gift in Paris und mischten es in den Brotteig einer Nürnberger Großbäckerei, die die Kriegsgefangenenlager belieferte. Danach flüchteten sie nach Prag, wo sie sich ein paar Wochen versteckt hielten und auf neue Anordnungen warteten. Abba Kovner beorderte die Gruppe schließlich nachhause, um sie für neue Anschläge vorzubereiten, wie er sagte.

Abba Kovner posiert verkleidet als Soldat der Jüdischen Brigade mit drei anderen Personen auf den Stufen des Schiffes, das ihn von Palästina zurück nach Europa bringen sollte, um Plan A der Gruppe durchzuführen, Palästina, Dezember 1945, United States Holocaust Memorial Museum (27062), Foto: Vitka Kempner Kovner

Am 26. Juni 1946 kam Poldek in Haifa an. An Bord der »Josiah Wedgwood« erzählte er Fretka, seiner künftige Frau, zum ersten Mal von den Rächern. Niemand aus der Gruppe war jemals in Palästina gewesen. Sie zogen in den Kibbuz En HaChoresch, wo schnell klar wurde, dass sie hier nicht lernen sollten, Bomben zu bauen, sondern Rüben anzupflanzen. Sie sollten zivilisiert werden, neue Bürger eines neuen Staates. Yehuda Maimon hielt es ein Jahr aus, dann besorgte er sich einen falschen Pass, mit dem er zurück in den Untergrund reisen wollte. Er kam nicht mal bis zum Flughafen, da stoppte die Hagana den Bus, holte Maimon heraus und schickte ihn zurück in sein israelisches Leben. Er verließ es nicht mehr.

Ermittler inspizieren das Versteck unter dem Fußboden, wo das giftige Arsen gelagert wurde, Nürnberg, 1946, The U.S. National Archives

Er ging zur Marine, zog mit Aviva nach Haifa, in die Nähe des Hafens. Sie bekamen zwei Söhne, er wurde Kapitän zur See. Anfang der 1960er Jahre wurde Yehuda Maimon israelischer Botschaftssekretär in Warschau. Seine Familie blieb drei Jahre in Polen, einmal feierten sie Pessach in Krakau. Sein Wohnhaus besuchte er nie wieder, aber er war in Auschwitz, wurde vom Chef der Gedenkstätte herumgeführt wie ein Staatsgast. 20 Jahre zuvor hatten sie ihn dort getreten, jetzt servierten sie Tee und Gebäck. Seine Rächergeschichte erzählte er nicht. Yehuda Maimon redete über sein Leben, aber nie über Nakam.

»Anfangs haben sie uns in der Heimat nicht gut behandelt, manchmal kam ich mir vor wie ein Tier. Sie haben uns versteckt. Nach dem Eichmann-Prozess wurden die Überlebenden mit Respekt behandelt, aber verstehen konnte uns trotzdem niemand. Wie auch«, sagte Yehuda Maimon. »Mich hat überrascht, dass nicht mehr diese Wut in sich getragen haben.«

Sechs Millionen Tote, 50 Rächer. Nakam plante die Begleichung einer offenen Rechnung zwischen den Völkern.

Vor zwei Jahren hat Dina Porat, Chefhistorikerin von Yad Vashem, ein Buch veröffentlicht, das die Geschichte erzählt. Es heißt »Rache und Vergeltung sind mein«. Sie hat acht Jahre lang recherchiert, mit allen Rächern geredet, die noch am Leben waren. Anfangs waren es 25, zuletzt noch vier. Einer war über hundert und eine konnte nicht mehr sprechen. Bei der Buchpremiere in Israel erschienen über 400 Leute. Yehuda Maimon saß mit auf der Bühne. Sie hat ihn gefragt, ob er es wieder machen würde.

»Er hat gesagt: ›Natürlich.‹ Die Leute sind aufgestanden und haben applaudiert«, sagte sie.

Yehuda Maimon und ich trafen uns fünfmal in jenem Winter, als die Befreiung von Auschwitz sich zum 75. Mal jährte. Er zeigte mir Urkunden, Fotoalben, er führte mich durch seine Residenz, wir aßen zusammen, er stellte mich Freunden und Nachbarn vor, und er bot mir immer wieder Schokolade an. Vor ein paar Jahren redete Yehuda Maimon unter einem Pseudonym mit deutschen Journalisten, weil er Angst vor Strafverfolgung hatte. Jetzt durfte man seinen Namen nennen. Dina Porat glaubt, das liege an den guten Beziehungen zwischen Deutschland und Israel. Es gibt geschäftliche, diplomatische und kulturelle Beziehungen, es gibt eine sogenannte Erinnerungskultur. Yehuda Maimon erzählte seine Rachegeschichte am Ende seines Lebens, jetzt, als er sie uns zumuten konnte, dachte ich.

Glaubt er, dass die Deutschen ihre Lektion gelernt haben?

»Ich rede nicht über die Deutschen«, sagte er. »Ich rede über uns. Unser Volk. Die Juden haben sich nie gewehrt. Es war genug.«

Ich schrieb die Geschichte von Yehuda Maimon für den »Spiegel«. Auch das ein Teil der Gedenkkultur, des geschmierten Jubiläumsbetriebs, den ich im Text ein wenig beklagte. Ein Leser, er lebte in Frankfurt am Main, schickte mir einen Brief, in dem er erklärte, dass nicht die Deutschen, sondern die Juden schuld an Auschwitz gewesen wären. Dazu hatte er die »Spiegel«-Seite mit dem großen Foto von Yehuda Maimon gelegt. Er hatte das Gesicht des Helden mit Kugelschreiber durchkreuzt und das Wort »Rache« in der Überschrift des Textes durch »Lüge« ersetzt.

Ende des Jahres 2020 ist Yehuda Maimon gestorben, der Rächer.

Die Zeit heilt keine Wunden!

Über Rache, die nie verjährt

In die Mauer am ehemaligen Jüdischen Friedhof sind nahezu 12.000 Namen auf kleinen Metallblöcken eingelassen. Namen von jüdischen Frauen, Kindern und Männern aus Frankfurt am Main, die deportiert und in den Lagern ermordet wurden. Es fehlen diejenigen, die auf der Flucht vor den Deutschen starben, so wie meine Großmutter Lea Bergmann, geborene Fränkel, die Mutter meines Vaters. Als wäre das kein Mord, eine Frau von 80 Jahren in den Tod zu hetzen. Ansonsten sind die Bergmanns an jener Mauer eindrucksvoll vertreten: mein Großvater Jakob, meine Tante Rosel, meine Onkel Oskar und Israel und die Onkel und Tanten meines Vaters sowie zahlreiche seiner Cousinen und Cousins, Schwägerinnen und Schwager, Nichten und Neffen. Wir haben uns niemals getroffen, sie alle waren tot, bevor ich geboren wurde. Und doch kenne ich sie gut, sie sind mir nah, ich bin mit ihnen aufgewachsen. Sie waren Teil der Geschichten, die stets bei Familienfeiern angereichert wurden, die zu Idealmenschen anwuchsen, denen ich nachzueifern hatte und die ich nicht enttäuschen durfte. Ihre Namen erschienen außerdem in Gerichtsakten bei Entschädigungsprozessen. Ich erinnere die ominöse Zahl von 21 Familienangehörigen, deren Tod mein Vater »nachzuweisen« hatte, denn die Wiedergutmachung (horribile dictu) wurde den überlebenden Juden nicht selbstverständlich gewährt, sie mussten sie sich vor Gericht mühsam erstreiten. Gegen ehemalige Nazijuristen! Mein Vater starb kurz nach Ende des Prozesses.

Auch meine Mutter, die sich mit 85 aus ihrem Schlafzimmerfenster stürzte, konnte die Erschießung ihrer Eltern in Riga, meiner Großeltern Rosa und Heinrich Meinstein, niemals verwinden. Sie litt ein Leben lang darunter, sie angeblich im Stich gelassen zu haben, als sie selbst auf der Flucht durch Frankreich war, die im Lager Gurs endete. Und ich? Während ich diese Zeilen schreibe, kommt wieder Wut in mir hoch, ja Hass und ein Bedürfnis nach Rache. Denn die Zeit heilt keine Wunden. So wie viele der biedermeierlichen, deutschen Sprichwörter ist auch dieses euphemistischer Blödsinn. Die Wunden bleiben sichtbar, sie vernarben und die Narben schmerzen. Rache muss heiß gekocht und kalt genossen werden, lautet ein sizilianisches Sprichwort. Diese Leute wissen, wovon sie reden.

Kurz nach dem islamistischen Anschlag auf den Pariser Club »Bataclan«, bei dem 89 Menschen ermordet wurden, erschien das Buch eines Hinterbliebenen, dessen Frau im »Bataclan« erschossen wurde, unter dem Titel: »Meinen Hass bekommt ihr nicht!« Berücksichtigend, dass das Schreiben eine psychotherapeutische Wirkung entfalten kann, bekommt dieser Autor von mir mildernde Umstände. Ansonsten finde ich es vermessen, so ein Buch zu veröffentlichen, denn es unterstellt, dass es das Anliegen der Täter war, möglichst intensiv gehasst zu werden. Von braven Bürgern, die im Hassen ungeübt sind.

Genauso abwegig ist es, wenn Politiker davon sprechen, dass die Täter die Gesellschaft »spalten« wollten. Als würden diese Mörder sich vornehmen, mal ein wenig die Gesellschaft zu spalten. In was? Die dafür und die dagegen sind, dass man Menschen im Namen einer Religion ermordet? Auch dieses Motiv ist vorgeschoben. Diese Männer sind losgezogen, um nichts anderes zu tun, als möglichst viele Menschen zu töten, und dafür sollen sie in der Hölle schmoren. Und dafür bekommen sie meinen Hass.

Denn die Wahrheit ist: Das »Bataclan« hat einen jüdischen Besitzer, der über die Jahre bereits mehrmals von islamistischen Gruppen als »Zionist« bedroht wurde. Das war der Grund für den Überfall auf das »Bataclan«, den Politiker dann gern als »feige« bezeichnen, auch so ein Unwort in diesem Kontext. Was wäre denn die »mutige« Version dieses Überfalls?

Zurück zur Rache. Natürlich ist es wohlfeil zu behaupten, ich würde gern Rache üben für das Unrecht, das meiner Familie zuteilwurde, denn selbst wenn ich es könnte, könnte ich es nicht. Es sind die zivilisatorischen Schranken, die mich daran hindern, meine Erziehung, meine Fähigkeit zur Empathie. Die Einlassung Platons, dass jeder Mensch in sich das »Urgute« trägt, trifft fatalerweise auch auf mich zu. Meine Rache findet im Kopf statt und in meinen Träumen und wenn ich nicht schlafen kann. Dann räche ich mich an Hitler! Aber auch an Erdoğan, Ali Chamenei, Scheich Nasrallah und einigen anderen mehr, die mir, meinen Leuten und dem Rest der Welt wehgetan haben und es noch immer tun. Ich verfluche die Vorgenannten, indem ich ihnen Läuse auf dem Kopf wünsche und zu kurze Arme, sich zu kratzen, die grausamste aller jüdischen Verwünschungen. Denn seien wir ehrlich: Das

Foto von den Gedenksteinen für die deportierten und ermordeten Mitglieder der Familie Bergmann an der Außenmauer des Friedhofs an der Battonnstraße in Frankfurt. Die Steine sind Bestandteil der Gedenkstätte Neuer Börneplatz, die an die beinahe 12.000 ermordeten Frankfurter Jüdinnen und Juden erinnert,
© Anke Apelt

MARKUS BERGMANN
14.3.1880
UNBEKANNT

ISRAEL BERGMANN
2.12.1888 - SE. 1942
AUSCHWITZ

ESTER BERGMANN
GEB. MANDEL
7.7.1898 -
MINSK

JAKOB BERGMANN
10.10.1864 -
MAJDANEK

FRANZ BERGMANN
18.7.1873 -
AUSCHWITZ

KARL BERGMANN
23.5.1895 -
LODZ

133

Gefühl der Rache ist ein zutiefst menschliches und wenn man auch nicht das zurückerhält, was man verloren hat, so freut man sich dennoch, wenn ein gebührender Racheakt gelingt. Er kann zwar das erlittene Unrecht nicht gutmachen, die Würde oder Ehre nicht wiederherstellen, aber die Waage des angemessenen Ausgleichs kann er schon ein wenig ins rechte Gewicht bringen.

So erging es vermutlich auch den sieben jüdischen Männern, die kurz nach dem Zweiten Weltkrieg in Frankfurt am Main in der Ruine des »Cafés Hauptwache« zusammensaßen und planten, in möglichst kurzer Zeit möglichst viel Geld zu verdienen, um in die Vereinigten Staaten, nach Palästina, Australien oder Kanada auswandern zu können.

Die meisten von ihnen lebten in diesen Tagen im DP-Lager Zeilsheim. Menschen, die aus Lagern kamen, hausten wieder in Lagern. Dem wollten sie entfliehen: Emanuel und David Bergmann waren zwei Brüder aus Galizien, als Einzige aus dem Schtetl und der Familie übrig geblieben, die sich durch Zufall nach dem Krieg wiederfanden. Emanuel hatte diverse Lager überlebt, David war nach Algerien geflohen, in die französische Fremdenlegion, wo es eine jüdische Einheit gab. So stand er, wie er nicht ohne Stolz sagte, »auf der richtigen Seite des Gewehrs!« Ein Glück, das Max Holzmann nicht hatte.

Er überlebte das Sonderkommando in Auschwitz, wo er zusehen musste, wie seine Frau und seine kleine Tochter ins Gas geschickt wurden. Emil Verständig schaffte es zwar, in Schanghai zu »überwintern«, doch vor seiner Abreise wurde ihm im Gestapokeller ein Auge ausgeschlagen. Moische Krautberg musste als 18-Jähriger mit ansehen, wie seine Eltern in Böhmen in eine Holzsynagoge getrieben und verbrannt wurden. Er gelangte schließlich bis nach Aserbeidschan. Szoros überlebte in Budapest in einem Theater, tagsüber in einem Sarg versteckt und nachts unterwegs, wie ein Vampir. Fajnbrot sprach nie über sein Schicksal, aber alle wussten, dass er Amon Göth und das Lager Plaszow überlebt hatte. Jahre später machte er die anderen mit Oskar Schindler bekannt, der inzwischen mehr schlecht als recht in Frankfurt lebte. Aber das ist eine andere Geschichte.

Es hatte sich in jüdischen Kreisen herumgesprochen, dass es einen versprengten Rest der britischen »Jewish Brigade« gab, der sich vorgenommen hatte, die Täter im Namen der sechs Millionen Ermordeten zur Rechenschaft zu ziehen. So zogen diese uniformierten Männer durch das besetzte Deutschland und Österreich, um Naziverbrecher aufzuspüren, ihnen persönlich den Prozess zu machen und sie nach ihrem Geständnis zu liquidieren, was ihnen in mehr als 80 Fällen wohl auch gelang.

Die sieben Männer im Café saßen also mit schlechtem Gewissen im Land der Täter und wollten ebenfalls Rache üben, indem sie das taten, was ihrem Talent und ihrer US-Lizenz entsprach: als Hausierer, als »Teilacher«, als »Door-to-door-salesmen« von Haus zu Haus zu gehen und den Deutschen allerhand Dinge zu überhöhten Preisen zu verkaufen, und das mit Tricks, die den Opfern nicht nur finanziell so richtig wehtaten.

Der »Kameradentrick«: Die Teilacher gingen auf die Friedhöfe im Frankfurter Umland und hielten nach Gedenksteinen oder Plaketten für Gefallene

Ausschau. Stand da z. B. zu lesen: »In Gedenken an unseren Sohn Heinz oder Vater Fritz oder Bruder Hans, gefallen in Smolensk, Stalingrad oder Minsk«, war es oft der lange Verständig mit dem Glasauge, der an der Tür eines Bauernhofs klopfte oder an einem Reihenhaus klingelte, um sich gutgelaunt als Kamerad von Heinz, Fritz oder Hans auszugeben. Und der dann »erschüttert« war, als er erfahren musste, dass Heinz, Fritz oder Hans nicht mehr aus dem Krieg zurückgekommen war. Er berichtete bei einem Schnäpschen, dass er jeden Tag für einen Juden Wäsche-Aussteuerpakete verkaufen musste, um seine Familie zu ernähren. Die Angehörigen der toten Soldaten taten dem Gast ausnahmslos den Gefallen und erwarben solch ein Paket. Das war doch Ehrensache für einen Kriegskameraden.

Der »Angebotstrick«: Es gab in Rödelheim, Bonames, Fechenheim und anderen Vororten noch Siedlungen, die den Krieg unbeschadet überstanden hatten und in denen überwiegend Eisenbahner, Postler oder städtische Angestellte mit ihren Familien wohnten. Dort hinein tuckerten die Teilacher mit ihrem Kleinlaster, stellten sich auf die Ladefläche und verkündeten: »Herrschaften, hergehört! Auf Befehl der amerikanischen Armee verteilen wir heute Wäsche-Aussteuerpakete – zum Sonderpreis – nur für Eisenbahner! Der Kaufpreis wird von der Bahn übernommen, sodass Sie nur einen Unkostenbeitrag von 450 Mark zahlen müssen!« Die Leute kauften wie verrückt.

Der »Anzahlungstrick«: Die Teilacher durchforsteten Tageszeitungen wie die »Allgemeine« oder die »Rundschau«, um nach Todesanzeigen Ausschau zu halten. Fielen ihnen Inserate aus »besseren« Vierteln oder gar aus Königstein, Kronberg oder Bad Homburg auf und waren die Verblichenen Ärzte, Rechtsanwälte, Studienräte oder Unternehmer, begann der »Feldzug«. Die jüdischen Handelsvertreter klingelten an den entsprechenden Türen und Portalen, fragten fröhlich nach dem Herrn des Hauses und mussten schockiert hören, dass der »Herr Doktor« oder der »Herr Professor« plötzlich und unerwartet verschieden sei! Bei allem Mitgefühl eine dumme Sache, hatte der Verstorbene doch kurz vor seinem Tod noch ein edles Schmuckstück, einen teuren Perserteppich, einen antiken Schrank oder gar ein Automobil bestellt und angezahlt, und diese Abmachung müsse nun leider eingehalten werden. Die Witwen waren in ihrem Zustand meist so überfordert, dass nicht lange gefragt wurde. Außerdem war es anrührend, den letzten Wunsch des Verblichenen zu erfüllen, auch wenn es teuer wurde. So wechselte manches Schmuckimitat, ein falscher Teppich, ein billiges Möbelstück oder eine Schrottkarre den Besitzer.

Gewiss, dies waren alles nur kleine, private Racheakte. Aber es war eine Form der »Jüdischen Rache« und sie sorgte für eine gewisse Genugtuung und einen winzigen Trost für die belasteten Seelen. Und es brachte die sieben Männer ihrem Ziel näher, Deutschland so schnell wie möglich zu verlassen. Was in ihrem Fall nie geschah. Aber auch das ist eine andere Geschichte.

Six million Germans
You might say it wasn't right
Six million Germans
An eye for an eye leaves all without sight
Six million Germans
They didn't want to make amends
Six million Germans
They wanted one thing, Nakam: revenge.

S. 136　Bernard Krigstein (1919–1990), Sohn jüdischer Einwanderer aus Weißrussland und der Ukraine in die USA, wurde insbesondere als Cartoonist bekannt. Seine Beiträge für EC Comics aus den Jahren 1953–1955 sind einzigartig. Die kurze Geschichte »Master Race« gilt als Meisterwerk – sowohl hinsichtlich der Form wie auch des Inhalts: eine zunächst nicht identifizierbare Figur mit dem Namen Carl Reissman wird in der New Yorker U-Bahn von einem Überlebenden als Kommandant des Konzentrationslagers Bergen-Belsen wiedererkannt, rennt davon und stirbt auf den Gleisen.

Seite aus MASTER RACE, Bernard Krigstein (& Al Feldstein), Impact #1, EC Comics, USA, April 1955

S. 137　Mit ihrem Song »Six Million Germans« besingen Daniel Kahn & The Painted Birds Abba Kovner und seine Nakam-Gruppe. Das Lied erinnert an den Plan, sechs Millionen Deutsche aus Vergeltung für die sechs Millionen während der Schoa ermordeten Jüdinnen und Juden zu töten. Es kann als Beispiel jüdischer »Rachekunst« interpretiert werden. Kahns Song ist jedoch keine unmittelbare Aufforderung, einen solchen Racheakt zu vollziehen, sondern eine Erinnerung daran, dass es solche Gefühle und Reaktionen innerhalb der jüdischen Gemeinschaft gab.

Six Million Germans / Nakam, Daniel Kahn & The Painted Birds, aus dem Album *Partisans & Parasites*, Oriente Musik OHG, 2009

⊣— **Caspar Battegay**

»Jerusalem, New York, Berlin«

Geografie der Nostalgie und der Rache

Nostalgie und Rachefantasien gehören in der jüdischen Geschichte zusammen. Dies artikuliert kein Text so eindrücklich wie der 137. Psalm, der die Erinnerung an Jerusalem und die grausame Rache an der »Tochter Babels« und den »Söhnen Edoms« beschwört. In diesem Psalm spricht ein Kollektiv, das der Jüdinnen und Juden im babylonischen Exil, und dieses Kollektiv drückt die Unmöglichkeit aus, an diesem Ort und in diesem Zustand die Lieder Zions anzustimmen. Das oft bemerkte Paradox besteht darin, dass gerade der Psalm ein solches Zionslied darstellt. Bis heute inspiriert der Text die Reflexion über Herkunft und Gedächtnis, Nostalgie und Rache. Zudem spannt er eine imaginäre Geografie zwischen einem erinnerten Zentrum und dem Vergessen auf, die eschatologische und politische Dimensionen hat.

Fragt man nach der Bedeutung der Rache für zeitgenössische Kultur und richtet dabei die Aufmerksamkeit vor allem auf die Popmusik, so ist auch dort das Gefühl der Nostalgie allgegenwärtig. Die erträumte Heimkehr (*nóstos*) an einen verlorenen Ort oder in eine andere Zeit sowie der Schmerz (*álgos*) über Verlust und Liebesverrat sind übliche Themen. Die Nostalgie hat, wie Svetlana Boym in ihrem Buch »The Future of Nostalgia« (2001) beschreibt, eine reaktionäre Seite, wenn sie als Kern nationalistischer Politik auf die Wiedererrichtung einer vermeintlichen Heimat gerichtet ist – oder eine reflexive, wenn sie den Schmerz selbst betont, diesen aber ironisch hinterfragt. Eine solche reflexive Nostalgie legitimiert zwar das Bedürfnis nach Rache als einer Umkehr eines erlittenen Schicksals, belässt sie aber unabgeschlossen in ihrem Charakter als Phantasma.

In einem Song der amerikanischen Band Vampire Weekend auf dem Album »Father of the Bride« (2019) kann dieses Verhältnis exemplarisch nachvollzogen werden. Das Album wurde 2020 mit dem Grammy für das beste Album in der Sparte »Alternative« ausgezeichnet. Wegen seines

Anspielungsreichtums bezeichnete es die Musikkritik unter anderem als »enzyklopädisch«, obwohl es sich wie eine »Frühlingsbrise« anfühle.[1] Der letzte Track mit dem Titel »Jerusalem, New York, Berlin« ist ein Beispiel für diese Mischung, ein ironischer und zugleich melancholischer Song, der die Vorstellung einer kollektiven Herkunft, einer mythischen Geografie und die Idee verlorener Möglichkeiten aufruft. Es ist zunächst Ezra Koenigs helle und mit Hall unterlegte Stimme, sein zögerliches Einatmen zu Beginn, die der Aufnahme ihre spezifische Melancholie verleiht. Die ersten Zeilen der ersten Strophe könnten zu einem typischen Lovesong gehören. Doch Vampire Weekend sind bekannt für ihre religionsgeschichtlich aufgeladenen Texte, so stellte zum Beispiel bereits der Song »Ya Hey« auf dem Album »Modern Vampires of the City« (2013) eine Reflexion über das Buch Exodus und die Offenbarung dar. Die nächsten Zeilen von »Jerusalem, New York, Berlin« sind denn auch nicht mehr als Liebeslied verständlich.

> I know I loved you then
> I think I love you still
> But this prophecy of ours
> Has come back dressed to kill
> Three stones on a mountain
> Three small holes in a field
> You've given me the big dream
> But you can't make it real

Es geht also um eine alte Liebe, die (so *denkt* der Sänger allerdings nur) immer noch anhält, aber auch um eine alte Prophezeiung, die sich bei ihrer Rückkehr als tödlich erweist. Das Gespenstische dieser Zeilen steckt auch im Bild der drei Steine und der drei Löcher. Sind damit die Gräber der Patriarchen Abraham, Isaak und Jakob gemeint, die sich der Überlieferung nach bei Hebron befinden und bis heute Gegenstand territorialer Konflikte sind? Solche spekulativen Deutungen werden in der zweiten Strophe bestärkt, in der das Jahr 1917 als Jahr der sogenannten Balfour-Deklaration genannt wird. Mit diesem Dokument legitimierte das britische Empire den jüdischen Anspruch auf einen Staat im damaligen Mandatsgebiet Palästina, was bis heute zu unterschiedlichen Interpretationen geführt hat (»An endless conversation / Since 1917«).

Doch es drängen sich noch grundsätzlichere Fragen auf: Wer ist in diesem Song das Wir? Wer das Du und wer das Ich? Die poetische Qualität des Textes kommt auch daher, dass er solche Fragen nicht beantwortet. Der Titel unterstützt eine Lektüre der Lyrics als Reise durch die jüdische Geschichte: von einem mythischen Ursprungsort zu den Zentren des Exils. Diese Geschichte ist eine, die vom »big dream« der Heimkehr erfüllt ist. Der Zionismus wollte diesen Traum in die politische Realität transferieren; er spiegelt sich in den Familien- und Lebensgeschichten vieler europäischer Jüdinnen und Juden, wie etwa der Titel von Gershom Scholems »Jugenderinnerungen« verdeutlicht: »Von Berlin nach Jerusalem« (1977). Doch kann ein solcher

1   Michael Nelson, *Vampire Weekend – »This Life« & »Unbearably White«*, Stereogum, 4. April 2019, https://www.stereogum.com/2038410/vampire-weekend-this-life-unbearably-white/music/ (Zugriff vom 19. November 2020).

kollektiver Traum überhaupt verwirklicht werden? In der religiösen Sicht ist das von Gott versprochene Land – das himmlische Jerusalem – nie ganz mit dem geografischen Territorium kongruent (»But you can't make it real«). Und haben nicht die Nostalgie und der Traum von Heimat immer einen imaginären Überschuss? Im Refrain finden sich Hinweise auf eine solche Deutung.

> O, wicked world
> Just think what could have been
> Jerusalem, New York, Berlin
> All I do is lose but baby
> All I want's to win
> Jerusalem, New York, Berlin

Im Refrain wird Koenig wie auch bei anderen Songs des Albums von Danielle Haim begleitet. Er wird nach jeder der drei Strophen je einmal wiederholt, was gemäß den drei genannten Städten (und den drei Gräbern aus der ersten Strophe) eine dreiteilige Struktur bildet. Die drei Städte entsprechen auch drei historischen, unverwirklichten Möglichkeiten der jüdischen Diaspora: das, was *hätte* sein können. An diese Möglichkeiten soll gedacht werden: »Just think what could have been«. Koenig erklärte in einem Interview, dass die drei Orte für »eine jüdische Person signifikant« seien, er habe sie aber auch ausgewählt, weil Jerusalem die Religion repräsentiere, New York das Geld und Berlin die Kultur. Und obwohl er von jüdischen Kritikerinnen so verstanden wurde[2], sei der Song eben nicht »hyper-specific«, sondern frage allgemein nach dem »struggle of identity«.[3] Doch diesen Kampf um die Identität besingt Koenig gerade *nicht* auf seine allgemeine Struktur zwischen Gemeinschaft und Abgrenzung hin, sondern sehr konkret im Hinblick auf die Städtenamen.

»Jerusalem, New York, Berlin« evoziert denn auch ein anderer, sehr berühmter Song, der ebenso mit Vagheit und geografischer Konkretheit spielt: Leonard Cohens »First We Take Manhattan«, zuerst 1987 von Jennifer Warnes und dann 1988 von Cohen selbst als erster Track auf seinem achten Studioalbum »I'm Your Man« veröffentlicht. Während Vampire Weekend und Producer Ariel Rechtshaid ihren Song im kitschigen Balladenstil mit Piano, Streichern und Bass instrumentalisieren, klingt »First We Take Manhattan« in Cohens Version nach Euro-Dance und Synthie-Pop. Die harte, priesterhafte Stimme Cohens deutet etwas Geheimnisvolles an, aber auch Auserwähltheit und Gewalt: »I'm guided by a signal in the heavens / I'm guided by this birthmark on my skin / I'm guided by the beauty of our weapons / First we take Manhattan, then we take Berlin«. Cohens Text funkelt vor biblischen und mythischen Assoziationen, bleibt letztlich aber kaum deutbar. Die Bewegung über den Atlantik von Manhattan nach Berlin ist willkürlich, scheint aber poetische Gültigkeit zu besitzen. Stellt sie die Rachefantasie eines jüdischen Dämons dar, der als amerikanischer Aufsteiger ins Zentrum der Vernichtung und Demütigung zurückkehrt? Später im Song heißt es sarkastisch: »Ah, you loved me as a loser, but now you're worried that I just might win«.

2   Z. B. Sophia Steinert-Evoy, »Essay: What Could have been?«, *Jewish Currents*, 4. Juli 2019, https://jewish-currents.org/what-could-have-been/ (Zugriff vom 20. November 2020).

3   Shalin Graves, »Interview: Vampire Weekend's Ezra Koenig on new album ›Father od the Bride‹«, *Coup de Main*, 3. Mai 2019, https://www.coupdemainmagazine.com/vampire-weekend/15590 (Zugriff vom 20. November 2020).

Diese Dialektik von Verlieren und Gewinnen ist auch in »Jerusalem, New York, Berlin« enthalten, weniger triumphalistisch und selbstsicher als klagend: »All I do is lose but baby / All I want's to win«. Doch was bedeuten die Wörter Verlierer und Sieger überhaupt? Wie kann Rache aussehen für ein so gigantisches Verbrechen, dass es den Gegensatz von Verlieren und Siegen sinnlos macht? Die drei Städte Jerusalem, New York und Berlin stehen auch für die Trauer in einer »wicked world« nach der Schoa, eine Trauer, die so unabschließbar ist wie die jüdische Diaspora. Die dritte Strophe des Songs ist mit den Anspielungen an den 137. Psalm nicht nur als Bejahung des Exils lesbar, sondern auch als Reflexion über das Weiterleben.

> Our tongues will fall so still
> Our teeth will all decay
> A minute feels much longer
> With nothing left to say
> So let them win the battle
> But don't let them restart
> That genocidal feeling
> That beats in every heart

Im Psalm 137 heißt es, dass die Zunge am Gaumen kleben solle, wenn Jerusalem – und damit die göttliche Verheißung der Heimkehr – vergessen werde. Die verfaulenden Zähne spielen auf eine andere Bibelstelle an, eine Passage aus dem Buch des Propheten Jeremia, in der es ebenfalls um die Heimkehr des Volkes Israel geht (Jeremia 31,29). In dieser Endzeit verlöre auch der Fluch Gültigkeit, der sich darin äußere, dass die Kinder stumpfe Zähne bekämen, wenn ihre Vorfahren saure Trauben gegessen hätten. Mit diesem Bild ist die Wirksamkeit der Prophezeiungen über Generationen hinweg angesprochen, eine Wirksamkeit, die in »Jerusalem, New York, Berlin« außer Kraft gesetzt scheint: Weder die Erinnerung an die Heilige Stadt noch die an die Taten der Vorfahren haben noch eine Bedeutung (»Our tongues will fall so still / Our teeth will all decay«). Der Song markiert einen kulturellen Paradigmenwechsel: Eine jüngere Generation amerikanischer Jüdinnen und Juden unterstützt trotz ihrer jüdischen Identifikation nicht mehr bedingungslos die Politik des Staates Israel als Heimat *aller* Juden – und sieht sich vielleicht auch nicht mehr durch die Erinnerung an die Schoa definiert. Wir befinden uns in einer historischen Situation, in der die Opposition zwischen Zentrum und Diaspora unsicher geworden ist, aber auch die globale Bedrohung des Judentums in der Diaspora wächst: »That genocidal feeling / That beats in every heart«. In dieser unsicheren Situation werden jedoch keine regressiven Rachefantasien ausgespielt. Die verlorenen Möglichkeiten, die durch die Namen Jerusalem, New York und Berlin repräsentiert werden, können nicht zurückgewonnen werden. Es ist vielmehr die Botschaft dieses Songs, dass die wach gehaltene Erinnerung zu einer reflexiven Nostalgie führt, die es erlaubt, der Geschichte gleichermaßen unversöhnt und zukunftsoffen zu begegnen.

Markus Streb

Jüdische Rache in Comics über die Schoa

Spätestens seit Beginn der 1940er Jahre und dem Erscheinen der ersten Batman-Geschichte ist das Motiv der Rache aus Comics nicht mehr wegzudenken. Direkt zu Beginn schwört der junge Bruce Wayne, sich mit dem Kampf gegen das Verbrechen für die Ermordung seiner Eltern zu rächen. In den Horrorcomics der 1950er Jahre wird Rache dann zu einem der dominierenden Elemente eines ganzen Genres. Besonders prägend waren hier die Comics des New Yorker Verlags EC Comics. In ihren kontrafaktischen und mit Fantasyelementen ausgestatteten Geschichten besteht die Rache meist darin, dass die Protagonist*innen den Täter*innen genau das antun, was diese ihren Opfern angetan haben. Häufig gibt es außerhalb der Handlung eine Erzählfigur, die das Geschehene moralisch einordnet und dabei nicht selten zynisch kommentiert. Dabei erscheint die Rache als eine Handlung, die auf einen ausgeglichenen Zustand zielt, bei dem die Leser*innen wie auch die Täterfiguren ihre Lektion lernen.

Unter den Horror-Comics der 1950er Jahre gibt es auch über ein Dutzend Geschichten, in denen die Rache im Kontext nationalsozialistischer Taten steht und teils während des Krieges, teils nachträglich vollzogen wird.[1] Auffällig ist, dass die Rächer*innen in diesen frühen Geschichten nie Figuren sind, die explizit als jüdisch markiert werden. Dennoch handelt es sich häufig um Überlebende oder von den Deutschen Getötete, die verwandelt als Untote

[1] Vgl. Streb, Markus (2016): »Early Representations of Concentration Camps in Golden Age Comic Books. Graphic Narratives, American Society, and the Holocaust«. In: *Scandinavian Journal of Comic Art* 3 #1, S. 29–63; Palandt, Ralf (2016): NS-Konzentrationslager im Horrorcomic der 1950er Jahre – ein Zeitdokument? Online verfügbar unter http://fifties-horror.de/wissen/der-holocaust-im-horrorcomic-der-1950er-jahre-ein-zeitdokument.

Rache an Nazis nehmen. Letzteres passiert beispielsweise in der 1953 im Comicheft »Voodoo #5« veröffentlichten Geschichte »Corpses of the Jury«. Darin suchen ehemalige Opfer des KZ-Kommandanten Karl Bucher den inzwischen nach New York geflohenen NS-Täter in seiner Wohnung auf und häuten ihn bei lebendigem Leib.

Gemeinsam ist den Racheerzählungen der 1950er Jahre, dass die Racheakte von besonderer Brutalität gekennzeichnet sind. Gerade vor dem Hintergrund der nicht lange zurückliegenden Kriegserfahrung und der medialen Präsenz von Bildern der befreiten Konzentrationslager und der darin zum Teil vorgefundenen Leichenberge sind das fiktive und brutale Ausagieren von Rache und die Kommunikation moralischer Lektionen besonders nachvollziehbar. Der mit seinem Comic »MAUS« in den 1980er Jahren berühmt gewordene Comickünstler Art Spiegelman geht so weit, Horror-Comics der 1950er Jahre in ihrer Gesamtheit als säkulare, jüdische Reaktion auf und Reflexion des Holocaust zu bezeichnen.[2] Sein Ausgangspunkt ist dabei vor allem Bernard Krigsteins Comic »Master Race« (März–April 1955). In dem grafisch und erzählerisch anspruchsvollen Comic treffen Carl Reissman, ehemaliger Kommandant des KZ Bergen-Belsen, und eines seiner ehemaligen Opfer in der New Yorker U-Bahn aufeinander. Anhand von Rückblenden wird deutlich, dass der ehemalige Häftling aus Bergen-Belsen geschworen hat, sich an Reissmann zu rächen. Am Ende der Geschichte wird Reissman nach einer Verfolgungsszene von einem Zug erfasst. Ob er wirklich Opfer einer Rachehandlung wurde oder ob sein schlechtes Gewissen zu Halluzinationen führte, bleibt letztlich offen. Der Comic bringt auch zum Ausdruck, dass zahlreiche der ehemaligen Täter*innen in Nachkriegsgesellschaften weltweit

Corpses of the Jury, Voodoo #5, 1953, Ajax/Farrell Comics

2   Spiegelman, Art (2011): MetaMaus. *A Look Inside a Modern Classic,* Maus. New York: Pantheon (Penguin Books), S. 200.

Night of the Reaper, Batman #237, Denny O'Neil, Neal Adams, Dick Giordano, John Costanza, 1971, DC-Comics

untertauchen konnten, ohne rechtlich belangt zu werden. Analog dazu sind Darstellungen von Rache über die Hochphase der amerikanischen Horror-Comics hinaus immer wieder auch Ausdruck einer Unzufriedenheit mit Strafverfolgung von NS-Täter*innen. So nehmen Comics wiederholt Bezug auf nicht verurteilte NS-Täter*innen, die in Südamerika untergetaucht sind: Im Comic »Pity Me ... Please, Please Kill Me!« aus der Horror-Reihe »The Witching Hour« von 1972 wird der ehemalige KZ-Kommandant Ludwig Weber in Buenos Aires entführt und in den Nachbau eines Konzentrationslagers gebracht, in dem sich Überlebende und deren Nachkommen befinden, die sich an ihm rächen wollen.

Insgesamt erschienen in den Jahrzehnten seit dem Zweiten Weltkrieg mehrere Dutzend Racheerzählungen, deren Bekanntheit und Auflagenzahl sehr stark variieren. Vor allem in Comics aus den USA hat die explizite Thematisierung von Rache durch Opfer und Überlebende der deutschen Verbrechen einen festen Platz. Das Thema wird aber auch immer wieder in Comics aus anderen Ländern aufgegriffen. Ab den 1970er Jahren sind es fast ausschließlich jüdische Opfer, die als Rächer*innen auftreten. Historische Orte wie Konzentrationslager und konkrete Personen spielen immer wieder eine Rolle. Die Comics stellen aber in der Regel keine direkten Bezüge zu historisch dokumentierten Racheakten her. Eine Ausnahme bildet die französische Comic-Reihe »La Brigade Juive«. Im ersten Band von 2013 haben Mitglieder der Jüdischen Brigade der Britischen Armee den Auftrag, einen Priester zu ermorden, der während des Krieges SS-Standartenführer war. Dabei kommt es zu hitzigen Debatten, ob diese Art der Rache gerechtfertigt sei. Vor allem durch die Mischung aus Lust und Professionalität, mit der der Auftrag schließlich ausgeführt wird, erscheint die Rache hier schließlich als positiv.

In den meisten Comics wird jüdische Rache als gerechtfertigt und positiv inszeniert und häufig als eine Pflicht und/oder als etwas Lustvolles gezeigt. Hier sind zum einen Abenteuer-Comics wie das Einzelheft »Manimal« von 1986 oder der Band »La Traque« der französischen »Le roi vert«-Reihe aus dem Jahr 1991 zu nennen. Zum anderen stechen besonders Horrortitel hervor, wie die US-amerikanische Reihe »The Crow: Skinning the Wolves« (2012–2013), wo in drei Heften ein regelrechtes Gemetzel an SS-Männern stattfindet. Oder der französische Horror-Comic »Le vertige de la vengeance« von 1977, der den Rauschzustand der Rache bereits im Titel trägt. In solchen Comics spielen Konfrontationen mit Untoten, wie bereits in den Comics der 1950er Jahre, eine wichtige Rolle. Am bekanntesten ist hier sicher die 2009 erschienene Comic-Adaption der 1961 erstausgestrahlten Folge »Deaths-Head Revisited« der amerikanischen TV-Serie »The Twilight Zone«.

In den meisten Geschichten dienen Rückblenden in die Zeit des Nationalsozialismus zur Erklärung der Traumatisierungen und zur Legitimation des Rachebedürfnisses. Sie werden oft von den Rächer*innen selbst erzählt. Hauptsächlich in europäischen Comics stellt die Anwendung sexualisierter Gewalt gegenüber weiblichen Opfern eine wiederkehrende Legitimation der Rache dar. Eines der drastischsten Beispiele ist sicher der 1992 in Deutschland veröffentlichte Comic »Kann denn Liebe Sünde sein?«. Darin rächt sich eine jüdische Überlebende an einem SS-Offizier, der ihre Schwester in Auschwitz vergewaltigt und in den Selbstmord getrieben hat. Dieser Comic stellt sexualisierte Gewalt in den Rückblenden auf durchaus problematische und voyeuristische Weise explizit aus. Auch bekanntere Superheld*innen-Comics aus den USA nehmen dieses Motiv auf, verhandeln es jedoch viel indirekter. So legt der Captain-America-Comic »The Calypso Connection« aus dem Jahr 1980 in einer Rückblende nahe, dass Anna Kapellbaum, eine Überlebende der Schoa und Freundin des Protagonisten, vergewaltigt wurde. Dies wird jedoch nicht visualisiert oder im Erzähltext näher thematisiert.

Jüdische Rache wird auch in Reihen wie »Supergirl«, »The Scorpion« oder dem eingangs bereits erwähnten »Batman« thematisiert. Der Rachewunsch von Jüdinnen und Juden gerät in diesen Comics häufig in Konflikt mit den Moralvorstellungen der Superheld*innen, die den Rächer*innen unterstellen, dass ihre Pläne oder Taten sich nicht von denen der Nazis unterschieden. Prägnant ist hier die Geschichte »Night of the Reaper«, erschienen im Jahr

The Calypso Connection!, Captain America #245, Roger
McKenzie, Carmine Infantino, Joe Rubinstein, Carl
Gafford, Jim Novak, 1980, Marvel Comics

I Magneto ..., The Uncanny X-Men #150,
Chris Claremont, Dave Cockrum, Joe
Rubinstein, Bob Wiacek, Glynis Wein,
Tom Orzechowski, Jean Simek, 1981,
Marvel Comics

1971 in Heft Nummer 237 der »Batman«-Reihe.
Als Rächer tritt darin der jüdische Überlebende
und als Sensenmann maskierte Doktor Gruener
auf. Batman versucht ihn aufzuhalten, indem er
ihm ein schlechtes Gewissen einredet. Ähnliches geschieht in der The-Scorpion-Geschichte
»Night of the Golden Fuhrer« aus dem Jahr 1975,
wenn ein Rabbiner mithilfe eines Golems die Gefahr einer Gruppe von Neonazis abwenden will
und der Superheld ihn davon abbringt. Auch die
bereits angesprochene Anna Kapellbaum wird
von Captain America für ihren Wunsch nach Rache kritisiert und auf eine Stufe mit ihrem ehemaligen Peiniger, dem ehemaligen KZ-Arzt Dr.
Klaus Mendelhaus, gestellt. Als die Überlebende
eine Waffe auf diesen richtet, bringt der Superheld seine Position auf den Punkt: »Pull that trigger and you'll be no better than he is!« In den
meisten Fällen gelingt es den Superheld*innen,
die Rache zu verhindern. Hier zeigt sich deutlich,
dass die Art der Rachedarstellung mit dem jeweiligen Genre variiert.

Neben direkten Racheakten geht es in einigen der Superheld*innen-Comics auch um Rache als eine Form des Sich-zur-Wehr-Setzens gegen Neonazis,
Altnazis oder Bedrohungen, die mit dem Nationalsozialismus assoziiert werden. Das prominenteste Beispiel ist hier sicherlich der Mutant Magneto aus den
X-Men-Comics des Marvel Verlags. Magneto leitet aus seinem Überleben
von Auschwitz die Verpflichtung ab, sich für die Belange aller anderen Mutanten einzusetzen und deren Bedrohung durch die Menschen mit allen Mitteln aufzuhalten.

Abschließend kann festgehalten werden, dass jüdische Rache im Zusammenhang mit der Schoa vor allem in Comics aus Westeuropa und den
USA einen festen Platz hat. Die Bewertung der Rache und ihre Durchführung
hängen dabei stark vom jeweiligen Genre ab. Bisher existiert allerdings keine
systematische Forschung zum Thema, sodass dieser Text nur einen ersten
Versuch der Beschreibung darstellt, dem nähere Untersuchungen folgen
sollten.

Lea Wohl von Haselberg

»... the face of Jewish vengeance«

Filmische Rache und widerständiges Kino

Am Ende von Quentin Tarantinos »Inglourious Basterds« (USA 2009) wird Hitler kaputtgeschossen und verbrannt. Das Setting für diesen genussvollen Showdown ist nicht zufällig ein Kinosaal. Nicht zufällig schaut Shoshanna Dreyfus' riesenhaft vergrößertes Gesicht der jüdischen Rache lachend der Gewaltorgie von der Leinwand aus zu. Das Kino feiert sich hier selbst – als Ort der Wunscherfüllung, der Macht über die Bilder und über die Geschichte, der Möglichkeit zurückzuschlagen, sich zu rächen, wehrhaft zu sein. Eine Szene, die weitreichende Bezüge aufmacht: über Shoshannas Nachnamen, der die Dreyfus-Affäre aufruft und antisemitische Verfolgung als Kontinuität zeigt; ihr Gesicht, das an das Erscheinen des Gesichts des Ahasverus in Paul Wegeners »Der Golem, wie er in die Welt kam« (DE 1920) erinnert.[1] »Inglourious Basterds« ist eine filmische Rache an den Nazis, kann aber auch als Widerstand gegen die wiederkehrenden Filmbilder von Juden als Opfern gelesen werden.

Keine Erzählung einer historisch verbürgten jüdischen Rache an Nazis könnte so ungebrochen gefeiert werden, auch keine, die potenziell möglich wäre. Es bedarf der eindeutigen Markierung als Fiktion, die die Wendung ins Kontrafaktische in besonderer Weise anbietet: Sie basiert auf dem geteilten Wissen über geschichtliche Verläufe und Ereignisse, von denen ausgehend

[1]   Vgl. dazu Maya Barzilai: *Golem. Modern Wars and Their Monsters*, NYU Press 2016, S. 174 ff.

eine Abweichung, vielfach in Form eines »was wäre wenn«, entwickelt wird. Damit ist sie einem Lektüremodus verpflichtet, bei dem die Zuschauer*innen immer wissen, dass sie sich auf dem Boden der Fiktion befinden und dass es so eben *nicht* war. Deshalb dürfen wir als Zuschauer*innen ohne Einschränkung die Gewaltorgie der Basterds genießen und Shoshannas Triumph kann zu unserem werden. In dieser Konstellation ist der größtmögliche Genuss der Rachefantasie garantiert, ohne dass sich störende Widersprüche und Ambivalenzen einschleichen. Deshalb wird »Inglourious Basterds« wahrscheinlich auch in diesem Maße mit dem *Jewish Revenge Film* assoziiert. Einem Begriff, der aus der Fan Culture stammt und nicht aus der Forschung, für die das Korpus von Filmen, die eine jüdische Rache so explizit zelebrieren, vielleicht zu klein ist.[2] Denn die lustvolle Erfüllung der Rachefantasie im dunklen Kinosaal ist weitaus seltener, als der Erfolg von »Inglourious Basterds« vermuten lässt. Zwar versuchte die Amazon-Serie »Hunters« jüngst an die popkulturelle Begeisterung für Rache an Nazis anzuknüpfen, scheiterte aber daran, dass die Freiheit der Fiktion nicht nur für die Inszenierung des Rachefeldzugs genutzt wurde, sondern auch, um die Nazifiguren bis ins Groteske diabolisch zu überzeichnen und die nationalsozialistischen Verbrechen in Rückblenden zu fiktionalisieren. Darüber hinaus wird die Gewalt dadurch legitimiert, dass die Nazis von damals immer noch eine Bedrohung sind und ihre Rückkehr an die Macht planen.

Im Spielfilm ist der Wunsch nach Rache häufig ein Topos, der genutzt wird, um eine Konfliktsituation aufzuwerfen, die aber vielfach gerade nicht zu ihrer Umsetzung führt, sondern dazu, dass die jüdischen Überlebenden sich durch Racheverzicht in den demokratischen Rechtsstaat eingliedern. Eindrücklich ist das in »Morituri« (Regie: Eugen York, DE 1947/48) zu sehen, dem ersten von Artur Brauner produzierten Film: Ein KZ-Arzt verhilft fünf politischen Häftlingen zur Flucht und sie stoßen zu einer Gruppe von Menschen, die im Wald versteckt leben. Diese bildet einen polyglotten Querschnitt der von den Nazis Verfolgten, Jüdinnen und Juden sind darunter, werden aber nicht hervorgehoben. Als die Versteckten fast von deutschen Soldaten entdeckt werden, nehmen sie einen von ihnen gefangen. In der moralischen Kernszene des Films halten sie Tribunal über ihn. Ein Jude, dessen Familie ermordet wurde, klagt den jungen, deutschen Soldaten an und plädiert dafür, ihn zu erschießen, während ein deutsch-jüdischer Rechtsanwalt ihn verteidigt: »Es geht nicht um unser Schicksal, es geht um das, was Recht ist.« Eine kollektive Schuld verwerfend, entscheidet das internationale Tribunal der Verfolgten, den Soldaten weiter gefangen zu halten, um ihre Sicherheit zu gewährleisten, ihn aber nicht umzubringen. »Morituri« mag versöhnlich wirken, in diesem Kontext relevant ist jedoch eher, dass er wie viele Filme, die die Perspektiven von Überlebenden einnehmen, ein Ringen zeigt, dass letztlich zugunsten von Gerechtigkeit und Recht gegenüber der Vergeltung entschieden wird. Durch Gewaltverzicht wird sogar der Konflikt im kontrafaktischen Film »The Boys From Brazil« (Regie: Franklin J. Schaffner, UK/USA 1978) aufgelöst, indem die an Simon Wiesenthal angelehnte Figur des Nazi-Jägers Ezra Liebermann nicht nur Josef Mengeles Aufenthaltsort

2   Neu und eher dem Amateur-Film zuzurechnen ist das Motiv der jüdischen Rache im haredischen Film. Vgl. Yael Friedman / Yoel Hakak: »Jewish Revenge. Haredi Action in the Zionist Sphere«. In: *Jewish Film and New Media.* Wayne State University Press, Vol. 3, Number 1, 2015, S. 48–76.

Filmstill aus »The Boys from Brazil«,
Regie: Franklin J. Schaffner, UK/USA
1978, The Walt Disney Company

herausfindet, sondern auch, dass dieser aus Hitlers Genen 94 Jungen ge-klont hat. Diese wachsen unter möglichst ähnlichen Umständen wie Hitler seinerzeit auf. Liebermann entscheidet sich, die aus seiner Sicht unschul-digen Kinder nicht töten zu lassen und die Liste mit ihren Aufenthaltsorten zu verbrennen. Eine Entscheidung, bei der es sich, wie die Schlusssequenz des Films nahelegt, um eine Fehleinschätzung handelt – auch der kindliche Hitlerklon ist bereits böse.

Doch der Blick ins Material zeigt auch, dass nicht nur der Wunsch nach Rache Inspiration für Filme ist, sondern auch die Angst davor, die ja zunächst unabhängig von tatsächlichen Racheplänen ist. So werden Überlebende häufig zu unheimlichen Figuren, die den Glauben an das Gute verloren und sich deshalb für das Böse entschieden haben, wie Hanno Loewy an Magneto aus X-MEN nachzeichnet.[3] Gerade im deutschen Film treten Überlebende und ihre (Enkel-)Kinder als unberechenbare Rächerfiguren auf. Sie verber-gen ihre wahre Identität, um sich den Tätern anzunähern und sich in deren Leben einzuschleichen: In Filmen wie »Ende der Schonzeit« (Regie: Fran-ziska Schlotterer, DE 2013), »Winterjagd« (Regie: Astrid Schult, DE 2017) oder »Plan A« (Regie: Doron Paz / Yoav Paz, IL/DE 2021) tauchen die jüdischen Überlebendenfiguren (oder ihre Nachkommen) wie unheimliche und be-drohliche Wiedergänger aus dem Wald auf und konfrontieren die deutschen (Täter*innen-)Figuren nicht nur mit ihren Verbrechen, sondern vor allem mit

3   Hanno Loewy: »Der Überlebende als böser Held. X-Men, Comic-Culture und Auschwitz-Fantasy«. In: Susanne Düwell / Matthias Schmidt (Hg.): *Nar-rative der Shoah. Repräsentationen der Vergangenheit in Historiographie, Kunst und Politik*. Paderborn: Schöningh 2002, S. 171–188.

Filmstill aus »Ende der Schonzeit«,
Regie: Franziska Schlotterer, Deutschland 2012, EIKON Südwest GmbH

ihrer Angst vor Vergeltung. Während »Der Rosengarten« (Regie: Fons Rade-
makers, BRD/NL/USA 1989), »Auf das Leben!« (Regie: Uwe Janson, DE 2014)
und »Epsteins Nacht« (Regie: Urs Egger, DE/AT/CH 2002) von Gewalt im
Affekt erzählen, geht es in »Bronsteins Kinder« (Regie: Jerzy Kawalerowicz,
DE 1990) oder auch den Fernsehkrimis »Liebe unter Verdacht« (Regie: Jorgo
Papavissiliou, DE 2002) und »Rosa Roth: Jerusalem oder die Reise in den
Tod« (Regie: Carlo Rola, DE 1998) um geplante Rache.

Solche Inszenierungen lassen sich mitunter als Täter-Opfer-Umkehr deuten, in denen die ehemaligen Täter*innen zu Opfern der rachsüchtigen Juden
zu werden drohen und die Grenze zwischen Gut und Böse verwischt. Die
Filmbilder stellen sich dabei nicht eindeutig aufseiten der ehemaligen Täter*innen, sondern distanzieren sich durchaus von ihnen, doch der Wunsch
nach Rache wird selten in den Kontext einer verwehrten Gerechtigkeit
durch unzureichende Strafverfolgung gestellt wie in »Der Rosengarten«.
So lassen gerade Fernsehfilme mitunter das Bild entstehen, Vergeltung sei
auch deswegen falsch, weil auf anderem Wege Gerechtigkeit gefunden
werden könnte. Dass dem mitnichten so war, muss an dieser Stelle nicht
ausgeführt werden.

Doch filmische Rache muss nicht auf die Darstellung von Rache beschränkt bleiben, sondern Film selbst kann zu einer Waffe werden, mit der,
wenn auch keine Rache, so doch eine widerständige Praxis ausgeübt wird:
Beispiele hierfür sind Filmemigranten, die in Hollywood Anti-Nazi-Filme

4   Einen intertextuellen Bezug macht
die Besetzung auf: Hitler wird gespielt
von Udo Kier, der diese Rolle bereits in
Schlingensiefs »100 Jahre Adolf Hitler.
Die tetzten Stunden im Führerbunker«
(1989) übernommen hatte und damit
schon zuvor an filmischen Gegenbil-
dern zur Hitler-Welle teilhatte.

machten und damit zurückschlugen, gegen die NS-Filmpropaganda, ebenso aber auch gegen die nationalsozialistische Filmpolitik, die sie direkt 1933 ins Exil gezwungen hatte; aber auch Filmschaffende, die sich mit ihren Filmen gegen dominante Bilder zur Wehr setzten. Leo Lehmann, der aus Polen nach England geflohen war, schrieb in den 1960er bis 1980er Jahren u. a. für das deutsche Fernsehen. Mit Filmen wie »Chopin Express« (Regie: Michael Kehlmann, BRD 1971) und der Serie »Ein Stück Himmel« (Regie: Franz Peter Wirth, BRD 1982) war er für Erinnerungsarbeit im Fernsehen mitverantwortlich. Für »Zahnschmerzen« (Regie: Michael Kehlmann, BRD 1975) schrieb er eine Vorlage für ein kontrafaktisches Fernsehspiel, in dem Nazideutschland den Krieg gewonnen hat. Das Nazideutschland dort sieht aber nicht deutlich anders aus als die BRD der 1970er Jahre – vielleicht ein filmischer Widerstand gegen das Bild vom geläuterten Deutschland?

Es scheint also tatsächlich so, dass die kontrafaktische Erzählung, auch wenn sie vielfach zum beruhigten Zurücklehnen in der Gegenwart einlädt, besonderes Potenzial für die Ausübung filmischer Rache bereithält. Im britischen Kurzfilm »Mrs. Meitlemeihr« (Regie: Graham Rose, GB 2002) zieht sich das Motiv des brennenden Hitler durch den Film: Bei Kriegsende wird statt Hitler[4] ein ähnlich aussehender Mann in Berlin erschossen und verbrannt. Hitler selbst überlebt und flieht nach London, wo er heruntergekommen und verwahrlost auf Rettung durch Martin Bormann hofft, der jedoch nichts von sich hören lässt. Er muss mit ansehen wie Kinder eine Hitler-Puppe ver-

Filmstill aus »Plan A«, Regie: Doron Paz, Yoav Paz, Deutschland und Israel, 2021, Foto: Patricia Horlbeck, Getaway Pictures

Fillmstill aus »Mrs. Meitlemeihr«, Regie: Graham Rose, Großbritannien, 2002

brennen, muss sich als Frau verkleiden und sich den Annäherungen seines kurzsichtigen jüdischen Nachbarn Lenny Velderman erwehren. Während er mit Lenny am Schabbat zusammen Lokshn, Suppe und gefilte Fisch isst, sie eine Flasche Schnaps zusammen trinken und draußen ein Feuerwerk einen Neuanfang markiert, fasst er stammelnd seine Situation mit »no loyalty, no respect, forgotten, betrayed, hated« zusammen. Als Velderman merkt, dass Mrs. Meitlemeihr ein Mann ist, kommt es zum Handgemenge. In der offenen Konfrontation erkennt Velderman sein Gegenüber als Nazi: Lenny gelingt es fast, Hitler mit dem Kopf im Gasofen umzubringen. Das trocknende Blut auf seiner Oberlippe macht sein erkennbarstes Zeichen wieder sichtbar. Entsetzt und im Glauben, Hitler sei tot, verlässt er das Apartment. Doch es ist der langersehnte Brief von Bormann, der, vom Postboten gebracht, zu dessen Ende führt. Die Klingel löst einen Funkenschlag und damit eine Explosion aus – Lenny sitzt zu diesem Zeitpunkt in der eigenen Wohnung erschöpft auf der Toilette. Hier ist klar, wer gewonnen hat. Der Film endet mit einer Aufsicht des Trümmergrundstücks, auf dem die Hitler-Puppe verbrannt wurde, die Kinder spielen noch immer dort, das Lied »Down Argentina Way« ist zu hören, mit den Zeilen »You'll find your life will begin, The very moment you're in Argentina«.

—— **Eugen Pfister**

»Shooting, stabbing, strangling Nazis. Ready to set things straight«[1]

Das Motiv jüdischer Rache im digitalen Spiel

Zuerst ist der Bildschirm schwarz. Dann öffnen sich die Tore; ein grelles Licht blendet das Publikum. Nur langsam können wir uns orientieren. Wir taumeln gemeinsam mit unzähligen anderen Gefangenen aus einem Viehwaggon auf eine Laderampe. Eine Frau in schwarzer SS-Uniform brüllt: »Bewegung, Saubande!« Im Hintergrund erkennen wir Gebäude hinter einem Stahlgitter, vor allem aber riesige Schornsteine, die ohne Ende Asche in die Luft spucken.

Die beschriebene Szene entstammt einer sogenannten Cut-Scene aus dem 2014 für Spielekonsolen und PC erschienenen First Person Shooter »Wolfenstein: The New Order« (MachineGames 2014), eine kurze Filmsequenz, welche die Handlung im Spiel vorantreibt. Kurz darauf erlangen die Spieler*innen wieder die Kontrolle über die Spielfigur. Anstatt aber, wie im First Person Shooter gewohnt, frei umherlaufen zu können, Deckung zu suchen und in großartigen Feuergefechten eine Übermacht an Nazi-Soldaten zu besiegen, können sie nur mittels Tastatur oder Controller in einer Schlange hinter anderen Gefangenen hermarschieren und müssen einen »Selektions«-Prozess über sich ergehen lassen, in welchem dem Anschein nach über das Leben und den Tod des Protagonisten William J. Blazkowicz entschieden wird, der schließlich eine Nummer in den Arm tätowiert bekommt. Das Setting ist dabei für die meisten Spieler*innen klar decodierbar: Viehwaggon, Verladerampe, Eisengitter mit Schriftzug, Kaminschlote: ein Konzentrationslager (Pfister 2020, 278).

1   B. J. zu Wyatt nach dessen Rettung aus »Eisenwald Prison« in »Wolfenstein: The New Order«.

Aus Unterricht, Filmen, Graphic Novels und Serien sind die Bilder mittlerweile vertraut. In einem Spiel ist die Szene jedoch ungewohnt. Es bedeutet zudem einen harten und gerade deshalb so eindrücklichen Stilbruch, in einem digitalen Spiel den Spieler*innen ihre gewohnte Agency zu entziehen – im Falle eines First Person Shooters wie »Wolfenstein: The New Order« ist das gleichbedeutend damit, ihnen die Möglichkeit zu nehmen, sich zu wehren. Sie wandern durch das Lager ohne Möglichkeit zu einer freien Interaktion und ohne Waffen. Immer wieder werden die Spieler*innen dabei Zeugen*innen willkürlicher Gewalt und Grausamkeit der NS-Soldaten. Wenige Minuten darauf gelingt es dem Protagonisten des Spiels, Blazkowicz, in letzter Sekunde dem Tod in einem Hochofen zu entkommen. Nun ist er mit einem Messer bewaffnet und das Spiel setzt sich anschließend wieder in gewohnter Shooter-Weise fort: Ein SS-Soldat nach dem anderen stirbt durch die virtuelle Hand der Spieler*innen. Ihre Schreie ersticken ungehört, wenn Blazkowicz mit dem Kampfmesser Soldaten hinrichtet, während er durch die Gänge des »Hospitals« und später das Lager läuft, auf der Suche nach Seth Roth. Dieser ist ein gefangener jüdischer Wissenschaftler und Mitglied des jüdischen Da'at-Yichud-Geheimbundes, der im weiteren Verlauf des Spiels helfen soll, Adolf Hitler und das NS-Regime zu besiegen. Sowohl das Lager Belica als auch der Geheimbund sind erfunden, wie fast alle narrativen Bausteine in der Science-Fiction-lastigen alternativen Zeitlinie des Spiels, in der das NS-Regime mithilfe von Panzerhunden, Raumschiffen und riesigen Kampfrobotern in den 1950er Jahren die ganze Welt erobern konnte (Pfister/Zimmermann 2021).

Im Folgenden möchte ich mich auf einen der beschriebenen Momente konzentrieren: Nachdem zum Auftakt der Szene – die etwa in der Mitte des Spiels stattfindet – den Spieler*innen die gewohnte Handlungsmacht genommen wurde, sie – vorsichtig formuliert – ohnmächtig zusehen mussten, wie ihre Spielfigur von einem SS-Arzt gefoltert wird, fühlt sich der Moment der wiedererlangten Handlungsmacht in Form eines Messers nicht nur wie eine Befreiung an, sondern bedeutet auch eine Befriedigung eines weiteren Gefühls. Man ist wieder in seinem Element und kann sich wieder gegen die Heerscharen feindlicher Soldaten zur Wehr setzen. Ein solcher Moment der Ermächtigung kann naturgemäß nur in einem digitalen Spiel, in einer virtuellen Umgebung existieren, wo wir weder Tod noch Schmerzen, noch den Verlust von Familie und Freunden fürchten müssen. Sterben wir, lädt das Spiel für uns automatisch den letzten Speicherstand und wir versuchen es erneut.

Es existieren mittlerweile hunderte digitale Spiele zum Zweiten Weltkrieg. Die beschriebene Spielszene aus »Wolfenstein: The New Order« war aber die erste Szene, in der so explizit der Holocaust referenziert wurde (Pfister 2020). Wobei auch in diesem Fall von »Jüdischer Rache« im eigentlichen Sinne hier noch gar nicht die Rede sein kann: Zwar gab es schon vorher immer wieder Vermutungen innerhalb der Spieler*innen-Community, dass Blazkowicz jüdisch sei – was auch von den ursprünglichen Erfindern der Figur auf Twitter bestätigt wurde (Kuchera 2017) –, aber erst im 2017 erschienenen Nachfolgespiel »Wolfenstein II: The New Colossus« (MachineGames 2017) wurde die jüdische Biografie der Spielfigur explizit thematisiert.

»Wolfenstein«, 2021, Bethesda Softworks LLC, ZeniMax Media company

»The New Colossus« setzt den im Vorgängerspiel angedeuteten Moment der
Rache an NS-Soldaten für begangene Gräuel an der Spielfigur, aber auch
an seiner Umgebung konsequent und explizit in einen Sinn-Zusammenhang
mit dem im Spiel offen thematisierten industriellen Massenmord an der jüdischen Bevölkerung Europas. In der alternativen Zeitlinie des Spiels – in der
Tradition von Romanen wie Philip Roths »The Plot Against America« oder
Philip K. Dicks »The Man in the High Castle« – befinden sich die USA unter
der Herrschaft des deutschen NS-Regimes. Inmitten des Spiels muss Blazkowicz von seinem eigenen Vater – einem texanischen Rancher polnischer
Abstammung – erfahren, dass dieser seine jüdische Frau – die Mutter des
Protagonisten – an die deutsche Besatzung ausgeliefert hat, von der diese in
einem Konzentrationslager getötet wurde: »They rounded up all the Jews, the
colored and the queers.« Der Großteil des Dialogs zwischen Vater und Sohn
spielt sich wiederum als Cut-Scene ab. Dabei wird klar, dass der Vater mit
einer Schrotflinte im Anschlag plant, auch seinen Sohn an die Nazi-Besatzer
zu verraten. In einer kurzen interaktiven Passage gelingt es den Spieler*innen aber, sich zu wehren. Blazkowicz hackt seinem Vater erst einen Unterarm
ab und rammt ihm dann ein Beil in seinen Brustkorb. Er rächt seine Mutter,
er rächt sich aber auch für all die Gewalt und Erniedrigung, die ihm als Kind
angetan wurden. Die Szene wiederholt sich am Ende fast spiegelgleich, wieder großteils als Cut-Scene, als es Blazkowicz gelingt, »Obergruppenführer
Irene Engel« – die Hauptantagonistin des Spiels und Ursprung zahlloser
Grausamkeiten – vor laufender Kamera zu töten.

Still aus dem Computerspiel »Wolfenstein«, 2021, deutsche Version, Bethesda Softworks LLC, ZeniMax Media company

Es entbehrt nicht einer gewissen Ironie, dass gerade deutschen Spieler*innen aufgrund einer für Deutschland zensierten Fassung diese jüdische Rache vorenthalten wurde. Aus einer (nicht begründeten) Sorge[2], indiziert zu werden, entfernte der Publisher nämlich nicht nur alle NS-Symbole aus dem Spiel[3], es wurde auch jede Erwähnung von Juden und Jüdinnen entfernt – laut eigenen Angaben, um so die fiktionale Ebene des Spiels zu unterstreichen. Auslöser für die Selbstzensur des Spiels für den deutschen Markt sind die Paragrafen 86 und 86a des deutschen Strafgesetzbuchs, die die Verwendung verfassungswidriger Kennzeichen verbieten. Ausgenommen davon ist die Verwendung in den Bereichen der Wissenschaft und Lehre, der Kunst oder der staatsbürgerlichen Aufklärung. Entgegen anderslautenden Berichten kam es bisher noch nie zu einer Indizierung eines Spieles unter diesem Tatbestand, sondern das Verbot wurde immer mit anderen Gründen gerechtfertigt wie der Verharmlosung von Krieg und Selbstjustiz. Trotzdem ersetzten internationale Verleihe aus Angst vor einem Verkaufsverbot seit den 1990er Jahren Hakenkreuze in Spielen zum Zweiten Weltkrieg etwa durch das Balkenkreuz. Und auch in den jüngsten »Wolfenstein«-Spielen wurden das Hakenkreuz und die SS-Runen durch Fantasiesymbole ersetzt, womit das NS-Regime zu einem fiktiven Terrorregime umgedeutet wurde.

Tatsächlich hinterlässt das Unsichtbarmachen sowohl von jüdischen Opfern als auch des Protagonisten als jüdischem Rächer in der deutschen Version einen unangenehmen Geschmack. Das wurde auch in der deutschen Presse negativ aufgenommen, was bis zur zugegebenermaßen drastischen

2 Die Indizierung des Vorgängerspiels »Wolfenstein 3D« (id-Software 1992) durch die Bundesprüfstelle für jugendgefährdende Schriften geschah aufgrund der »spielimmanente[n] Verherrlichung des Selbstjustizgedankens sowie [der] positive[n] Bewertung und Gewichtung anreißerisch gestalteter Todesszenarien« (Meßmer 2019).

3 So erscheint die Figur Adolf Hitlers in der deutschen Version rasiert und wird Kanzler Heiler genannt.

Aussage reichte, die deutsche Version des Spieles »leugne [...] den Holocaust« (Küveler 2017). Mittlerweile hat unter anderem diese vorauseilende »Entschärfung« deutschsprachiger Spieleversionen zu einem Umdenken in der deutschen Spieleprüfung geführt. Deshalb wird bei der Zulassung von Spielen eine eindeutige aufklärerische (und antifaschistische) Absicht von Spielen bei der Anwendung der sogenannten Sozialadäquanzklausel mitbedacht. Das heißt, dass in Zukunft Spiele NS-Symbole zeigen dürfen, wenn sie diese eindeutig kritisch rahmen.

Es liegt in der Natur des Spielegenres First Person Shooter, dass er die Thematisierung des Holocaust sinngemäß mit dem Motiv jüdischer Rache verknüpft. Zugleich sind die jüngsten »Wolfenstein«-Spiele wie gezeigt in die Rolle als virtuelle Rachefantasien hineingewachsen.

Aus einer kulturhistorischen Perspektive ist vor allem diese Einsicht entscheidend: dass auch die Produzent*innen digitaler Spiele den Holocaust und die Verbrechen des NS-Regimes heute nicht länger unhinterfragt ausblenden können und Wege suchen, damit umzugehen. Insofern sie damit auch in Zukunft immer wieder an moralische und ethische Grenzen stoßen, werden sie uns auch dazu motivieren, uns der Frage zu stellen, welcher Umgang mit unserer Vergangenheit angebracht, vertretbar und vielleicht auch notwendig ist.

Hoffman, J. 2014. »Major new game set at Nazi concentration camp is top seller«. In: *The Times of Israel,* 17.6.2014. Abgerufen von: https://www.timesofisrael.com/major-new-game-set-at-nazi-concentration-camp-is-top-seller/

Kuchera, B. 2017. »Yes, B. J. Blazkowicz is Jewish«. In: *Polygon,* 26.10.2017. Abgerufen von: https://www.polygon.com/2017/10/26/16553486/wolfenstein-bj-blazkowicz-jewish

Küveler, J. 2017. »Ein Nazi ist ein Nazi ist ein Nazi«. In: *Die Welt,* 4.12.2017. Abgerufen von: https://www.welt.de/kultur/article171238125/Ein-Nazi-ist-ein-Nazi-ist-ein-Nazi.html

Meßmer, T. 2019. »Ist Hakenkreuz gleich Hakenkreuz? Der Umgang des staatlichen Jugendschutzes mit verfassungsfeindlichen Symbolen im Digitalen Spiel 1985–1994«. In: *Arbeitskreis Geschichtswissenschaft und Digitale Spiele,* 23.8.2019. Abgerufen von: https://gespielt.hypotheses.org/3208

Pfister, E. 2020. »›Man spielt nicht mit Hakenkreuzen!‹ Imaginations of the Holocaust and Crimes Against Humanity During World War II in Digital Games«. In: Alexander von Lünen et al. (Hg.), *Historia Ludens: The Playing Historian,* London: Routledge, S. 267–284

Pfister, E. / Tschiggerl, M. 2020. »›The Führer's facial hair and name can also be reinstated in the virtual world‹. Taboos, Authenticity and the Second World War in digital games«. In: *GAME* 09/2020 [*THE TABOOS OF GAME STUDIES.* Edited by Kristine Jørgensen & Riccardo Fassone]

Pfister, E. / Zimmermann, F. 2022. »›Ich war so arrogant und dumm‹ – Zur Dialektik des Holocausts im First-Person-Shooter am Beispiel von Wolfenstein: The New Order«. In: Inderst, Rudolf / Wagner, Pascal / Brandenburg, Aurelia (Hg.), *»Eva, auf Wiedersehen!« – Zur Geschichte, Verhandlung und Einordnung der Wolfenstein-Spielereihe.* Glückstadt: vwh. [Im Druck]

Sebastian Schirrmeister

Wo, wenn nicht hier?

Rachefantasien und literarische »Vergangenheitsbewältigung«

Ein wütender Strom hebräischer Panzertruppen ergießt sich urplötzlich durch die dunklen polnischen Wälder. Alles, was ihnen im Weg steht, zerschmettern sie mit Geschützsalven: lange Nazi-Kolonnen, Schützengräben, triste Befestigungen. Ein Sturm der Vernichtung fegt über Polen hinweg, und keine Macht der Welt vermag ihn aufzuhalten. Panzerbewehrter jüdischer Zorn überspült slawisches Land, zermalmt Felder und Wälder, flutet reißend weiter und weiter. [...] [I]m nächsten Augenblick fallen die Juden des Ghettos im Freudentaumel mit Schreien und Schluchzen diesen Panzern an den Hals, betasten mit irren Fingern wieder und wieder den jüdischen Stahl. Wie wild diese Freude ist. Als hätte sich der Himmel selber aufgetan, und die Rache der Märtyrer ergösse sich mit furchtbarem Grauen auf die Erde. Angstschlotternd fliehen die Reste der Gestapo, zur Rechten und zur Linken von schrecklichen Eisenketten überrollt.[1]

Moment mal, jüdische Panzer überrollen Nazis in Polen? Nein, dies ist keine vergessene Episode des Zweiten Weltkriegs. Es ist eine spontane Fantasie des abgehalfterten Gewerkschaftsredners Schraga Unger aus Amos Oz' Novelle »Späte Liebe« (1970). Ausgelöst von einer Fotografie israelischer Panzer im Einsatz, gibt sich Oz' Protagonist dem Gedanken hin, was dieselben Panzer 25 Jahre zuvor in Europa hätten bewirken können. Nach der Befreiung Warschaus lasst Schraga Unger »seine Panzer« gen Russland donnern und Jahrhunderte des Judenhasses vergelten. In Kischinew,

1   Amos Oz: *Späte Liebe.* In: Ders.: *Dem Tod entgegen. Zwei Erzählungen.* Frankfurt am Main: Suhrkamp 1997, S. 7–97, hier S. 82–83.

*Illustration für Amos Oz' Novelle »Unto Death«, ein auf-
gebrachter Mob schlägt auf eine jüdische Person ein,*
Jacob Pins, 1971, Holzschnitt © Jacob Pins Gesellschaft

Schauplatz der berüchtigten Pogrome von 1903/1905, nimmt der israelische Kommandeur Moshe Dayan dann die Kapitulation entgegen. Ein kontrafaktisches Szenario. Was wäre gewesen, wenn?

Was Oz hier in gewaltigen Bildern ausmalt, ist weniger ein elaboriertes Gedankenspiel über alternative Geschichtsverläufe[2] als ein Triumph der Vorstellungskraft über die frustrierende historische Realität. Ein Triumph, der nach wenigen Seiten wieder in sich zusammenfällt und doch die Frage aufwirft, welche Rolle literarische Imagination bei der »Bewältigung« historischen Unrechts spielen kann. In seiner berühmten Gegenüberstellung von Geschichtsschreibung und Dichtung schreibt Aristoteles, Erstere würde darstellen, »was geschehen ist«, Letztere dagegen, »was geschehen müsste«. Deshalb sei »die Dichtung auch philosophischer und bedeutender als die Geschichtsschreibung«.[3] Die hieraus abzuleitende Freiheit der Dichtung (poetic license) kann durchaus dafür genutzt werden, literarisch für Gerechtigkeit (poetic justice) zu sorgen – selbst wenn oder vielleicht gerade wenn diese im Widerspruch zu den historischen Tatsachen steht. Gegenüber der Geschichte sind wir alle machtlos. Geschehenes lässt sich nicht ungeschehen machen, Tote lassen sich nicht wiederbeleben. Das kann nur Literatur. Und in der literarischen Manipulation von Geschichte, bei der nun andere unter die Räder kommen, liegt ein kraftvolles Moment der Selbstermächtigung, insbesondere, wenn sich historisches Gerechtigkeitsempfinden mit dem uralten literarischen Motiv der Rache paart.

© Sebastian Schirrmeister

»Das Verlangen nach Rache«, schreibt Fabian Bernhardt, »entspringt dort, wo sich Handeln und Erleiden überkreuzen, das heißt dort, wo eine Handlung von jemandem erlitten wird.«[4] Ziel von Rache sei »eine Umkehr des Richtungsvektors von Handeln und Erleiden«[5] – wer gelitten hat, will handeln, wer gehandelt hat, soll leiden. Mit anderen Worten: Rache ist eine Frage der Handlungsmacht. Sie ist zudem öffentlichkeitswirksam, wie Nico H. Frijda betont: »Durch Rache [...] korrigiert man das Machtverhältnis. Auch erstreckt sich wiedergewonnene Macht in die Zukunft. [...] Man präsentiert sich für alle sichtbar als jemand, mit dem man rechnen muss.«[6]

Es wäre wohl vermessen, derart weitreichende Überlegungen zum Verhältnis von Geschichte, Literatur, Rache und Macht aus einer einzelnen Passage in einer einzelnen Novelle eines einzelnen Autors abzuleiten. Doch Schraga Unger ist mit seinen entfesselten Rachefantasien keineswegs allein. In Isaac Bashevis Singers Roman »Feinde, die Geschichte einer Liebe« (1972) wird Herman Broder regelmäßig von kontrafaktischen Rachefantasien heimgesucht. Sofern ihm seine New Yorker Frauengeschichten Zeit dafür lassen, »führte er seinen üblichen Krieg mit den Nazis, bombardierte sie mit Atombomben, zerschlug ihre Armeen mit Geheimwaffen, hob ihre Flotte aus

2   Vgl. hierzu Caspar Battegay: »Zeitbrüche. Kontrafaktisches Erzählen der Shoah«. In: Esther Kilchmann (Hg.): artefrakte. Holocaust und Zweiter Weltkrieg in experimentellen Darstellungsformen in Literatur und Kunst. Wien: Böhlau 2016, S. 283–300.

3   Aristoteles: Poetik, 1451b 4–6.

4   Fabian Bernhardt: Rache. Über einen blinden Fleck der Moderne. Berlin: Matthes & Seitz 2021, S. 70.

5   Ebd., S. 72.

6   Nico H. Frijda: »Revenge«. In: Ders.: The Laws of Emotion. Mahwah, NJ: Erlbaum 2007, S. 259–281, hier S. 269.

dem Meer und setzte sie in der Nähe von Hitlers Villa in Berchtesgaden auf Land«.[7] Und entgegen der historischen Realität der Nachkriegszeit gelingt es Broder in seinen Tagträumen, »alle vor Gericht zu bringen, die bei der Vernichtung der Juden beteiligt gewesen waren«.[8]

Neben den armseligen Tagträumern bei Oz und Singer nehmen sich die jüdischen Partisan*innen aus Primo Levis Roman »Wann, wenn nicht jetzt?« (1982) ungleich heldenhafter aus. In ihrem titelgebenden Lied heißt es: »Unsere Brüder sind gen Himmel gefahren / durch die Kamine von Sobibor und Treblinka. / Überlebt haben nur wir paar / unserm geschundenen Volk zur Ehre / zu Zeugenschaft und Rache. // Wer für mich, wenn nicht ich? / Wie, wenn nicht so? Wann, wenn nicht jetzt?«[9] Handeln statt Leiden – mit dem Segen von Rabbi Hillel.[10] Zugegeben, Levis fiktive Bande von Versprengten hat nicht die Wucht einer zeitreisenden israelischen Panzerdivision. Aber als eine Kameradin im besetzten Deutschland hinterrücks erschossen wird, nehmen sie rücksichtslos Rache an den Deutschen. Den nachträglichen Skrupeln stellt ihr Anführer eine entscheidende Frage entgegen: »[W]ie erklärt es sich dann, daß ich mich jetzt wohler fühle?«[11]

Lust und Befriedigung gehören ebenso zur Rache wie der Wunsch, handelnd die eigene Ohnmacht zu überwinden. Eine derart befriedigende Handlung kann auch das Schreiben – oder Lesen – eines literarischen Textes sein, in dem der Gerechtigkeit Genüge getan wird. »Die ästhetische Befriedigung, das lustvolle Gefühl poetischer Gerechtigkeit, wenn Übeltäter ihre wohlverdiente Strafe erhalten, lässt sich nicht leugnen«[12], schreibt Arthur Lelyveld. Anders wäre die anhaltende Konjunktur jüdischer Rächer*innen in der Literatur auch nicht zu erklären.

Nur ein paar Beispiele: In Amos Oz' erstem Roman »*Ein anderer Ort*« (1966) rächt sich ein Überlebender, indem er in seinem Münchner Nachtclub ehemalige Nazis beschäftigt, belustigt und ausnimmt. In biblischen Bildern beschreibt er den Verwandten in Israel das Vergnügen, seinen »Zorn über die Gojim« auszugießen; »süßer denn Honig« sei die Rache – eine Metapher aus der Simson-Geschichte.[13] Ganz ähnliche Figuren sich genüsslich rächender jüdischer Geschäftsleute finden wir in Maxim Billers Erzählung »Meine Tage mit Frenkel« (1990) oder in Gershon Shakeds erst kürzlich auf Deutsch erschienenem Roman »Immigranten« (2001). Jehuda Amichai (»Nicht von jetzt, nicht von hier«, 1963), Dan Ben-Amotz (»Masken in Frankfurt«, 1969), Jurek Becker (»Bronsteins Kinder«, 1986), Aharon Appelfeld (»Der eiserne Pfad«, 1991) oder Rivka Keren (»Anatomie einer Rache«, 1993) haben dem jüdischen Wunsch nach Rache für die deutschen Verbrechen (und dessen Folgen) jeweils ganze Romane gewidmet.

Doch die Möglichkeiten literarischer »Vergangenheitsbewältigung« reichen weiter in die Geschichte. In Yaniv Iczkovits' »The Slaughterman's« »Daughter« (2015) zieht Fanny Keisman mit dem Schächtmesser durch das Russische Kaiserreich des 19. Jahrhunderts und straft den Mythos von Juden als passiven Opfern der Geschichte Lügen. Noch einmal gut 400 Jahre früher spielt Dan Tsalkas Mittelalterroman »Der Sohn des Rabbi Abraham« (1994), in dem der einzige Überlebende eines Pogroms in Hessen nach Jahren die

7   Isaac Bashevis Singer: *Feinde, die Geschichte einer Liebe*. München: dtv 1976, S. 107.

8   Ebd., S. 116.

9   Primo Levi: *Wann, wenn nicht jetzt?* München: dtv 1986, S. 175. Das »Pseudo-Jiddisch« der deutschen Übersetzung wurde behoben.

10   Der Gelehrte Hillel (1. Jh. v. u. Z.) wird in der *Mischna* so zitiert: »Wenn ich nicht für mich bin, wer ist dann für mich? Wenn ich nur für mich bin, was bin ich dann? Wenn nicht jetzt, wann sonst?« (Traktat Avot 1,14)

11   Levi: *Wann, wenn nicht jetzt?*, S. 331.

12   Arthur Lelyveld: »Punishment. For and Against«. In: Harold H. Hart (Hg.): *Punishment. For and Against*. New York: Hart 1971, S. 57–81, hier S. 57.

13   Amos Oz: *Ein anderer Ort*. Frankfurt am Main: Suhrkamp 2001, S. 192. Zu Simson als biblischem Rächer vgl. den Beitrag von Admiel Kosman, S. 39 in diesem Band.

Illustration für Amos Oz' Novelle »Unto Death«, Jacob
Pins, 1971, Holzschnitt © Jacob Pins Gesellschaft

Schuldigen zur Rechenschaft zieht. Bis ins Jahr 1096 geht Amos Oz in »Dem Tod entgegen« (1969) zurück. Aus christlicher Sicht erzählt er von einer fiktiven Gruppe Kreuzfahrer, die aus vermeintlich hehren religiösen Motiven mordend und plündernd durch Europa ziehen. Vor allem Juden fallen ihnen zum Opfer. Oz' historische Novelle, die 1971 in einem Band mit »Späte Liebe« erschien, liest sich als literarische Rache an einer dunklen Epoche europäischer Geschichte. Keiner der christlichen Mörder erreicht Jerusalem. Über eine Distanz von fast 900 Jahren offenbart die mächtige Feder des jüdischen Autors nicht nur ihre seelischen Abgründe, sie lässt sie auch elendig verrecken.

Schreiben als Racheakt, Kunst als Waffe, Fantasie als Mittel: Edgar Hilsenrath hat das in seiner einzigartigen Schoa-Groteske »Der Nazi und der Friseur« (1977) auf die Spitze getrieben. Die englische Ausgabe trägt zu Recht den Untertitel »A Tale of Vengeance«. Und wo wir schon bei Satire sind: Ohne selbst über die Schoa zu schreiben, empfand Ephraim Kishon seinen großen Erfolg beim deutschen Publikum angeblich als Ironie der Geschichte und als »süße Rache für die deutschen Verbrechen während des Holocaust«.[14] Dem ist nichts hinzuzufügen – außer vielleicht das Kapitel »Revenge of the Hühnerbrust« aus Shahak Shapiras kurzweiliger Autobiografie »Das wird man ja wohl noch schreiben dürfen!« (2016).

Das Feld der Rachefantasien ist weit – weiter, als sich hier zeigen lässt. Doch es hat seine Grenzen. Gefühlte, gedachte und geschriebene Rache ist literarisch legitim, aber keine Maßgabe für politisches Handeln. Als Menachem Begin 1982 die Bombardierung Beiruts mit Verweis auf Adolf Hitler rechtfertigte, antwortete ihm Amos Oz in einem eindrücklichen Essay:

> Herr Begin, Hitler ist vor 37 Jahren gestorben. Bedauerlich oder nicht, Tatsache ist: Hitler versteckt sich nicht in Nabatiyah, in Sidon oder in Beirut. Er ist tot und zu Asche verbrannt. […] Dieser Drang, Hitler auferstehen zu lassen, nur um ihn wieder und wieder zu töten, entspringt einem Schmerz, den sich Dichter zunutze machen können, nicht jedoch Staatsmänner. Für sie ist es gefährlich. Sie, Herr Begin, sind – soweit ich weiß – kein Dichter.[15]

Mit anderen Worten: Rache zu nehmen an der unbestreitbaren Unerträglichkeit der Geschichte ist und bleibt das Privileg der Literatur und anderer Künste mit poetischer Lizenz.[16]

Wo, wenn nicht hier?

14   Gabriel N. Finder: »An Irony of History. Ephraim Kishon's German Triumph.« In: Eli Lederhendler (Hg.): *A club of their own. Jewish humorists and the contemporary world.* Oxford: Oxford University Press 2016, S. 141–153, hier S. 150.

15   Amos Oz: »Hitler's Dead, Mr. Prime Minister« [1982]. In: Ders.: *The Slopes of Lebanon.* Orlando, FL: Hartcourt Brace Jovanovic 1989, S. 27–31, hier S. 27–28.

16   Vgl. die filmischen Fantasien der Ermordung Hitlers im Beitrag von Lea Wohl von Haselberg, S. 149 in diesem Band.

Autor*innenbiografien

Caspar Battegay ist Dozent für Kultur und Kommunikation an der Fachhochschule Nordwestschweiz, zudem Privatdozent für Neuere Deutsche und Allgemeine und Vergleichende Literaturwissenschaft an der Universität Basel. Buchpublikationen: *Das andere Blut. Gemeinschaft im deutsch-jüdischen Schreiben 1830–1930* (2011), *Judentum und Popkultur. Ein Essay* (2012) sowie *Geschichte der Möglichkeit. Utopie, Diaspora und die »jüdische Frage«* (2018).

Michel Bergmann, geboren in Basel, Schweiz, ist ein jüdisch-deutscher Schriftsteller. Nach seinem Studium begann er zuerst für eine Tageszeitung zu arbeiten, bevor er als Drehbuchautor und Regisseur beim Fernsehen Karriere machte. Seit 2010 ist er auch als Romanautor bekannt, vor allem durch seine »Teilacher«-Trilogie, die vom Schicksal einiger Juden nach dem Zweiten Weltkrieg in Deutschland erzählt. Vor kurzem hat er seinen ersten Kriminalroman mit dem Titel *Der Rabbi und der Kommissar – du sollst nicht morden* veröffentlicht, dem weitere folgen sollen.

Christina von Braun, Kulturtheoretikerin, Autorin, Filmemacherin. Emeritierte Professorin am Institut für Kulturwissenschaft an der Humboldt-Universität zu Berlin. 50 Filme, zahlreiche Bücher zur Ideen-, Mentalitäts- und Geschlechtergeschichte. 2012 Gründungsleiterin des Selma-Stern-Zentrums für Jüdische Studien Berlin-Brandenburg. Neuere Publikationen: *Blutsbande. Verwandtschaft als Kulturgeschichte* (2018) und *Handbuch Jüdische Studien* (2021). Mehr Informationen unter www.christinavonbraun.de

Max Czollek ist Autor und lebt in Berlin. Mitglied des Lyrikkollektivs G13 und Mitherausgeber des Magazins *Jalta – Positionen zur jüdischen Gegenwart*. Künstlerisch-akademischer Kurator der CPPD für eine plurale Erinnerungskultur. Die Gedichtbände *Druckkammern* (2012) und *Jubeljahre* (2015) sowie *Grenzwerte* (2019) erschienen im Verlagshaus Berlin. Die Essays *Desintegriert euch!* (2018) sowie *Gegenwartsbewältigung* (2020) im Carl Hanser Verlag. Theaterarbeiten im ganzen deutschsprachigen Raum, zuletzt die »Tage der Jüdisch-Muslimischen Leitkultur« (2020).

Laura Jockusch ist Albert Abramson Associate Professor of Holocaust Studies an der Brandeis University. Zu ihren Forschungsschwerpunkten gehören jüdische Vorstellungen von Recht und Rache nach dem Holocaust sowie die Prozesse gegen Stella Goldschlag (alias Kübler-Isaaksohn) im Nachkriegsdeutschland. Zu ihren zahlreichen Veröffentlichungen zählen *Collect and Record! Jewish Holocaust Documentation in Early Postwar Europe* (2012) und (mit Gabriel Finder) *Jewish Honor Courts: Revenge, Retribution and Reconciliation in Europe and Israel after the Holocaust* (2015).

Admiel Kosman ist Professor für Judaistik an der Universität Potsdam sowie akademischer Direktor des Abraham Geiger Kolleg. Veröffentlichungen: *Gender and Dialogue in the Rabbinic Prism* (2012) und in hebräischer Sprache *Masechet Shalom* (*Tractate Peace: The Arab-Israeli Conflict in Light of Midrashic and Rabbinic Sources*) (2014) sowie *Approaching You in English: Selected Poems*, eine Gedichtsammlung in englischer Übersetzung von Lisa Katz (2011), und *Aus dem Zwischen des Hohelieds: ausgewählte Gedichte*, in deutscher Übersetzung von Edith Lutz (2019). Eine zweite Gedichtsammlung in englischer Sprache ist gerade im Druck.

Daniel Laufer ist bildender Künstler und als Kurator von »DAGESH. Jüdische Kunst im Kontext« tätig. Er studierte an der Hochschule für Bildende Künste Braunschweig. In den vergangenen Jahren hat Daniel Laufer seine Arbeiten in zahlreichen Ausstellungen weltweit präsentiert, u. a. im Artists Space, New York, im Van Gogh Museum, Amsterdam, im Kunstmuseum Bonn, im Jüdischen Museum Berlin, im Kunstverein Kassel, im Kunstverein Harburger Bahnhof, im Kunstverein Düsseldorf und im KW Institute for Contempory Art, Berlin.

Alexander Osang, geboren 1962 in Ostberlin. Schule in Berlin, Schlosserlehre in Neubrandenburg, Journalistikstudium in Leipzig. Zehn Jahre Redakteur und Reporter bei der *Berliner Zeitung*, seit 1999 Reporter beim *SPIEGEL*, in den Büros New York, Berlin und Tel Aviv. 20 Bücher, darunter sechs Romane. Zuletzt *Die Leben der Elena Silber* (2019) und *Fast Hell* (2021). Verheiratet, drei Kinder. Lebt in Berlin.

Christoph Ostermann, geb. Kühn, Judaist und Historiker (M.A. Universität Potsdam) und Waldorflehrer (Seminar für Waldorfpädagogik Berlin). Publikationen: *Jüdische Delinquenten in der Frühen Neuzeit* (2008), »Landesjudenschaft«, in: *Enzyklopädie der Neuzeit* (2008) und als Mitautor *Endstation Dornach* (2011). Arbeit in der politischen Bildung und als Lehrer an der Freien Waldorfschule Kreuzberg.

Eugen Pfister ist Historiker und Politikwissenschaftler. Er leitet das SNF-Ambizione-Forschungsprojekt Horror-Game-Politics an der Hochschule der Künste Bern (HKB). Seine Forschungsschwerpunkte liegen im Bereich der Politikgeschichte und Ideengeschichte des digitalen Spiels. Er ist Gründungsmitglied des Arbeitskreises Geschichtswissenschaft und Digitale Spiele (AKGWDS).

Erik Riedel ist Ausstellungsleiter des Jüdischen Museums Frankfurt und Kurator für Kunst des 20. Jahrhunderts. Er hat zahlreiche Kunstausstellungen kuratiert, beispielsweise zu Moritz Daniel Oppenheim, Ludwig und Else Meidner oder Charlotte Salomon. Er hat auch Ausstellungen zur Zeitgeschichte co-kuratiert, darunter »Die Frankfurter Schule und Frankfurt« und »Fritz Bauer. Der Staatsanwalt«. Zu seinen Publikationen zählt neben diversen Ausstellungskatalogen das Werkverzeichnis der Skizzenbücher Ludwig Meidners.

Robert Rockaway ist in Detroit, Michigan, geboren und aufgewachsen und erwarb seinen Doktortitel in Geschichte im Jahr 1970 an der Universität Michigan. Seit 1971 ist er Mitglied der Abteilung für Jüdische Geschichte an der Universität Tel Aviv, wo er emeritierter Professor ist. Rockaway verfasste *The Jews of Detroit, From the Beginning, 1762–1914* (1986), *Words of the Uprooted: Jewish Immigrants in Early Twentieth-Century America* (1998), *But He Was Good to His Mother: The Lives and Crimes of Jewish Gangsters* (2000), die Monografie *The Jews Cannot Defeat Me: The Anti-Jewish Campaign of Louis Farrakhan and the Nation of Islam* (1995) sowie zahlreiche Artikel über die amerikanische Geschichte, die Geschichte der amerikanischen Juden und die neuere jüdische Geschichte.

Sebastian Schirrmeister hat in Potsdam und Haifa Jüdische Studien und Germanistik studiert und in Hamburg über Verflechtungen deutsch- und hebräischsprachiger Literatur promoviert. Er war wissenschaftlicher Mitarbeiter der Universität Hamburg, Fellow am Rosenzweig-Zentrum in Jerusalem, Amos-Oz-Gastprofessor in München und zuletzt Moritz-Stern-Fellow am Lichtenberg-Kolleg Göttingen. Sein aktuelles Projekt »Legitime Leidenschaften« widmet sich dem Nachdenken über Rache in jüdischen Literaturen nach der Shoah.

Julian-Chaim Soussan, geb. 1968, ist seit Herbst 2013 als Rabbiner für die Jüdische Gemeinde Frankfurt am Main tätig. Zuvor amtierte er als Gemeinderabbiner in Mainz und Düsseldorf. Seit 2006 ist Julian-Chaim Soussan darüber hinaus Vorstandsbeirat der Orthodoxen Rabbinerkonferenz Deutschland und seit 2019 im Vorstand des Rates der Religionen, Frankfurt, und auch sonst im interreligiösen Dialog aktiv. Seine Rabbinatsausbildung absolvierte Soussan in Jerusalem, wo er im Mai 2003 ordiniert wurde.

Markus Streb schreibt an der Justus-Liebig-Universität Gießen eine Dissertation zu Gender in Comics über die Schoa. Daneben forscht er zu jüdischen Landgemeinden in Hessen vor und während des Nationalsozialismus sowie zu medialen Reflexionen von Antisemitismus. Zuletzt gab er gemeinsam mit Ole Frahm und Hans-Joachim Hahn den Sammelband *Beyond MAUS. The Legacy of Holocaust Comics* heraus.

Michael Studemund-Halévy, Sprachwissenschaftler und Romanist, wissenschaftlicher Mitarbeiter am Zentrum für das Studium von Manuskriptkulturen (Universität Hamburg).

Rebekka Voß ist Professorin für Jüdische Geschichte an der Goethe-Universität Frankfurt. Sie war Gastwissenschaftlerin an der Bar-Ilan-Universität, der Columbia University, in Harvard und Oxford sowie am Katz Center for Advanced Judaic Studies in Philadelphia. Ihr Forschungsschwerpunkt liegt auf der jüdischen Kultur- und Religionsgeschichte im frühneuzeitlichen Europa mit besonderem Augenmerk auf dem Kulturtransfer zwischen Juden und der nichtjüdischen Umgebungsgesellschaft. Sie ist die Autorin von *Umstrittene Erlöser: Politik, Ideologie und jüdisch-christlicher Messianismus in Deutschland, 1500–1600* (deutsch 2011, englisch 2021).

Mirjam Wenzel ist Direktorin des Jüdischen Museums Frankfurt und Honorarprofessorin für Jüdische Studien an der Goethe-Universität. Neben ihrem Buch *Gericht und Gedächtnis: Der deutschsprachige Holocaust-Diskurs der sechziger Jahre* (2009) hat sie zahlreiche Bücher und Ausstellungskataloge zur jüdischen Kulturgeschichte herausgegeben und zur Kritischen Theorie, zu zeitgenössischer Kunst, zur Geschichte Jüdischer Museen in Europa sowie zur Erinnerungskultur in Deutschland publiziert.

Lea Wohl von Haselberg ist Film- und Medienwissenschaftlerin. Forschungsschwerpunkte liegen auf der Repräsentation jüdischer Themen in bundesrepublikanischen Diskursen, jüdischer Filmgeschichte und (audiovisuellen) Erinnerungskulturen. Seit 2017 leitet sie verschiedene Forschungsprojekte zu Arbeitsbiografien jüdischer Filmschaffender und jüdischem Film an der Filmuniversität Babelsberg KONRAD WOLF. Sie ist Mitherausgeberin des Magazins *Jalta – Positionen zur jüdischen Gegenwart* und Teil des Programmkollektivs des Jüdischen Filmfestivals Berlin-Brandenburg.

Impressum

Ausstellung

Diese Publikation erscheint anlässlich der Ausstellung

Rache. Geschichte und Fantasie
im Jüdischen Museum Frankfurt

Direktorin
Prof. Dr. Mirjam Wenzel

Kuratoren
Dr. Max Czollek, Janis Lutz, Erik Riedel

Projektmanagement
Johanna Weiß

Leihverkehr
Sonja Thäder

Wissenschaftliche Mitarbeit
Michael Lenarz, Stefan Raguse, Kathrin Schön

Wissenschaftlicher Beirat
Deidre Berger (Senior European Affairs Advisor des American Jewish Committee Europe)
Prof. Dr. Alfred Bodenheimer (Zentrum für Jüdische Studien, Universität Basel)
Prof. Dr. Doron Kiesel (Direktor der Bildungsabteilung des Zentralrats der Juden in Deutschland)
Rabbiner Julian-Chaim Soussan (Orthodoxe Rabbinerkonferenz Deutschlands)
Prof. Dr. Rebekka Voß (Seminar für Judaistik, Universität Frankfurt)

Ausstellungsgestaltung, Graphic Design und Sound Design
Atelier Markgraph

Ausstellungsbau und grafische Ausführung
Messegrafik & Messebau Schreiber

Bildung und Vermittlung
Rifka Ajnwojner, Arwin Mahdavi Naraghi, Antje Thul

Artist-in-Residence-Programm
DAGESH Jüdische Kunst im Kontext

Kommunikation
Julia Arndt, Korbinian Böck, Theresa Gehring

Kommunikationsdesign
Bijan Dawallu

Podcast
Antonia Beeskow (Postproduktion)

Übersetzungen ins Englische
Leinhäuser Language Services

Administration
Michaela Dittrich, Marion Rossi, Alina Seefeldt

Restaurierung
Atelier Carta, Martina Noehles

Objekteinrichtung
Artbrothers

Licht
Lightsolutions, Stephan Zimmermann

Kunsttransporte
Hasenkamp

Medienpartner
hr
hr-iNFO

Mit besonderem Dank an unsere Partner und Förderer

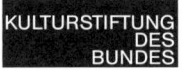

KULTURSTIFTUNG DES BUNDES

ART FOUNDATION
MENTOR LUCERNE

Schleicher Stiftung

Katalog

Herausgegeben von
Max Czollek, Erik Riedel und
Mirjam Wenzel

Textredaktion
Max Czollek, Janis Lutz und
Mirjam Wenzel

Bildredaktion
Janis Lutz, Erik Riedel, Johanna
Weiß

Textmanagement
Maria Platte

Übersetzungen
Claudia Link-Beier, Mary Tannert

Lektorat und Korrektorat
Joe Rabl

Grafische Gestaltung
Bijan Dawallu

Erste Auflage 2022

ISBN 978-3-446-27245-3

© 2022 Hanser Corporate im Carl
Hanser Verlag GmbH & Co. KG,
München

Druck und Bindung
Friedrich Pustet, Regensburg

Printed in Germany

☞ S. 172–175

Revenge, 2021, Daniel Laufer, Filmstill der
3-Kanal-Videoinstallation, © Daniel Laufer

Danksagung

Wir danken den Leihgebern der Ausstellung:

Bibliothek der Philosophisch-Theologischen Hochschule Sankt Georgen, Frankfurt am Main

Central Zionist Archives, Jerusalem

Gallerie degli Uffizi, Florenz

Hessisches Staatsarchiv Marburg

James Sturm, Hartland

Jüdisches Museum der Stadt Wien GmbH

Jüdisches Museum Prag

Kehinde Wiley Studio

Musée de Grenoble

Museum of Jewish Art, Jerusalem

Museum Schnütgen, Köln

Ori Gersht, London

Privatsammlung Dr. Maria Heiner

Privatsammlung Dr. Sabina Bossert

Privatsammlung Ram Ben-Shalom

Privatsammlung Prof. Dr. Rebekka Voß

Staatliche Museen zu Berlin

Staatsarchiv Graubünden, Chur

Staats- und Universitätsbibliothek Carl von Ossietzky, Hamburg

Stadtarchiv der Stadt Münster

The Arnold Family, Kalifornien

Tine Fetz, Berlin

United States Holocaust Memorial Museum, Washington, D.C.

Universitätsbibliothek Johann Christian Senckenberg, Frankfurt am Main

Universitätsbibliothek Marburg

Universitätsbibliothek Regensburg

Yad Vashem Museum, Jerusalem

Zentrum für Antisemitismusforschung der Technischen Universität Berlin

Für Unterstützung bei den Recherchen zu Ausstellung und Katalog danken wir:

Guido Altendorf, Filmmuseum Potsdam

Leslie Barry

Moritz Bauerfeind

Johannes Beermann-Schön, Fritz Bauer Institut

Dr. Karen Britt, Western Carolina University

Eva Decker, Sankt Pauli Museum

Dr. Ole Frahm

Armin Fuhrer

Aaron Hain, The Mob Museum, L.A.

Heritage Auctions, New York, NY

Jill A. Hershorin, Jewish Historical Society of NJ

Rebecca Katz, Lilith Publications, Inc.

Dr. Gerhard Keiper, Auswärtiges Amt, Politisches Archiv und Historischer Dienst

Arkadij Khaet

Dr. Kerstin von der Krone, UB Goethe-Universität Frankfurt am Main

Sharon Liberman Mintz, The Jewish Theological Seminary, New York

Martina Lüdicke, Jüdisches Museum Berlin

Kersten Persson, Gruenspan GmbH

Prof. em. Dina Porat, Universität Tel Aviv und Yad Vashem

Tobias Raschke

Dr. Sebastian Schirrmeister

Shlomit Steinberg, The Israel Museum, Jerusalem

Jim G. Tobias

Markus Walser, Kantonspolizei Graubünden

Dr. Lea Wohl von Haselberg, Filmuniversität Babelsberg Konrad Wolf

Günter Zint